残缺的美学观照与诗意追问

余安安 著

知识产权出版社
全国百佳图书出版单位

图书在版编目（CIP）数据

残缺的美学观照与诗意追问/余安安著 . —北京：知识产权出版社，2018.4
ISBN 978-7-5130-5482-9

Ⅰ.①残… Ⅱ.①余… Ⅲ.①美学—研究 Ⅳ.①B83

中国版本图书馆 CIP 数据核字（2018）第 053716 号

内容提要

残缺是部分的空白和不在场，是"未完成""已失去""未尽意"等状态，因不完整而蕴含美学张力，恰因为隐藏、丢失、缺憾等空缺形式催发了无中生有，然"真空"包孕着"妙有"，隐形舒展着更鲜活的审美活力。作者从时空诗学、创艺妙法、审美心理、意境韵致等角度，追问、梳理残缺美深沉博大的哲学根源和文化脉络，从残缺处洞见意味深长的节奏感和以虚带实的层次感。对残缺进行诗意补充和美学救赎，追溯残缺的文化缘起、流变，及其诗艺的表达和传承，通过审美内视重构心灵意象，追问绵延在时空内外的恍兮惚兮、若隐若现、若实若虚的无穷诗意。

责任编辑：兰　涛	责任校对：潘凤越
封面设计：郑　重	责任出版：刘译文

残缺的美学观照与诗意追问

余安安　著

出版发行： 知识产权出版社有限责任公司	网　　址：http://www.ipph.cn
社　　址：北京市海淀区气象路 50 号院	邮　　编：100081
责编电话：010-82000860 转 8325	责编邮箱：lantao@cnipr.com
发行电话：010-82000860 转 8101/8102	发行传真：010-82000893/82005070/82000270
印　　刷：三河市国英印务有限公司	经　　销：各人网上书店、新华书店及相关专业书店
开　　本：787mm×1092mm　1/16	印　　张：17.25
版　　次：2018 年 4 月第 1 版	印　　次：2018 年 4 月第 1 次印刷
字　　数：291 千字	定　　价：68.00 元

ISBN 978-7-5130-5482-9

出版权专有　侵权必究
如有印装质量问题，本社负责调换。

自　序

"残缺"既是美学的重要范畴，也是充满哲思和诗意的永恒命题。对残缺静观的刹那或许能完成灵明的顿悟，对损与益，对当下与远方，对美之感与灵之思皆悉照见。石中火，梦中身，多生感慨："浮生长恨欢娱少"；心如灰，身似舟，常有叹息："艰难苦恨繁霜鬓"，而知色竟空、此生如幻恰是对苦集灭道的知行，或是超达涅槃的机缘。故此，残缺本身也是美，残缺能转化为美，要证悟这些命题的成立，其逻辑起点是从哲学思想、文化传统、艺术精神追溯其根性缘起、跟踪其脉络发展、探微其蕴藉意境，同时需要从经验现象中观照残缺的旨趣、情致与表征等。这种观照是从残、缺、空、无的层面，跳脱其局限性，瞻望其非限定性，敞开其诗美境域，以心观内视代替体验知觉，即对大美无言、大象无形、大巧若拙的"审美内视"与"心灵回味"，从而洞察隐而不现的大化妙境。

残缺的虚涵之境恰是诗意的召唤结构，暗合有无相生的审美意蕴，不断追问它向无限绵延的包孕性、可能性、超越性。青春都一样，而追问与探寻却永无止境，笔者尝试循诗学发乎情、缘于美、求之诗的愿行，接古人之触目菩提、思接千载的方式对真空妙有进行诗意演绎，在此求索过程中，可能会出现新的盲点，也许会言不尽意，甚至有不少偏颇之处，这也恰是残缺美的一种体现，但未尝不能有意会的乐趣。

历劫成真，残缺又是普遍的、现实的存在。俯仰天地间，人类渴望永恒和企盼圆满，而希冀却无往不在幻灭之中。世事多难料不可测，人生不如意者十之八九，各种郁积的缺憾使得心有千千结。但人们对美的虔诚向往，形成了灵性、微妙心灵的随心随性的自觉意识，方能从残缺之维直入寥廓的天地与深邃的丰盈。

传说中渔人"忘路远近"，无意潜入远方乐土桃花源，彼处不仅芳草鲜美、屋舍俨然，而且民风淳朴，其间黄发垂髫皆怡然自乐。而当人们欲再寻这世外桃源时，又终是"不复得路"的徒劳念想，然而渔人曾经邂逅的桃源仙境已烙入心底，"不复得"成为了今生最美的遗憾，追忆与追问是通达"以缺为美"审美理想的另一路径。

　　残缺并非万劫不复的深渊，诗人在暗夜中诗意地行吟，在沉重叹息的刹那蓦然抬头，或许能看到忽明忽暗的点点星光，感受幽深寂静处柔韧的诗性力量。徜徉于残缺的悲情与诗情之间，绵绵不绝的生命悲歌会激起刻骨铭心的颤栗，能启悟空性虚涵的奥妙，可蕴成大音希声的不绝余韵。

　　我低吟浅唱，只为与您缘会。

前　言

　　残缺是部分的空白和不在场,是一种"未完成"或"已失去"的状态,是不稳定、不清晰、不完全、不完整的形式。这种形式恰恰能在缺陷、隐藏、片面、失落等局限处使潜在的情感所寄的或未能感官化的意指所在,反而有更强大的孕育美的生命力。这种潜在的情感所寄或未能感官化的意指所在,具备更鲜活的审美活力和更柔韧的审美张力,包蕴无限的美学意蕴。

　　残缺作为一种常见的文化现象和艺术表现,涵蕴了历史、文化和审美等丰富多元的意义,但是它却一直没有被学者作为美学的一个重要范畴来清晰界定和系统研究。笔者围绕残缺美这个主题,从五个层面展开论述:第一章,界定残缺与残缺美的内涵,考察其形成机制与特质;第二章,从自然宇宙之本源、中西方的文化土壤和古今哲学背景出发,进入"体道"的沉思、追溯和探究残缺美的精神根源;第三章,从诗性塑造、诗情透视、诗境蕴藉三个层面,在法度、情感、艺境的不同角度,由浅入深地层层推进,分析残缺美在文艺中的具体表现;第四章,甄选具有代表性和艺术性的残缺表征、诗歌意象、文艺语境作为典型案例,进行文本与文化的探析;第五章,在不同维度的视域下,探索、提炼、追问残缺的意趣与残缺美的价值。附录部分则选取了古人具有残缺意味的悲思哀吟之作,灵性的吉光片羽,透露出作家自怜自叹的心灵独白,使今人隔着渺远时空仍能体味平凡且无常的人生况味。

　　人有悲欢离合,月有阴晴圆缺,此事古难全。无常世界里,难见臻美。没有永远的盛世繁华,没有长久的花好月圆,没有不散的缘聚缘会,人之有所不得与,皆生命之本然。世上全能完美的或许只有高高在上的神灵。按照西方美与丑,善与恶二元对立思维模式,与上帝极美、完善对立的是魔鬼撒旦的极恶、丑陋。然而,处于天堂与地狱之间,被抛于广袤大地上的平凡众生,却难以简单地以完美或极恶来框定日常生活中的诸多选择。也许,世间万物皆是神性光辉的"流溢",人在分享神性的光辉和荣耀的同时,或多或少地残存着幽暗的"阴影",这意味着人注定是不完美的存在。正如《圣经》所述故事:人类的祖先亚当与夏娃偷吃禁果以后,使得人类背上了命定的原罪包袱,在劫难逃。从这些哲学背景出发,人们在长期的美学实践与理论打磨之中,越来越倾向于把残缺用美的外衣包裹起来,也许是因为对完美的追求永无止境,抑或是被残缺本身绽放的魅力所吸引,使无数执着于求美的灵魂,义无反顾走向追寻之路,探求残缺由表及里的诗意和余韵。

残缺美常常会以一种摄人心魄的残酷性撞击我们的心灵,这是深沉强烈又难以言传的审美触动,同时它能涅槃创化为极致的美,人们本能地拒绝残缺,却又无法摆脱,在敬而远之或亲密接触的审美观照中,也许有豁然开朗的感悟与峰回路转的惊喜。残缺美学使我们在落寞中成熟,在失意中受益,在缺憾中超越。残缺的世界遍周着取舍之道,失落的彼岸映射审美之境,甚至可以任情忘荣辱,快意畅情怀。当如临深渊、无路可走的时候,崭新的希望与别致的清奇在灯火阑珊处静候着,诗意追问是绝处逢生的一株仙草,审美慰藉是起死回生的灵丹妙药,赋予生存勇气,增添艺术创意。

当我们有意无意地触摸残缺的形象时,似乎被一种无形的锐器刺痛心灵深处,反思这种心灵阵痛,我们会若有所悟。或许我们的灵魂会打开另一扇窗口,它展示的却不是月白风清、柳岸莺啼,而是残荷滞水、瞽目残臂,给我们的心灵一种震颤,随后窥见的是美学另一张脸,慢慢咀嚼生命所展现的鲜活与真实,感受自然的至味和宇宙的至境。这种审美愉悦是经过深沉的反思得来的,超越了一切肤浅、表面的情感;它是一种洞见,来自哲人的睿智与深沉博大的审美心胸,是佛祖的拈花一笑,是楚狂的引吭高歌。

让我们一同来领悟其人生与美学的启示。

目　录

第一章　残缺美的形成特质 1
　第一节　残缺的含义 1
　第二节　从残缺到残缺美 11

第二章　残缺美的文化根源 17
　第一节　残缺美的缘起与运化之道 17
　第二节　中国残缺美的神遇心契之境 22
　第三节　西方残缺美的自由变奏之韵 33

第三章　残缺美的创艺方式 42
　第一节　巧拙相参——残缺美的诗性塑造 42
　第二节　悲欣交集——残缺美的诗情透视 47
　第三节　真空妙有——残缺美的诗境蕴藉 52

第四章　残缺美的诗意表征 55
　第一节　悲风：悲风久萧索 55
　第二节　枯荷：静送枯荷雨 68
　第三节　孤鸿：缥缈孤鸿影 75
　第四节　病酒：残寒欺病酒 92
　第五节　残梦：绿窗残梦迷 105
　第六节　苦吟：清愁入苦吟 122
　第七节　哀悼：此恨何时已 136

第五章　残缺的美学意趣 ······ 178
第一节　美在张弛 ······ 178
第二节　美在超越 ······ 184
第三节　美在亲疏 ······ 190
第四节　美在新异 ······ 193
第五节　美在追问 ······ 195

附录　含英咀华与寻幽探微 ······ 199
第一节　悲风 ······ 199
第二节　残阳 ······ 206
第三节　缺月 ······ 212
第四节　枯荷 ······ 218
第五节　孤鸿 ······ 224
第六节　病酒 ······ 230
第七节　残梦 ······ 237
第八节　清泪 ······ 244
第九节　苦吟 ······ 250

结　语 ······ 257
参考文献 ······ 259
后　记 ······ 266

第一章　残缺美的形成特质

"叛逆的猛士出于人间，他屹立着，洞见一切已有和现有的废墟和荒坟，记得一切深广和久远的苦痛，正视一切重迭淤积的凝血，深知一切已死，方生，将生，和未生。"

——鲁迅《淡淡的血痕中》

猛士深知已死、方生、将生和未生，是铤而走险、不计成败、独自远行的战士，反映了个体在心灵炼狱中的挣扎纠缠，其中隐含了"反抗绝望"的哲学："绝望之为虚妄，正与希望相同"（鲁迅《希望》），以希望对抗着空虚的暗夜，正如残缺并未与审美绝缘，而是依稀透露着美的曙光，唤醒着干枯生命的新活力，推展着灵动的趣味。我们在爱与痛的边缘观照着残缺，首先仍应探寻残缺的涵蕴。

第一节　残缺的含义

要理解残缺美的内涵与价值，必须先从界定残缺的概念入手，从而推出残缺美的生发机制。笔者试从词源探析、词义辨析、维度分析三个角度来考察明晰残缺的含义。

一、词源探析

残，由歹、戈的左右结构组成。从"歹"，表明了与"死亡"关联，残表示伤害、残废、残暴、残余等意思，所以从词源的角度体味，便可感受其阴郁、苍凉、残酷的气息。

缺，从缶、夬声的左右结构组成。从"缶"，原意是器具的破损、缺漏状态。表示不足、破缺、过失、衰落等意思。

残缺联用，则是不完整、未完备之意。具体可参见《古汉语常用字字典》中的释义：

> 残：①杀害，伤害。柳宗元《断刑论》："秋冬之霜雪也，举草木而残之。"②凶暴、残忍。《史记·张耳传》："将军瞋目张胆，出万死不顾一生之计，为天下除残也。"曹操《让县自明本志令》："故在济南，始除残去秽。"③残缺，不完整。《后汉书·儒林列传》："礼乐分崩，典文残落。"引：残余，剩余。杜审言《大酺乐》诗："梅花落处凝残雪。"❶

> 缺：①残破。刘义庆《世说新语·豪爽》："以如意打唾壶，壶口尽残。"（如意：器物名）引：衰败。《史记·汉兴以来诸侯王年表》："厉、幽之后、王室残，侯伯强国兴焉。"（厉、幽：指周厉王和周幽王）②缺少，空缺。《史记·赵世家》："愿得补黑衣之残，以卫王宫。"（黑衣：指卫士）③废弃不用。《史记·孔子世家》："礼乐废。诗书缺。"❷

在语词的构成上，残与缺既可以单独使用，又可以联用为残缺，表示有缺陷的形态与内容。美与残缺两者表面上看似矛盾冲突，人们对美的创造与欣赏受诸多因素的影响，残缺本身是不完美的形式，却能在迎拒出入过程中创生美的效果，甚至打破残缺与圆满的隔阂，在有无的张力中洞见澄净虚空之界，此中经历了曲折的美学转换过程。

二、词义辨析

（一）残缺与圆满

为了深入探究"残缺"的深层意蕴，廓清笼罩在语言表达上的层层迷雾，我们有必要采用逆向思维，以"圆满"为出发点，厘清圆满的内涵，从而辨

---

❶ 古汉语常用字字典［M］. 北京：商务印书馆，1998：26.
❷ 古汉语常用字字典［M］. 北京：商务印书馆，1998：240.

明残缺的词义,及其隐含的文化语境与美学因素。

圆是宇宙运转的轨迹,周而复始、无止无尽,象征着"元文化"的太极图即为阴阳相融循环、运转无碍的圆,圆的观念、圆的形象遍及自然界、文化界、艺术界无处不在。首先,打开记载人类诞生的史册,便可发现:圆是生命之源,古代艺术往往以"丰乳肥臀"表现孕育生命的母体形象,其表现主要集中在生殖和哺乳的器官上,子宫和乳房都是圆的。其次,从哲学语境出发,例如佛教将圆融视为至高至善的神圣境界,圆融在《辞源》中被解释为:"圆融,佛教语,破除偏执,圆满融通。"佛教思想中还有"圆觉""圆寂""圆通"等圆满通彻的理念,象征着庄严圆满的追求。再次,在中国人的传统观念中,素对"理圆事密"充满崇尚与敬意,如认为天圆地方,赞美花好月圆,追求团团圆圆,甚至夫妻死了的合葬称为"圆坟"。尤其"尚圆"的审美倾向由来已久,如著名的文艺理论家刘勰对"圆"十分青睐:"诗人比兴,触物圆览。"(刘勰《文心雕龙·比兴》)"圆者规体,其势也自转。"(刘勰《文心雕龙·定势》)"凡操千曲后晓声,观千剑而后识器;故圆照之象,务先博观。"(刘勰《文心雕龙·知音》)圆满是无可挑剔、圆熟完美之境,古往今来为许多艺术家孜孜以求"圆美流转如弹丸"浑然天成,灵动无暇的艺术臻境。

荀子道:"君子知夫不全不粹之不足以为美也。"(荀子《荀子·劝学篇》)但是全与粹的圆满毕竟不是世间万物的常在形态,而是一种理想范式,在诗艺创造中鲜有圆通之境:"然诗有恒裁,思无定位,随性适分,鲜能通圆。"(刘勰《文心雕龙·明诗》)残缺作为普遍存在的审美范式的基础,被艺术家有意或无意地植入到艺术世界中,进行改造与超越。

因此,残缺是相对于充足、完善、圆满的不完整、不完美、不周全,是缺陷、缺欠、缺损、破碎、遗憾的状态。

(二)残缺与悲剧

悲剧作为重要的美学范畴,是复杂且随着时空变迁而不断变化的观念。亚里士多德提出:"悲剧是对于一个严肃、完整、有一定长度的行动的摹仿。"莱辛则认为悲剧是"摹仿一个值得怜悯的情节",别林斯基描述"悲剧确实就是悲惨的场面",车尔尼雪夫斯基有"悲剧是人生中可怕的事物"的观点,另外,黑格尔认为悲剧是永恒正义的胜利,叔本华的悲剧理论使人陷入绝望的深渊,尼采指出悲剧诞生于酒神狄奥尼索斯的节日等,西方美学史上的悲剧理论庞杂而系统。中国现代著名作家鲁迅将悲剧界定为："将有价值的东西毁灭给人看。"由此可见，对悲剧的理解众说纷纭，但悲剧确实难以给人带来绝对的快乐与自由，甚至可能导致彻底的毁灭。

人的一生寿夭穷通、聚散如烟、悲欣万状，无论身心皆容易沉浮于无边无际的苦海，于苍渺天地之间产生空幻、孤独、悲怆的体味。基督的"原罪说"预设又持久地为人类套上了罪与罚的枷锁，人面对自然、社会、自我的障碍与重负，残缺性是无可回避、难以挣脱的普遍命运，却激勉了人们顽强的韧性与灵活的创造力，激发悲壮的美感与智性的光芒。

残缺是不圆满的状态，程度有深浅之别，但未必会酿成悲剧。悲剧的惨痛后果则往往十分沉重，更容易使人产生激切的情绪，发出痛苦的呻吟，甚至绝望的哀号。残缺与悲剧同属不乐观的状态，皆能引起穷愁苦楚等悲情审美心理，但残缺不一定导致毁灭性的后果，虽有伤情，更趋向"怨而不怒"的蕴藉。残缺隐含了一定程度的悲剧性，却未必引致难以忍受的消极和沉沦，它在深幽之处潜存着乐观、包孕着希望，能化悲情为诗情。

悲剧与残缺相近互摄，又存在差异：从以上逻辑分析可以简单判断：同为对否定性存在的沉重生命体验，悲剧一定是残缺的突转，而残缺则未必终成悲剧。悲剧属于比较惨淡沉郁的美学范畴，而残缺的塑造则有可能焕发清新明朗的光彩。

(三) 残缺与喜剧

喜剧具有逆于常态的悖谬性，以剧中人物荒唐的言行引人发笑，通过笑减轻人们内心的紧张焦虑感，同时也有可能引向轻浮、空洞、虚无的体会，所以喜剧是快感与痛感的混杂。残缺性与喜剧性并不冲突，恰恰是在残缺的外表下，潜在地活跃着喜剧性，喜剧也因表现着某种缺陷性而显得滑稽可笑。亚里士多德在《诗学》中阐释了喜剧摹仿的对象："喜剧是对于比较坏的人的摹仿，然而'坏'不是指一切恶而言，而是指丑而言，其中一种是滑稽。"[1]

滑稽、怪诞与丑常交织混杂，丑往往是滑稽的前提和本质。例如中国传统戏曲中的"丑扮"，它的基本特征即为滑稽，传统戏曲中有"无丑不成戏"之说，丑角的插科打诨成了活跃舞台气氛的重要手段。在不少讽刺喜剧中，人物

---

[1] [古希腊] 亚里斯多德. 诗学 [M].

内心的丑恶，常被包裹在冠冕堂皇的外衣之内，当假面被撕破，丑就被暴露无遗，形成强烈的滑稽感。艺术中的滑稽与荒诞，违逆现实正常秩序和形态，另类夸张而成为丑。

"滑稽的事务是某种错误或丑陋，不致引起痛苦或伤害，现成的例子如滑稽面具，它又丑又怪，但不使人感到痛苦。"（亚里士多德《诗学》）残缺也是丑的表现之一，但是残缺正如亚里士多德所说的未必会引起痛苦或伤害，虽然残缺实质上是缺憾与不完满，但它如果被注入喜剧的元素，就可以不落入"过分的悲剧的忧伤和过分的喜剧的放肆。"（瓜里尼《悲喜混杂剧体诗的纲领》）喜剧有弹性调节情感的功效，既可以缓解残缺带来的紧张，又能消除残缺的生硬不适感。法国曾流行过"流泪喜剧"，伏尔泰就写过这种剧本，常以遗憾和缺失为始，过程充满尖锐的矛盾冲突，甚至险恶丛生，但结局往往是以幸运收场。残缺的喜剧性是对残缺不协调性和生硬不适感的善意调整，是艺术家创造力自在流出时的喜悦与丰满的游刃。对于残缺的世界，与其含泪忍受或含怒抗拒，不如坦然面对与欣然创造，充满敬意地开拓别具新意的美学世界。

（四）残缺与荒诞

荒诞使人从残缺困境中暴露出来，荒诞与残缺都隐含着深刻的批判性。"荒诞论"起源于西方现代派戏剧中的一个戏剧流派，兴起于二十世纪五十年代的法国。在兵荒马乱的年代，残酷的战争给人们带来了身心上的重创，而荒诞派戏剧则以别开生面的方式，表现了当时人们的茫然失措、悲观落寞及荒诞不经的情绪，表达了对人性、对人生的强烈讽刺与批判。尤奈库斯是这样解释荒诞的："荒诞是指缺乏意义……在同宗教的、形而上学的、先验论的根源隔绝后，人就不知所措，他的一切行为就变得没有意义，荒诞而无用。"❶ "没有意义"指向了意义层面的缺失，所以荒诞又是残缺的形式之一。荒诞表现为价值的缺失、缺乏、扭曲、反常，比如卡夫卡的《变形记》描写的故事：戈里高里·沙姆萨变成了一只大甲虫，因为它失去了利用价值而最终被家人忘却与抛弃。荒诞更多时候被表现为失序或异化的状态，反映了不如意的困境与难言的窘境，荒诞还常引发苦涩的笑，因紧密关联着假、恶、丑，故笑亦为无可奈何的苦笑，是"站在绞刑架下的笑"，在饱受压抑以后的淋漓倾泄。

---

❶ 伍蠡甫. 西方现代文论选［M］. 上海：上海译文出版社，1983：358.

"残缺"是相对于不完整、不完美而言,在性质上未必一定为假、恶、丑,尽管不圆满,但它是事物较为普遍的状态。荒诞作为残缺的一种表现形式,从本质上判断,它是不正常的。荒谬感被无所依托的孤独感、落寞感、恐慌感裹挟,荒诞的人与物因与常态、理性脱节,而被世界放逐、被亲友离弃,并最终走向绝望,但其光怪陆离的表现形式却能惹人发笑。

荒诞多以"虚无"为思想核心,以"不合逻辑"为表现形式。而残缺却可能在其缺失的表相下隐藏了深刻的美感,即便与完美存在着一定的距离,却能使心领神会的心灵不由自主地感到苦闷与遗憾的同时,甚至会产生一定的认同,而不是招致弃绝性的鄙夷和嘲笑。荒诞的根本是残缺甚至是虚无,而对残缺的体会并非必然是荒诞的,两者之间存在着性质的差异。

(五) 残缺与丑陋

丑给人消极的、变异的、不和谐的负面印象。丑是与真、善、美相对而言的,不仅是形式评价,多属于伦理判断、精神判断的范畴,但并不妨碍丑有一定的审美价值,即"审丑"的特殊美学意义,经过艺术处理可以化丑为美、美丑转换。歌德认为美丑有互融的复调性,他笔下塑造的靡非斯特既是丑的化身,又是美和真理的启示者,"我是那种力量的一体,它常常想的是恶而常常做的是善"。连天神也说:"我只能使无常显得美丽。"(歌德《浮士德》)美丑相邻更耐人寻味,更富有审美张力。雨果在《克伦威尔·序言》里说:

> "万物中的一切并非都是合乎人性的美,感觉到丑就在美的旁边,畸形靠近着优美,粗俗藏在崇高的背后,善与恶并存,黑暗与光明相共。……把阴暗掺入光明,把粗俗结合崇高而又不使它们相混,换句话就是把肉体赋予灵魂,把兽性赋予灵智。"❶

换言之,丑不是绝对的,由美丑的对照、映衬、互化形成了"丑的美学",更能驰骋想象,启人感悟。

既然丑是普遍的现实存在,丑理所当然地成为了艺术表现的内容,而"丑"又何以能成为艺术作品美感之源的可能呢?在日常审美中,人们习惯于欣赏直接表现美的作品,艺术家对美的素材的开掘广泛而充分,倾心于展现美的事物、体

---

❶ 伍蠡甫.西方现代文论选[M].上海:上海译文出版社,1983:183.

现美的意境。然而，艺术家对于现实丑的反映则比较谨慎，认真地探索描写丑的可能性与必要性，亚里士多德是从摹仿说的角度论述：

"摹仿者所摹仿的对象既然是行动中的人，而这种人又必然是好人与坏人，只有这种人才具有品格，一切人的品格都只有善与恶的差别——因此他所摹仿的人物不是比一般人好，就是比一般人坏，或跟一般人一样。"❶

好坏、美善只有在对比中才有意义。在亚里士多德之后，西方不少美学家都论及了相近的问题，莱辛在《拉奥孔》中指出："常由形体丑陋所引起的那种反感被冲淡了，就效果说，丑仿佛失其为丑了。"❷ 对丑的反感被冲淡，则埋伏了产生美感的可能。

日本学者柳宗悦从东方佛学禅思出发，对美作出了独到的解释。他认为"自在"是美的本质，美是"无碍"，是心无拘束，美表现为"妙美"，亦是"如美""不二美"。这里的"妙"指不可言说的意蕴，"如"是不限美丑之意，"不二"离却分别心，因此美之所在是"没有美丑之别的彼岸"，"经曰'无有好丑'，也就是说真正的美介乎于美丑之间，使人感到美妙的成因就是自在本身"❸。柳宗悦对美的认知与阐释契合了东方古典的艺术思维模式。对于美与丑外相的执着都是俗谛的体现，而美丑之间实际上是可以相融互通，并构成独特的艺术境界，在艺术世界中，美丑皆可以成为美感的缘起，丑在抽离现实的、功利的价值判断后，被消解重构，形成了艺术美的构成要素。

丑必然具有不同程度的残缺性，然而残缺的未必是丑的。艺术家通过对丑的揭露来宣泄对残缺世界的不满，呼唤真理与美的力量。人们在审丑过程中，形成心理上的震颤和激励，获得悲壮崇高的美感。从这个意义上说，艺术家有义务对丑进行细致的刻画、深入的剖析，从而实现主动介入现实、超越现实的创作目标。相反，逃避表现丑的机会，则妨碍了亲近美的可能。

丑以其不同寻常的形态，被艺术纳入视野。具有多维的价值和重要的现代意义。

---

❶ [古希腊] 亚里士多德. 诗学 [M]. 北京：人民文学出版社，1984：7.
❷ [德] 莱辛. 拉奥孔 [M]. 北京：人民文学出版社，1986：130.
❸ [日] 柳宗悦著. 徐艺乙主编. 民艺论 [M]. 孙建君，黄豫武，石建中，译. 南昌：江西美术出版社，2002：128.

首先，艺术家对丑的探索，极大地开拓了艺术表现的空间。丑刺激着人的审美感官，扩容了审美阈限。丑在内视审美世界中得到了重新评价的机会，为艺术世界增添了无穷的演绎可能。

其次，对丑的表现，有利于复杂情感的表达，悲喜怒怨等情思在美丑的张弛、抗衡、融合中彰显幻化，让人游移于惊诧、欣赏、感悟的混合性审美体验中，回味无穷。莱辛曾说："诗人不应为丑本身而去利用丑，但他却可以利用丑作为一种组成因素，去产生和加强某种混合的情感。在缺乏纯然愉快的情感时，诗人就利用这种混合的情感，来供我们娱乐。"❶ 莱辛认为参杂着"丑"的"混合的情感"，能给人快感。当人类面对与深陷苦难、丑陋、残缺的漩涡，精神状态会比日常更敏感、更清醒，甚至更智性。即使充斥着痛感，亦能涌动着更丰富的情感体验，更超凡的生存感悟，引发意想不到的审美冲动。痛并思考着，当触摸残缺而被刺痛，骤然间即可唤醒沉睡已久的灵魂！通过刻骨的"痛感"，体味真正的存在感与深沉的生命情调。

再次，艺术中的丑为艺术增添了审美张力。在艺术作品中，丑打破了外在的和谐、平衡及秩序，与美紧张对峙，由于它们之间对比的突兀和悬殊，形成艺术的张力，使人们在审视艺术作品的时候，感受其内在结构的紧张关系，体验细微隐曲的审美快感。

最后，人们应积极迎接艺术新时代的到来，创作出具有现实意义和美学意蕴的"虽丑犹美"的作品。中国传统诗教提倡"温柔敦厚"，孔子主张"不语怪力乱神"，丑常被排斥于主流审美之外。新中国成立后几十年，文艺界一直处于统一思想的禁锢之中，所谓"百花齐放"而杂花野草往往不受待见，"百家争鸣"多局限于单一的内部探讨，缺乏广泛的包容性与多元性，歌功颂德的粉饰颇多，而批判反思的声音则很少，刻板单调的"高大全"模式的艺术形象长期占据审美主流，"丑"的地位很低，或仅作为陪衬的角色，处于艺术的光圈之外，被冷落在了阴暗的角落。经历了"文革"浩劫，国人对灾难的因果进行了深刻反思，再次唤醒了个体强烈的、独立的生命意识。随着历史的沧桑变迁，艺术家、理论家更自觉地思考丑的美学意义，丑的艺术史和文化价值得以重视与重估。经过二十世纪八十年代的曲折探索，二十世纪九十年代的深入总结，历史进入二十一世纪，随着社会变革的不断深入，精神文化的日益

---

❶ ［德］莱辛. 拉奥孔［M］. 北京：人民文学出版社，1986：130.

丰富，以及西方文艺思想的大量涌入，迎来了多姿多彩、充满活力的时代机缘，艺术家积极探寻新路，丑在艺术视野中不再是迷途幽径，而是逐渐融入了艺术表现的主潮，为艺术增添了光彩。

画家李老十曾经感叹："谁解枯蓬胜艳葩？"在新的美学机缘中，颠覆了"假大空"的审美陈规，被遮蔽的残缺世界才坦然敞开，随着艺术观念的丰富、人们欣赏能力的提高，将审丑、审丑诗性转化为审美、审智，能解其中滋味者会越来越多。

三、维度分析

残缺既属于对事物的性质认定，也涉及了维度与程度的区别。根据残缺的生成机制、构成维度、判断尺度、感知方式、美感效果等纷繁差异，可将残缺大体划分为如下层次。

（一）从残缺的成因上追溯

有外力因素形成的残缺：如先天命定的畸形或残疾，天崩地裂的宇宙突变，始料未及的祸从天降；有非自然因素的残缺：如人为造成的社会危机，人类遭受的生活磨难，后天性情缺陷与精神异化；有超自然力量所致残缺：如受控于残酷而神秘厄运的牵引、生死无常的逼迫。实质上，残缺的成因可能综合了多方面的影响，外在和内在因素掺杂促发，例如客观与主观原因为"病态"社会的形成埋下了祸根，继而引发的一系列残缺性后果、破坏性灾难等各种式微衰败的现象。浮华世象流变不住、消逝无端，无常生命带来的忧患与伤情，促成了悲情审美的必然性，深化了有意味形式的象征性，从而形成了观照残缺的审美心理由恐惧、敬畏、欣赏，向自觉追求的演化。

（二）从形式内容层面划分

可分为外在形象和内在精神的残缺，比如外貌形态等差强人意属于外在形象方面的缺陷，而性格心智等反常扭曲是内在精神的失衡，内化的残缺也许更能撼人心魂，深锁的残酷则会更让人恐惧战栗。人们不能以绝对好坏是非的标准去判断评价个体，每个个体所具立体性格和复杂人格，可爱的人尚有不足之处，可恨之人亦可能有过人之处，金无赤足、人无完人，人能力的有限性、性格的缺陷性、心理的创伤性等都构成了残缺的普遍性，残缺的表露恰恰还原了性灵之真。真不拘于俗、素、寂、拙、缺，天然去雕饰地吟咏真性，可感可信方能动人。大直若屈、大巧若拙、宁丑勿媚、见素抱朴等艺术观念与表现，皆为率性为之、水到渠成而顺应了自然之道，夸饰、虚浮、轻滑的丽藻繁典，却有美言不信之嫌。总之，从形而下的感官体验进入形而上的审美体验，从物质、精神、灵魂的层层推进深入，美在有寄托出入的残缺表里得以升华与飞跃。

（三）从不同艺术类型表现

对残缺的表征可以诉诸于视觉艺术、听觉艺术、触觉艺术、语言艺术等，以及心物融通的感通艺术和自觉追求。可由形、神、情、理、意等不同维度，立体地表现残缺的程度强度。在视觉艺术方面，例如佛教认为外相是虚幻的，要破除所有虚妄残缺之相的干扰，见诸相而破相，即见如来。但后来为了传教、传真的方便善巧，人们塑造了大量佛像雕塑，不少古老的造像壁画由于经历了漫长时间的侵蚀，虽残缺破损，却依然庄严神圣。再如瓷器的裂纹，疏密相间、曲直相形的裂纹看似残缺瑕疵，其实那是艺术家颇具匠心而有意为之的美感效果，所以运用了开片等工艺的哥窑瓷，其肌理自有一番天趣神韵。又如听觉艺术的佛教梵音，使人在聆听清尘雅音之际，不仅悦耳悦心，更能唤醒听众对有染有漏的残缺身心进行反思忏悔，达到清净杂虑、止息烦恼的效果。作家在语言艺术中通过"存疑""悬置""留白"的匠心独运，运用模糊化、跳跃性、空白穿插等方式，在话语缺失处潜在了言有尽而意无穷的渺渺余韵。王国维将有审美自律性的艺术称为"美术"，他认为"美术"具有述苦痛与求解脱的作用："美术之务，在描写人生之苦痛与其解脱之道，而使吾侪冯生之徒，桎梏之世界中，离此生活之欲之争斗，而得其暂时之平和，此一切美术之目的也。"[1] 残缺正是对人生苦痛的揭示，而残缺美学则悲慨之情转换为诗性之美提供了超越之道。

（四）从残缺激发的感知体会

外在的、表象上的残疾、残废可以一眼洞穿，内在的、潜在的残缺则更曲折、更隐晦，有时候虽然难以察觉，所激荡的苦闷与痛感却更深切。残缺既能

---

[1] 王国维.红楼梦评论［J］.教育世界，1904（76）.

酝酿复杂的悲情幽绪，又可促发深刻的灵思妙悟：以激愤为主的愤懑情思，以悲伤为主的惆怅情思，以怜悯为主的共鸣情思，以欣赏为主的审美情思，还有以启悟为主的智性情思等等。如耐人寻味的无题诗，虽然明确的主题被隐藏起来了，诗无达诂而具有谜与梦一般的吸引力，尤以李商隐的无题诗因寄意遥深又不着痕迹而独树一帜。其诗作那缠绵的情思、迷离的意象、朦胧的诗境，都渗透着感伤的意绪，是对残缺人生的宛转悲歌，其中的哀感包涵了失落、愤怒、追悔、忆念等心理感受与人生感慨，道不明也理不清，黯然销魂又断续无端，又由于题目的缺失而增加了理解的各种可能性，悲吟增哀却能感荡心灵，读者可在品味涵泳过程中，不断翻出审美的新意。

简言之，残缺即部分的空白和不在场，是相对于圆满、完整而言的。残缺与美相互缠绕，无法完全剥离，对残缺的体验与体味，反映了深微的主体意识，激发了强韧的生命意志，从而获得以悲为美的审美救赎与意悲而远的超越可能。"视乎冥冥，听乎无声。冥冥之中，独见晓焉；无声之中，独闻和焉。"（《庄子·天地》）独见与独闻摆脱了冥冥与无声的物性缺失，开辟了微妙幽细又广阔深邃的无限时空。

人们对残缺的遗憾、对美的创造、对美的追问多出于自觉。因无所住，而生其心，在"无所住"的残缺与超然意味里，当乌云流散，自然会发现明月长空万里。

第二节　从残缺到残缺美

大致了解残缺的含蕴后，残缺美的意蕴则呼之欲出。

首先要区别残缺美和美的残缺，残缺美是残缺本身体现了美，而美的残缺是美因残缺而有了瑕疵。残缺美充满了新异的、另类的、极富张力和震撼力的审美可能，反切入理或出人意表，平中见奇或翻异炫奇，另辟蹊径地开拓美的境界。残缺本身已经具备美的因素，但仍需要审美主体借助想象与补充等思维的参与，以获得审美体验。而美的残缺，是对美的缺损与对美的破坏、美的危机、美的中断，破坏了审美效果，最终都可能过渡到不美。笔者论述的重心是第一种情况，即研究的是残缺何以成为美，而不是研究残缺何以不美。

如果把残缺美分解为残缺与美两个元素，它们之间有可能存在三种关系：

残缺作为美的对立，残缺作为美的补充或陪衬，残缺作为美的变异或解放。作为美的对立，并不意味着与美相冲突，或与美悖离，而是与传统的、典范的美有着不同的特性，另类于十全十美的纯粹完美。作为美的补充，残缺的部分因它的个性化和陌生化而构成了美的局部，融入美的整体，以局部的残缺来陪衬整体的美，或并被加工整合，创造出新的美。作为美的变异或解放，正统的美多符合中庸之道，而掺入了残缺的元素之后，不再墨守陈规，打破人们的审美惯性与惰性，生生不息地促发新颖特质，迁想妙得地成就美的转机，以神思飞扬的创变性艺术思维进行美的变革。

康德在《判断力批判》一书中提出："鉴赏判断完全不依赖于完善性概念。"他认为鉴赏判断不应该由客观的合目的性为依据：

"客观的合目的性要么是外在的，这就是有用性，要么是内在的，这就是对象的完善性。我们由以把对象称之为美的那种对象的愉悦不能建立在对象的有用性的表象之上。"❶

残缺虽然无功用或不完善，但不应被抛弃、被遗忘。若依照康德"鉴赏判断"的原则，残缺也可以成为引发愉悦的审美对象，忘机添神韵。

残缺是"未完成"或"已失去"的状态，表现为不稳定、不清晰、不完全、不完整、不自由等状态或形式，恰恰因为片段的隐藏或局部的丢失，那潜在的、不存在的或未能由感官直接感知的部分，反而充沛地孕育着美的生命力，从而具备更鲜活的审美活力和更强烈的审美张力。残缺作为具有涵混性、自由性、象征性的艺术符号。当审美主体动态地创造和感知着形残而神全，在现实"视界"未及之处，开启审美内视的"心观"功能，洞穿虚无中的玄妙之道，体合并神游于万韧，妙不可言。此外，在审美情感角度，人们对缺憾的爱，更深沉、更醇厚、更动人，一往情深而流转无穷魅力，在悲歌怨曲中体现了性灵的觉醒。

一尊残缺的雕像，何以成为美的理想，此中自有耐人寻味之处，清冈卓行在《米洛斯的维纳斯》中作了深入探讨：

"她是为了自己的丽姿，无意识地隐藏了那两条玉臂，为了漂向更远更远的国度，为了超越更久更久的时代。对此，我既感到这是一次从特

---

❶ [德]康德. 判断力批判[M]. 北京：人民出版社，2002：62.

殊转向普遍的毫不矫揉造作的飞跃，也认为这是一次借舍弃部分来获取完整的偶然追求……米洛斯的维纳斯虽然失去了两条由大理石雕刻成的美丽臂膊，却出乎意料地获得了一种不可思议的抽象的艺术效果，向人们暗示着可能存在的无数双秀美的玉臂。尽管这艺术效果一半是由偶然所产生，然而这却是向着无比神妙的整体美的奋然一跃呀！"❶

维纳斯的美在于借"美中不足"的部分获得了沉潜的、流动的审美空间，由观赏者的冥思和遐想来孕育缺了双臂之处的姿态万千的可能，因此这是有灵性、有韵律、有生命力的艺术。观赏者惋惜之余又充满好奇，便满怀期待地参与到审美创造当中，每个人心中都在兴致勃勃地构想"原创性"的维纳斯形象，那"意无穷"的丰饶神秘韵味，让人在反复品赏中感动唏嘘不已。"然而，人们对丧失了的东西已经有过一次发自内心的感动之后，恐怕再也不会被以前的、尚未丧失的往昔所打动了吧。"（清冈卓行《米洛斯的维纳斯》）东方也有不少"维纳斯"，尤其是一些缺损了的佛菩萨圣像和雕塑，其流畅的线条和含蓄的风韵，在历史的风尘中焕发出庄严典雅、温和静穆的光芒，给人们留下了极致的、美妙"无相之相、方为实相"的感悟（见图1-1）。"有"容易将审美思维定格僵化，残缺中的"无"蕴藉无限深邃幻化的境界，包蕴着"再创性"的美，丰盈了残而弥深的韵致。

故此，残缺美虽然是美中不足，但有绝处逢生的韧性，它的感染力在于"神出古异，淡不可收"，它的感召力在于"虽不能至，心向往之"。在迷途徘徊中、在怅然若失中、柳暗花明地与美再次相遇。残缺美是另辟蹊径的自由形式，是无相之相、得意忘象、无用之用，冥然绝迹处却有洗尽尘滓的超迈化境与空灵之美。

从残缺到残缺美的转变并非一蹴而就之事，尽管残缺本身给人一种超凡脱俗的体验，但是成就残缺美，是有条件的：首先，残缺未必都是美的，因为追求十全十美是人们自然而然的本能愿望，没有人心甘情愿地承受残缺所带来的痛苦和不幸。残缺亏负了人们对完美和圆满的期许，在视觉和心理上产生强烈的冲击力。另外，现实形象与艺术形象的残缺，对感官和心灵的冲击程度迥然不同。具体而言，现实形象往往是残而不美，不但无法给人以美感，甚至会令人遗憾、厌恶或恐惧；艺术形象却能因残而美，以残衬美，且残缺多为艺术家

---

❶ ［日］清冈卓行. 米洛斯的维纳斯［M］.

图 1-1 断臂菩萨

有意为之的创化，让人得到惊心动魄或幽微纤细等新异的美感。自然现实中越是残缺的不完美形象，在艺术世界里却可能越发呈现与众不同的美。人们顶礼膜拜维纳斯雕像的美，是对艺术世界的静观所悟，但很少会由衷赞叹现实生活中的肢体残疾是美，除非这种肢体残缺被充分地附加了其他积极的元素，才有可能成为美的化身，单纯的残疾难以产生美感。再者，残缺作为对常态、规范的反叛和变异，未必都是美的。一旦走向偏执，难免会以偏概全，弄巧成拙，甚至会积重难返，走向极端。所以，残缺只有在微妙谨慎的度中顺其自然，方能不落窠臼，而又宛若天成，才能恰到好处地彰显美、召唤美。残缺的度，可以细分为：外显或内蕴的向度，激越或是轻巧的力度，浅表或幽深的深度，因度的差异，造成了美感的有无和强弱的差别。

人们对事物美丑、圆满残缺的评价既出于主观性，也受制于客观的历史因素、审美风尚等特定价值标准。不同历史时期，人们的审美趣味存在极大的差异。因此美没有绝对的、唯一的判断标准，美是因人而异、因时而变的。当代人很难把妇女裹小脚当作美的典范，而视其为糟粕，而在中国封建时代，女子以脚小为美，"三寸金莲"甚至成为社会风尚，这种病态的审美观是审美观点内部嬗变的结果。另外，每个社会阶层都有适用于自己圈子的审美观点，这些不同的圈子既有相互交叉的重合之处，又有独立自足的部分。这些圈内流行的审美观点，如果没有可推广性，缺少感染力和审美共通性，而只在该阶层内部被承认，那么很难获得普遍、持久的共鸣。对于现实的残缺认识，必须有进步的审美价值观、健康的审美趣味，才能真正地创作和欣赏既能传承文明精髓又可与时俱进的美的艺术。

人们的审美理念总会染上历史的痕迹与时代的色调，艺术家的创艺手法也应富有创造力与想象力，推陈出新。如在绘画中表现丑的东西而获得欣赏尤其不易，因为绘画艺术形成的是直观的视觉美感。19世纪挪威画家爱德华·蒙克热衷于在自己作品中表现两个永恒又鲜活的主题：死亡和情欲。正如爱德华·蒙克自我剖析：

> "疾病和发疯，是守护我摇篮的黑天使。在童年时代，我失去母亲，我生病，为地狱的惩罚所威胁，这种威胁经常在我脑海中盘旋，使我总感觉到是处于一种恶劣的境遇。我的家庭是疾病和死亡的家庭。的确，我未能战胜这个不幸。因此，这对我的艺术来说，起了决定性的影响。组画（生命）同我近似嫉恨的天性相联系。我这样说，并非因此要使我的艺术非表现丑恶不可。相反，我感到我的艺术要发挥健康的反作用。"[1]

现实世界中，蒙克未能战胜丧亲、疾病等不幸遭遇，他只能在艺术领域以另类创造表现他复杂心绪："他的表现手段则是粗野的技法加上晦涩的暗示，他的画面给人的感觉是神经质的。"[2] 蒙克那充满了紧张、阴郁、恐惧等残缺意味的画作，仿佛是来自深渊的尖锐呐喊，又像从荒原传来的无望呻吟，这些都引起了时人的强烈反响，甚至遭到了严厉的批判，其画展也被强令关闭。人们乐于欣赏健康积极的形象，因此艺术家即使摹刻残缺的形象，也会通过特殊技法刻意冲淡其不和谐性，把丑与美、残缺与圆满重新排列组合，以迎合常人的审美心理。在残缺转化为艺术美的创作过程中，哪些残缺可以入画，哪些艺术手法可以被应用，在不同时期有不同标准。伴随艺术的发展，艺术理念的更

---

[1] 闫爱华. 摄影观念的演进 以"表征"为中心的考察 [M]. 南宁：广西师范大学出版社，2015：13-14.

[2] 陈翔, 等. 余秋雨主编. 创造与永恒——中西美术史话 [M]. 上海：百家出版社，1997：119.

新，原本在当时不被接受的特异之作，经过时间的磨砺，显露新的光芒，逐渐被人们接受和喜爱，甚至成为后世艺术家追捧和效仿的对象。蒙克再现着"有呼吸、有感觉，并在痛苦和爱情中生活的人们"，他的创作因真实的存在感与强烈的命运感，逐渐获得了人们的肯定，诗人布罗津斯基称赞蒙克的画是"近代人类心灵的肖像"（见图1-2）。

图1-2 爱德华·蒙克：《呐喊》

在当代，残缺的魅力被进一步发掘，前卫艺术家毫无避讳、独特新颖地表现残缺世界的形象，让人耳目一新、赞叹不已，但偶尔也会招致困惑与质疑的声音。但无论如何，我们应鼓励艺术家不断的探索与创新，尤其当他们努力摆脱有限性的束缚，尝试对残缺的蜕变与超越的革新精神，在残缺困境中突围，升华为美的境界。

第二章　残缺美的文化根源

在第一章初步了界定残缺美的涵蕴和形成特质，本章将对残缺美的文化根源进行追溯。笔者采取纵向历史考察与横向比较分析的方法，从自然宇宙之本源和中西方不同的文化土壤和哲学背景出发，追溯残缺美在中国与西方的精神根源，亦即残缺成为美的缘起、成因和背景，试图把握残缺的美学生成的可能路径。

哲学的任务是对人类精神文化的本体性认知与追问。当哲学家在认真观照天地与万物的运变之时，会惊讶地发现残缺的现象中蕴含了时空变化的规律与变异，进而辩证、积极地为残缺美设定了哲学层面的合理性。

世界文明发展的历史源远流长，笔者尝试循着文化发展的脉络，在中国古代的儒、释、道等传统思想和西方"两希"（希腊，希伯来）文化根基中，正本清源地追溯残缺美的精神之源。

第一节　残缺美的缘起与运化之道

由于宇宙天体的形态和运转轨迹基本为圆浑周全的，人们崇尚"圆"符合天道规律，追求圆满也是合情合理的思维趋向。"意冥玄化，而物在灵符，不在耳目"（符载《观张员外画松序》），但天地万物运化的方式，在主观世界被演绎为万千气象，在缤纷多姿的哲学世界与美学世界里，圆满并不是绝对的原则与唯一的选择，当剥离妄念、神与物游，"审美视界"由外向内转，未知、未尽、无限的时空悄然敞开，"收视反听"也许可欣然发现残而不全里幻化出神秘梦寐的神采。

如佛教以"缘起性空"为基本理念，空性是世界一切的本然，非有非无、梦幻泡影、生灭无常，虚空性与残缺性不仅与生俱来且会伴随终生，色空相即恰能创化出任运自在的审美空间与幽明有趣的艺术意境。人生如梦,生命在最初就被铺垫了"苦空"的残缺意味,大千世界的大悲需要文艺美学的大愿以求超脱。

玄鉴天地万物,会发现虚无、空远、岑寂的脉络,由残缺引入广渺的过程。正如老子《道德经》第四十章阐述的宇宙之本"道":"反者道之动,弱者道之用。天下万物生于有,有生于无。"(《道德经》第四十章)"反"与"弱"是作为"道"的发展与演变的驱动及效用。而"有"又是源于"无",所以"无"才是宇宙的本初状态,大象无形、至音希声,即从缺失之源萌发生意的枢机所在。

老子能辩证地审视空间有用无用的辩证关系:"三十辐共一毂,当其无,有车之用。埏埴以为器,当其无,有器之用。凿户牖以为室,当其无,有室之用。故有之以为利,无之以为用。"(《道德经》第十一章)道出了"无为有处有还无"的道理,在房子里凿出窗户,在原来完整无缺的基础上挖空了局部,进而透进阳光、望及春光,这便是"无中生有"的妙处。生活中随处可见、触手可及的最朴素道理,常与最深奥的宇宙起源的方式相契合,皆遵循微妙的"大道"。

2008年10月7日诺贝尔物理学奖揭晓,美国和日本的三位科学家因为对"对称性破缺"的研究中作出突出贡献而获奖。美国芝加哥大学恩里科·费米研究所的南部阳一郎(Yoichiro Nambu)由于"发现亚原子物理中的对称性自发破缺机制"而获得一半奖金,日本高能加速器研究组织的小林诚(Makoto Kobayashi)和日本京都大学汤川理论物理研究所的益川敏英(Toshihide Maskawa)则由于"发现破缺对称性的起源并预言自然界中至少存在三代夸克"而分享了另一半奖金[1](见图2-1)。

"对称性破缺"的研究引起了社会的巨大反响,甚至非专业人士也对此颠覆了传统认识的物理发现,进而产生了浓厚的兴趣。此前,大家所熟知并认可的是能量守恒定律,以及各种其他的守恒定律,包括动量守恒,奇异数守恒,重子数守恒等,对此消彼长的规律坚信不疑。而科学家对于对称性破缺的发现,完全颠覆了传统的物理理论,他们在大量实验的基础上作出判断:对称性被打破以后,能量才是最稳定的。在微观世界中,有些物质粒子的偏离导致了对称性破缺,而这种破缺却让宇宙得以持续存在。

---

[1] 南方周末[N]. 2008-10-16.

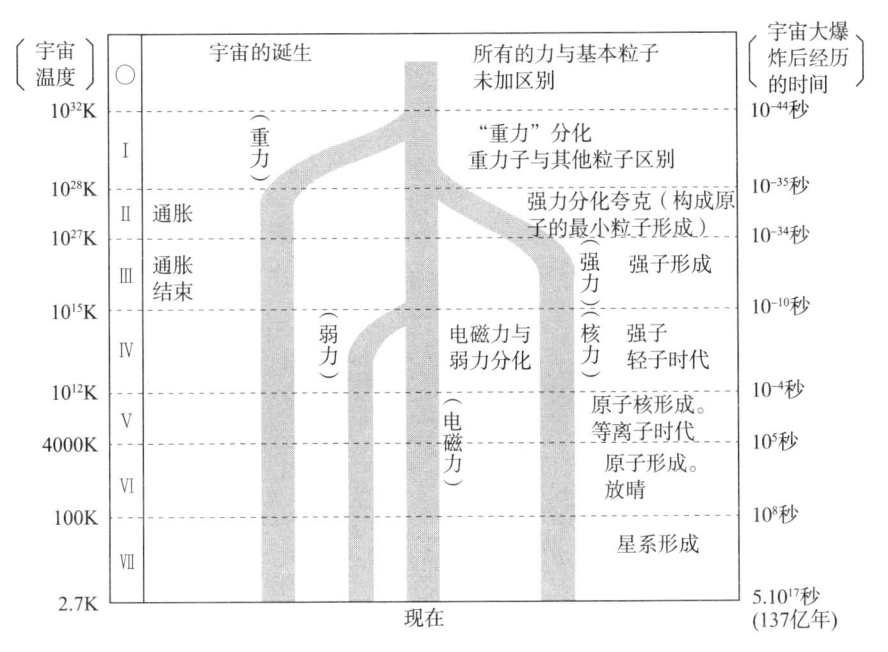

宇宙温度				宇宙大爆炸后经历的时间
10^{32}K	○	宇宙的诞生	所有的力与基本粒子未加区别	10^{-44}秒
	I	（重力）	"重力"分化 重力子与其他粒子区别	
10^{28}K				10^{-35}秒
10^{27}K	II	通胀	强力分化夸克（构成原子的最小粒子形成）	10^{-34}秒
	III	通胀结束	强力 强子形成	
10^{15}K				10^{-10}秒
	IV	（弱力）	电磁力与弱力分化 核力 强子轻子时代	
10^{12}K				10^{-4}秒
4000K	V		（电磁力） 原子核形成。等离子时代	10^5秒
	VI		原子形成。放晴	
100K				10^8秒
	VII		星系形成	
2.7K		现在		5.10^{17}秒 (137亿年)

图2-1 "自发对称性破缺与宇宙的形成"，显示的就是随着温度下降，时间推移，力量逐渐随着时间的推移，宇宙温度逐渐下降，最终产生自发对称性破缺，分化出各种力，相互作用形成宇宙。❶

宇宙在极早期是不对称的，在体积膨胀、温度降低以后，从时空、粒子、原子到物质都产生了不对称的结构与次序。日常生活中对称性破缺的情况亦极为普遍。举一个最常见的例子：一支以笔尖直立的铅笔无论在哪个方向上观察都是对称的，但是它却不平衡，随时会倒下，倒下以后对称即刻消失，但却获得了最稳定的状态。再如生命物质的DNA分子的双螺旋结构，大部分是右旋的，在旋转方向上并非均衡一致。

中国人在求全求粹的传统审美观念支配下，多以对称、和谐、统一为美的典范。那么对称性是指物体或系统的各部分间的比例平衡、协调，给人融洽、规整的美感。中国的建筑特别讲究对称性、整饬性的结构美。以故宫为例，它是由午门至神武门作为中轴，两边成对称的建筑群，布局严谨规则，气势磅礴，富丽堂皇，显示皇权至尊无上、无可侵犯的地位。另外，中国的佛教庙宇

---

❶ ［日］稻盛和夫主. 稻盛和夫的关怀·环境篇［M］. 路秀丽，译. 海口：海南出版社，2012：198.

的格局也多紧凑统一。以天下名刹少林寺为例,从山门、天王殿、大雄宝殿、法堂、方丈、立雪亭至千佛殿,这些建筑都处于一条中轴线上,中轴线两侧设置了鼓楼、钟楼,地藏殿、白衣殿对称林立,总体布局恢宏庄严、主次分明,以空间安排的井然有序象征内在时空的清净平和(见图2-2)。

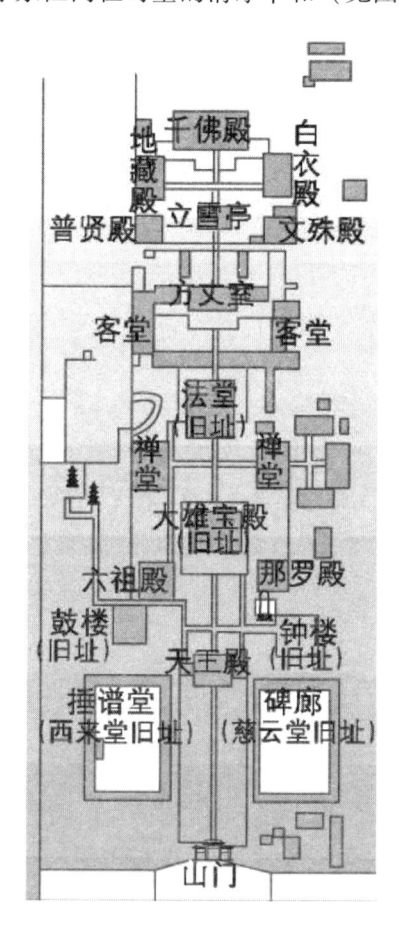

图2-2 少林寺平面图(图片来自网络)

然而,东方的园林其实具有不少残缺的元素。并能将残缺独辟蹊径地打造出空间意趣。例如,在曲径通幽处,会有嶙峋兀立的丑石、透迤斑驳的怪藤、盘枝错节的枯树,点缀于高低叠落、疏密有致的空间层次之间。这些古异疏野、萧瑟枯索的元素,却构成了园林中迥然有趣的点睛胜景。日本的枯山水园艺具有十分独特的素简之美,即使在现实中缺少青山绿水的真境,却可以通过叠石、沙土营造出气象万千的山水意境,韵动着真空妙有的活泼禅机,以此再现了东方虚实相生的美学精神（见图2-3）。

图2-3 枯山水（图片来自网络）

西方许多代表性建筑与中国圆满对称的观念形成鲜明对比而别具一格，保留了大量破旧残缺却底蕴深厚的景象。废墟遗址曾彰显过夺目灿烂的文明，废墟在当下中呈现历史，亦是通往未来的一道桥梁，在同一空间里贯穿了不同阶段的时间线索，在残垣断壁中透露昔日的辉煌。例如，在当下中呈显历史位于雅典卫城的帕提农神殿，作为希腊最负盛名的古老殿宇，在残石碎瓦中依稀隐约着神秘的力量。这些承载着前世今生记忆的废迹残景，经受了风雨与岁月的洗礼，不仅没有遭到人们的遗弃，或是擅自复原，而是受到了极大的重视与细致的保护（见图2-4）。

图2-4 帕提农神殿（图片来自网络）

自然界中天然形成的残缺景观，其鬼斧神工常常让人叹为观止，或是心醉神迷，"传神"的残缺大象潜蕴了动人心魄的震撼力和意味深长的感染力。当我们沉吟于"一道残阳铺水中，半江瑟瑟半江红"（白居易《暮江吟》）的悲美之景中，当沉浸在"缺月挂疏桐，漏断人初静"（苏轼《卜算子》）的清凉意境里，当断肠于"枯藤老树昏鸦"（马致远《天净沙》）的天涯异乡，残日缺月、枯木悲风氤氲了令人神往的妙境，唤起道不尽的清欢、说不透的清愁，仿佛能触到流光的幻灭与天地的荒凉，在内视审美世界里孤独地萌生、品味朦胧的诗思与沧桑的诗意。

残缺绝非美的凋敝，却能孕育风光无限。对称性的破缺开启了奇逸自在时空，充满着无穷乐趣，创化出更丰富、更具个性、更有活力的多姿多彩的世界。当对称性破缺发生以后，先后的状态发生了改变，形成的差异性、鲜活性能带给人格调非凡、韵律跌宕的审美新异感，不但触发了在悲感、痛感、缺失感中的大彻大悟，也激起了在美的天地俯仰自得的浪漫畅想。

第二节　中国残缺美的神遇心契之境

中国传统文化博大精深，倾向于彰显主体的精神力量与主观能动性。"必须心中廓然无一物，然后烟云秀色与天地生生之气自然凑泊，笔下幻出奇幻。"（李日华《紫桃轩杂缀》）智者与艺者将局促狭隘的不圆满世界包纳涵泳在廓然澡雪的心界，神遇残缺表象之下的幽深独微，解构造物之缺，重构天地至妙，"外师造化、中得心源"地重新吐纳灵性勃发的生命境界，"纵浪大化，曲径通幽"地从笔下幻出意蕴流转的艺术境界。

一、以和弥缺

中国先贤创立了阴阳交摄变化的学说，《周易》中卦象是由阴爻与阳爻两种符号组成的。阴阳激荡交感，才能生发演变万物、运化迹化万象，这反映了古代最朴素的辩证法思维。此种相反相成的规律，逐渐被发展成为推崇"中"与"和"的吟诵德怀和传统，《尚书》的《盘庚》指出"中正"，《酒诰》中道明"中德"，《吕刑》里强调执法用"中"等；《尚书·尧典》记载："八音克谐，无相夺伦，神人以和"。指金、石、土、革、丝、木、匏、竹八种乐器共同演奏，而不相互干扰的和谐之境。《中庸》指出："喜怒哀乐之未发，谓之中；发而皆中节，谓之和。中也者天下之大本也，和也者，天下之达道也。致中和，天地位焉，万物育焉。"郑玄《中庸》注曰："中庸，中和之为用也。"

"儒家倾向于情与理，人与人之间的和谐，道家则倾向于心与物，人与自然的和谐。庄子说：'与天和者，谓之天乐'（《庄子·天道》），天乐是最高的乐，天即自然，与天和即与自然和谐，这种和谐达到'乘物以游心'的审美自由的境界。"❶

儒家的中庸思想与和谐之道，讲究不执两端之见，不走极端之路，将内和外顺的观念应用于残缺美的理论中，可体现为既不沉沦于残缺的缺失性，又不强求完美无缺。正因为如此，残缺有了绝处逢生的机缘，蕴藏着生机，才有重生为美的可能性。当残缺在一定尺度和程度之内，与整体达到平衡与适度才可能构成美。笔者已在第一章界定残缺美的时候，论及了适度的问题，过犹不及，或矫枉过正都会导致残缺与美的断裂，使人产生消极心理，只有遵从"中和"的原则，才能建立残缺与美之间的链接。这种快适的美感平衡如果被破坏或激化，残缺就不能成为美了。然而应该注意到，"和"不是指完全一致与绝对契合，"和而不同"才是最难能可贵的境界，残缺正是与完美、整体、秩序存在一定差距，作为特殊、异类的部分，而在无形中构成了整体的元素之一，只不过这部分尚未被直接感知，但虚实之间潜在的脉络可以把它们贯穿整合起来，造就了残缺美的和而不同。和而不同演绎着辩证思维，辩证即互济互化的变化发展过程，所以残缺美呈现出流动性和动态感。残缺具有无象、无序、失衡、抽象化等特征，缺损的部分无法被人们直接把握，却能引起认知与回归的愿望，无象追问着有意，无序向有序对齐，在流动的变化里，尖锐的锋芒、强烈的色彩得以缓和冲淡。在夹缝中、转角里、阑珊处，与残缺美偶然邂逅，怦然心动在不经意间悄然绽放。纯粹的"同"会流于刻板单调，让人索然寡趣。《国语·郑语》有言："夫和实生物，同则不继。以他平他谓之和，故能丰长而物归之；若以同裨同，尽乃弃矣。"将"异"融会才是灵动的"和"，倾斜、不稳定的残缺，是"替代性"的平衡。儒家的辩证法智慧体现

---

❶ 周来祥. 再论美是和谐[M]. 南宁：广西师范大学出版社，1996：32.

于有滋有味的生活点滴里：祸福相依、悲喜交集、顺逆互转、智愚共性、有无相生等，何必苦恼于一时的忧患、一处的困境，漫漫人生总会有意外的转机、有惊喜的出路，以和弥缺成就了华丽的转身。

从中庸与和谐的原则出发，形成了"温柔敦厚"的文艺创造与审美的标准。"关雎，乐而不淫，哀而不伤。"（《论语·八佾》）意指过于淫荡和悲伤都超出了"无邪"的范围，情和理张弛有度、相得益彰才是最佳状态。朱熹进一步阐释："淫者，乐之过而失其正者也伤者，哀之过而害于和者也。"（朱熹《论语集注》）先贤大儒都积极提倡文艺的含蓄性、纯洁性，不放纵、不泛滥对艺术情感有所节制，以防物极必反，伤于正和。诗僧皎然将和谐观念融入了诗论："至险而不僻，至奇而不差，至苦而无迹，至近而意远，至放而不迂，至难而状易"（皎然《诗式》）故能如此，残缺才不至于狰狞、凌厉，而经以柔和清新的因素调和，反而多了温润平和、优游不迫的美，即可谓"以和弥缺"的美之所在。

仁的一方面表现为对残缺的包容，李泽厚认为，儒家的仁学理论最富有"人情味"的特色。"为仁由己""仁者爱人"，指无论对自己、对别人，都应待以"仁"心："从而，对人际的诚恳关怀，对大众的深厚同情，对苦难的严重感受，构成了中国文艺史上许多巨匠们的创作特色。"❶ 正因为发自"仁心"的关怀、同情和感受，对残缺世界才能给予悲悯，及更多的理解和宽容。甚至以杀身成仁的残缺性选择，表达高尚的志趣："志士仁人，无求生以害仁，有杀身以成仁。"（《论语·卫灵公》）王夫之对此作了深刻论述："将贵其生，生非不可贵也，将舍其生，生非不可舍也……生以载义，生可贵；义以立生，生可舍。"（王夫之《尚书引义》卷五）他认为若舍仁而保全完整性命，不如义无反顾地成就仁，弃生亦在所不惜，虽以舍弃另一种价值作为牺牲，虽然以残缺为代价，却以壮烈的品行彰显了崇高的理念，达到了道义上的美善高度。

孔子主张"安贫乐道"的处世智慧："饭疏食饮水，曲肱而枕之，乐亦在其中矣。不义而富且贵，于我如浮云。"（《论语·述而》）粗茶淡饭充饥，枕着手臂入眠，恬淡逍遥且自得其乐，视荣华富贵为过眼云烟。"贤者，回也！一箪食，一瓢饮，在陋巷。人不堪其忧，回也不改其乐。贤者，回也！"（《论语·雍也》）不奢望金玉满堂的富贵与金碧辉煌的奢华，即使所居简陋逼仄，

---

❶ 李泽厚. 美学三书［M］. 合肥：安徽文艺出版社，1999：257.

虽不能饱食终日，却没有烦琐的杂念和世俗的烦恼以侵扰，依然能怡然自得、德高勤俭，展现"贫贱不移、富贵不淫"的贤哲风范。孟子认为在欲望减损的情况下，是养心的最好条件："养心莫善于寡欲。其为人也寡欲，虽有不存焉者寡矣，其为人也多欲，虽有存焉者寡矣。"（《孟子·尽心下》）欲望虽然缺少了，但浩然之气不可缺，忧道不忧贫，"朝闻道，夕可死"，还有什么不能抛却的呢？贤人君子能常持朴素的生存之道、平淡的生活情趣以达到安贫乐道之境，哪怕一贫如洗、捉襟见肘，却能乐得清闲自在，这是淡泊对残缺的调和，于是灵魂才能被冲淡为纯洁。

儒家先贤多能积极乐观地生存，至圣先师孔子在周游列国期间经历了各种苦难，甚至被嘲讽为"丧家犬"，在逆境中磨砺自我、问道修身。不移"君子固穷"的意志，以仁弥合世俗的残缺，玉汝于成。

二、抱残守缺

道家提倡自然无为，主张无用之用和有无相生，追求逍遥与坐忘的自由之境。那么，残缺美是何以把道的精神发扬光大的？抱残守缺是自暴自弃，还是智慧的处世哲学？李泽厚对儒道互补的问题作出了深入探讨：

"庄子尽管避弃现世，却并不否定生命，而无宁对自然生命抱着珍贵爱惜的态度，这使他的泛神论哲学思想和对待人生的审美态度充满了感情的光辉，恰恰可以补充，加深儒家而与儒家一致，所以说，老庄道家是孔学儒家的对立的补充者。"[1]

人们在儒家思想中挖掘残缺却乐观积极的因子，在道家文化中寻求超越残缺的可能，如果残缺不可避免地成为生命的底色，它也许能绽放更耀眼的光芒，别具一格而更有震撼力。

庄子别具匠心地塑造了11位残而不全者的形象，他们是：右师（见《养生主》）、支离疏（见《人间世》）、王骀、申徒嘉、叔山无趾、哀骀它、闉跂支离无脤、甕㼜大瘿（见《德充符》）、子舆（见《大宗师》）、佝偻丈人（见《达生》）和支离叔（见《至乐》）。系列的畸人群像非同寻常，有的身怀绝技，有的具有理想人格，即为形残才全或形残德全。这些"残者"虽外貌奇丑或形体残缺，而"德"却极为充实光辉。庄子颇有意味地通过形残德全的

---

[1] 李泽厚. 美学三书 [M]. 合肥：安徽文艺出版社，1999：291.

得"道"之人，与形全德亏的拘泥于形骸之见者进行对照，展示两者迥然不同的价值取向；也借此揭示当时人们所处的社会生存困境；试图打破人们常规的思维方式，引导人们超越形貌之碍以直指人心，这些皆体现了庄子哲学超理性的特点。德有所长而形有所忘，只有不为外物所累，以不形之德孕育全才，才能出形骸之外而入形骸之内，做到遗形而取德；才能保全清静之道德，保持内在之本性，保护自然之质性，才能得于"道"。因无用而有大用，大巧若拙，大智若愚，返璞归真，顺任万物的残缺而自显大美。虚己待物，表明人应当保持内心之清淡虚静，不以物伤身、伤神。物我俱化，摈弃外形之偏见，重视精神之圆满。

虽说"无"是在某方面的柔弱、缺损或冲淡，而玄寂虚空处亦可"有"真性与臻美，老子主张"道常无为"，庄子提倡"无用之用"，道家的贵真尚素是符合无目的目的性，纯任自然从而达到"无中生有"。王弼对老子的学说有独到的见解："无，本也。"无为天地之本。"凡有之为利，必以无为用。"又说"何以得德？由乎道也。何以尽德？以无为用。"（王弼《老子注》）以无为用才可尽德。庄子认为："夫道，有情有信，无为无形，可传而不可受，可得而不可见"（《庄子·大宗师》），无为无形中包孕着有情有信，"唯道集虚"（《庄子·人间世》），道的高超在于无为而无所不为，道生一以至万物。"无为"不仅是道的特征，也是生发万物的契机。既然"有无相生，难易相成，长短相形，高下相倾"（《道德经》第二章），事物的对立面是相对而言的，反者道之动，在相互依托、相互转化的过程中都依循了道的规律。循着空纳万物、静了群动的机缘，大音希声、大象无形、大美无言，皆为有无相生、虚实互化的理念在艺术境界的妙用。此时无声胜有声，在音声的缺失之处，能以心聆听天籁的弦外之音。在言语的尽头，能以诗性智慧追寻言外的无穷之意蕴。

"无状之状，无物之象"（《道德经》第十四章）的具体形象缺失了，非以目视，可以神遇，望见有限而心观无限的超然之趣。"惚兮恍兮，其中有象。恍兮惚兮，其中有物，窈兮冥兮，其中有精。其精甚真，其中有信。"（《道德经》第二十一章）司空图将浅浅淡淡、缥缥缈缈的境界视为冲淡、清空的美："遇之匪深，即之愈希。脱有形似，握手已违。"（司空图《二十四诗品》）本无心而遇，没有刻意追求，即使缺失了，亦无须执意挽留，不必深求，不著一字，尽得风流的无言之美，静默自守以体悟微妙之机，得意忘言。无声、无象、无言是缺、空、不在场，但潜藏着深厚的不可道之道。宗白华认为从空寂之缺可体验道:"中国人对'道'的体验,是'于空寂处见流行,于流行处见空寂',唯道集虚,体用不二,这构成中国人的生命情调和艺术意境的实相。"❶ "空寂"是身心脱落、妄念消弭的静定之态,"流行"即不僵化滞纳、灵动生韵之势,凝神静观又非死水枯禅,不拘泥偏执于残缺,立足于无为无相,又超越了无为无相,便可无拘无束地流入美的汪洋之中。

若对残缺耿耿于怀,对得失斤斤计较,便容易陷入感伤悲观之境而患得患失。唯有忘机与澹虑,即使处于污泥亦能清净无染。"堕肢体,黜聪明,离形去知,同于大通,此谓坐忘。"(《庄子·大宗师》)唯有离形去知,跳脱了躯壳形迹之限,打破了知见执念的束缚,玲珑剔透才能通达于道。让心灵自由地呼吸,语默动静从容无碍,虚而待物,残缺也能成全美。无常的命运如锋利的刀剑,将圆满切割得支离破碎,将人步步逼向悬崖绝境,既然宿命难逃,则应安之若命:"知其不可奈何而安之若命,德之至也。"(《庄子·人间世》)广邈天地之间,人不过弱小卑微的存在,处处受限于不可控与必然性当中。"时"与"命"无可预料、又难以解释,是"不知吾所以然而然"(《庄子·达生》)的冥冥所驱,当厄运当头一击,残缺不幸迎面扑来,人又必须无可奈何地遭受与忍受,其实也可以安时处顺、守柔主静的无为而待。在庄子看来,人世间诸般事端无不命中注定,知命不可违,尽管在命运面前束手无策,却能随缘任运地智慧观照残缺,以超凡脱俗的心态对待苦难,须以"忘"的方式体道,践行"吾丧我"式的心斋、坐忘,至人无己入于天。乘物以游心,以无为本,顺应自然,与天地精神自在往来。简言之,对待残缺,道家提倡忘形、忘情、忘我的处世哲学,与其无功而返地抗争,不如超然物外地弃绝,忘怀得失,忘己忘物。这株"忘情物我之表"的"忘忧草"便是灵丹妙方,以保全自身的特异性与多样性,保持性灵的灵活性与真淳性,追求素朴的意趣以达到逍遥游的境界。

庄子对自由的核心理解在于"忘",忘却残缺的不足,忘却完美的足境,以忘求全,从困境超然直入忘境,由无相进入无限的意趣,升华为内真、上善、至美的妙不可言。

真善美一直是世人的追求,以真善美为核心的品格,理所当然地担负起化丑为美、以全补缺的任务。真善美之间又是互摄互融的。美因真的明证,不再

---

❶ 宗白华. 美从何处寻[M]. 重庆:重庆大学出版社, 2014:73.

是虚幻的黄粱一梦，而是触目可视、触手可及。真有美的点睛，而更心醉神迷，耐人寻味。而真与美以善作为根基，便是意味深长、坚不可摧了。而庄子之善不同于孔子之善，庄子之善是自然之德，孔子之善为伦理之德，故而，庄子推崇的美是反对约束、限制、强迫的天道。孔子主张的美是主张秩序、克制、隐忍的人道。一种是反璞归真，另一种是克己复礼，却能殊途同归为追求由内而外的性灵之美与人格光辉。当隐藏于内在的持久而深刻的美，弥补和超越了外在的缺陷之时，方显至美。另外，古人将没有经过漂染的丝称为"素"，没有经过雕琢的木视为"朴"，事物最本真自然的状态，天然去雕饰的本色，原生的自然美源于真。相对于精雕细琢的完美无瑕，本色之真或许不能让人产生惊鸿一瞥的惊艳，但贵真、尚微、守缺尽可能地保全了天性，避免了世俗的斧凿伪饰，因此"清水芙蓉"比"镂金错彩"的美往往更胜一筹，无边的意蕴、无尽的深情更能清扬致远。

自由主体能具有"内真""上善""至美"的特质，是大德古贤始终向往与坚毅追求的理想。所谓"内真"，《庄子·渔父》篇中有精辟的概括："真者，精诚之至也。不精不诚，不能动人……真在内者，神动于外，是所以贵真也。"精诚动人，心诚则灵，内真神动才是自由的象征。随性洒脱的人往往不会轻易地被残缺的"什么"主宰与支配，而是因自在自为地真诚无愧于心。

> "不真诚的人是不自由的，因为他总是在心灵中躲避掩饰一个'什么'，而这个'什么'也恰恰因为他所执意着的躲避或掩饰而构成了其行为的依据，所以他的行为则由于那个'什么'绝不是自在自为或者自然而然的。"❶

残者不因残妄自菲薄，若能活得坦然自得，才是自然而然无拘形表之迹的美。所谓"上善"："上善若水，水善利万物而不争，处众之所恶，故几于道。"（《道德经》第八章）老子以水喻善，推崇"不争"的超越品格，具海纳百川的包容胸襟，而残缺美恰恰契合于"上善"之美，它低调却不卑微，虽无牡丹大富大贵的艳丽，只做幽兰与世无争的自芳，纵无白杨高拔挺立的英姿，却有小草能屈能伸的韧性。世俗浮华的美往往容易破灭，返璞归真的本质之美却能永恒。因为"德将为汝美"（《庄子·知北游》）持怀一颗不染尘埃的

---

❶ 李孺义．"无"的意义：朴心玄览中的道体论而上学［M］．北京：人民文学出版社，1999：200．

清净心以悟道体美，可展现超然清雅的美。所谓"至美"："夫得是，至美至乐也，得至美而游乎至乐，谓之至人。"（《庄子·田子方》）局限于形表是有所待，有所依附，而"至美"是超越有待的"自美"，是自发的美、专注的美、脱俗的美，因它无所执，故为美本身，老子贬低"容动声色"的浮夸恣肆形式，认为"五色令人目盲，五音令人耳聋，五味令人口爽"（《道德经》第十二章）。沉湎于世俗的繁华喧嚣则让人心躁动不安，清心寡欲才能品味恬淡静趣。庄子反对有所待，认为"美服""好色"是"其为形也，亦愚哉"（《庄子·至乐》）的纵娇多欲，以淡乎其味的"无为之朴"方为"至美"，"夫虚静恬淡，寂寞无为者，万物之本也。……静而圣，动而王，无为也而尊，朴素而天下莫能与之争美"（《庄子·天道》）。静水深流、寂寞无为的"归无""虚静""守缺"，万物自化才能顺乎天道，其表淡然、其里蕴藉，方可称美天下。

故此，抱残守缺是冲虚隽永之美，归源于道家的"大成若缺，其用不弊。大盈若冲，其用不穷。大直若屈，大巧若拙。大辩若讷，大赢若绌。"（《道德经》第四十五章）昭示了以拙为巧的时代审美风尚，体现了中国重本贵质的"尚俭"文化传统，以此推断，质朴的残缺并非丧失了美，相反残缺本身即为美的存在。以静观动、以缺悟道，在被遗漏和忽略的残缺寂寞之处，人们会蓦然发现黑暗中的光华。

三、大圆若缺

作为中国传统文化的源头之一，佛教对残缺进行了超迈智慧的美学解读。汉魏以后，佛教传入中国，结合中国本土文化，形成了独具特色的汉化佛教理论，对人们的现实生活和艺术创作形成了深远的影响。

佛教认为人生充满苦难，如陷巨大炽热的火轮轮转不息，《妙法莲华经》云："三界无安、犹如火宅、众苦充满、甚可怖畏，常有生老、病死忧患、如是等火、炽然不息。"尘世之人又像被抛入无边的苦海，被恶海狂澜席卷，遭受各种不幸，身处水深火热中苦苦挣扎，"苦谛"揭示了存在的残缺状态。佛教将苦难分为二苦，四苦，八苦。二苦指外界客观环境的苦难和内心主观感受的痛苦。四苦指生老病死。八苦谓生苦、老苦、病苦、死苦、怨憎会苦、爱别离苦、所求不得苦、五蕴炽盛苦。因此，存在的残缺性与苦密不可分。

纵观人一生的轨迹怎不叫人叹息：胎儿出生前和母体紧密相连，母亲喝热汤，胎儿要受热烧，母亲喝冷水，胎儿要受冰寒，母亲的一举一动对胎儿都时刻产生着影响。人在出生时，要承受与母体分离的不适，需体验从产道受挤迫的痛苦，直到呱呱坠地，方经历完人生第一苦，即生苦。凡人都会渐渐老去，齿落发稀，肢体不灵，直到神智不清的状态。短暂幻灭的一生，每时每刻地走向由盛而衰，且会不经意地遭受意外灾难的折磨，身心难以持久地自在圆满。死苦让世人感到恐惧与焦虑，无论是寿尽而终，还是飞来横祸意外致死。怨憎会的冤家路窄，指怨恨的人却偏偏相遇，憎恶的人总会纠缠不清。但相爱的人难成眷属，亲友聚少离多，天下没有不散的筵席，花好月圆易消逝，这是爱别离的苦恼。《法句经》云："常者皆尽，高者亦堕，合会有离，生者有死。"生离死别，让人心如刀绞。人的欲求不会都得到满足，或可望不可及，求之不得，或得而失之，而黯然神伤、失望沮丧。八苦中最后五蕴炽盛苦，一作五盛阴苦、五蕴盛苦、五取蕴苦，五蕴即色、受、想、行、识，是对以上七苦及其他所有苦的概括，一切苦归源于五蕴在无明状况下的活动，产生与聚集一切苦的渊薮。

  人生并不会总是事事顺心、一帆风顺，残缺与忧患遍布生命的每个阶段，隐藏在生活的每个角落。佛教认为四圣谛是真理，即分别是集、苦、道、灭。集是苦的根源；苦是贪瞋痴等众因所集成的结果，同时又是修道的原因；道是方法、道路之义，又是烦恼寂灭之因；寂灭是修道的果，即烦恼寂灭之意。遭受到苦，必想脱离苦，于是有了菩提，把一切看空，把一切放下，感悟法喜禅乐。在世俗观念中，死亡是人生无可挽回的残缺，但如果将死亡视如秋叶之静美，是生命圆寂的归宿，是对人生各种磨难痛苦的解脱，方能看透死亡之意义所在，进而对死亡保有一颗平常心。以般若智观死，念死无常方能证得菩提，"念死无常"是炼心修行的法门，对死亡和无常的冥想观照，接近死亡才能对生命有最清醒的认识。佛教不仅关注个体此生此世的有限生命，它的目光回溯前世，追问来生。于是，死亡不再让人生畏，以微笑面对成尘，死亡意味着新生，意味着臻于圆满。"念死无常"提醒众生应正视和省思死亡，坦然面对这个自然而然的归宿，才能深刻理解生存的真义。同理，佛教认为，人如果持有对彼岸的坚定信念，就会形成一道坚固的心理保护屏障。"视死如归"地将死亡视为返乡，善始善终，超脱了"死亡"与"有形"的迷障，智慧对生存的虚妄，摆脱焦虑与迷失，终能回归"永恒"和"无限"，达到破除生死的境界。

  佛以普度众生为大愿，不仅主动地救苦救难，还智慧地启人超越苦难，拔苦予乐。而乐的最高境界，即为涅槃乐，具体可分为无余涅槃与实相涅槃，无余涅槃是自我解脱，实相涅槃则是众生的解脱。发菩提心，即要有无染清净心、安清净心、乐清净心，唯有拔除众生苦难，度其生彼岸净土。菩提道倡导自觉觉他、自度度人，共同成就涅槃。即使存在着苦难与残缺的必然性，也会有可超越、救赎的可能性。《涅槃经》云："涅者言不，槃者言织，不织之义名为涅槃。""槃者言苦，无苦之义，乃名涅槃。"❶《即兴自说·王经》偈云："人间和天上，有乐有美妙；比起涅槃乐，微小不足道。"《大毗婆沙论》卷八有："胜义乐，唯涅槃。"涅槃作为脱离苦海的极乐之境，并非只能在死后才能享受。在当下、在现世即可证悟："涅槃与世间，无有少分别，世间与涅槃，亦无少分别。涅槃之实际，及与世间际，如是二际者，无毫厘差别。"（《中论·观涅槃品》）佛教思想并不是让人否定、轻视生命的意义，弃舍生命追求极乐，反而是积极地倡导要珍惜、感恩生命，及时行善、福慧双修，在世间即可证得涅槃。追求涅槃的过程即为解脱的过程，人修得谦卑与包容，可以亲善地对待残缺与丑恶，甚至在不完美中体会美、升华美，众生平等的观念，让我们不再视残缺为洪水猛兽而唯恐避之不及。清净放下，勘破俗尘，心平气和地对待苦乐的因缘，荣辱不惊地承受得失的命运，"受苦不忧，受乐不喜"是小乘佛教的境界。大乘佛教思想则倡导众生不仅满足自我解脱，还应发大菩提心惟求利他，以使众生解脱为宏愿，追求断尽烦恼、不住生死、大慈大悲的博爱精神，明白色空相即、诸相非相，方能破除对立与颠倒，以缺悟美。

佛门，又称为空门，"空"的含蕴深厚复杂，不同派别各有其独特理解，众说纷纭。总体而言，空不是指虚无主义，从幻化多姿的色中悟空，一切行无常，一切法无我，指破除我执、消解偏见，不能只着眼于残缺，要观照残缺的部分对整体的意义和贡献，空非一无所有的真空，而是即色即空的真空妙有。华严宗开创者唐代高僧法藏认为："是故空有无碍，名大乘法，谓空不异有，有是幻有，幻有宛然，举体是空，有不异空，空是真空，真空湛然，举体是有，是故空有，无毫分别。"❷ 华严宗认为色空相即的中道，真俗无碍的圆融观，空幻无异的般若精神，色、俗是形相的表现，空、真是体性的本体，两者互摄依存。基于缘起性空又因缘和合的变化，因无所住且万象纷呈，如若豁达

---

❶ 张立文．空境——佛学与中国文化［M］．北京：人民出版社，2005：6．
❷ 华严经探寻记［A］．大正新修大藏经第35册［C］．

地看待残缺，不计得失，美或许会随缘而至。无言落花，诀别了一世的韶光，是最寂寞的世相，换来真谛的空相。

此外，还可从佛教的"不二法门"思维理解残缺。对象世界具有"不二法性"，指万事万物看似千差万别，但在佛性上并没有本质差异，破除对立知见，以"不二法性"去认知和把握世界，寂而常照、照而常寂，生命的本然了无分别。残缺表面上与圆满是相互对立，但是它们之间其实是互通、互融、互化的，一切本自圆满。佛学的圆通可以将世俗观念中对立的概念化为互摄性概念，烦恼即菩提，生死即涅槃，色即是空，残缺亦可以是圆满的。

佛教中的圆观、圆融美学实质上是一种辨证思维。"不取十法界相貌，无善恶、无邪正、无小大等，一切皆泯。"（《妙法莲华经》）圆通练达、思辨灵活，在善、恶、美、丑之间搭建了一座多方圆达、互通互融的桥梁。缘起缘灭、轮回变转，不二法门强调互异方之间的共通性、灵变性。《辞源》解释："圆融，佛教语。破除偏执，圆满融通。"圆在《说文》释为"圆全也"，圆则"天体也"，"圆"字之义，圆为天体的形状。"融"字早见于《左传》等，《辞源》解释为明亮、溶化、流通长远、和谐等义。圆与融组合在一起，字面含义基本为圆满融通，有无滞碍、不偏执、消融一切矛盾、和谐和解的含蕴。圆融在《佛学辞典》被解释为：

"圆满融通，无所障碍。即各事各物皆能保持其原有立场，圆满无缺，而又为完整一体，且能交互融摄，毫无矛盾、冲突。相互隔离，各自成一单元者称'隔历'；圆融即与隔历互为一种绝对而又相对之对立关系。"[1]

正因为圆缺损了部分，形成有生机魅力的角度和棱角，因残缺即菩提，为大圆若缺、以残求全提供合理性和可能性依据。

无论是儒家的以和弥缺，道家的抱残守缺，还是佛教的大圆若缺，都为残缺美学的理论探源提供了丰富线索。所以，残缺美虽是美中不足，但它具备屈而能伸的韧性，生气灌注的活力，它的魅力在于"虽不能至，心向往之"，在怅然若失之际，柳暗花明地与美相遇。残缺美是不自由的自由，是无用之用，虽不完美，但对美的世界一往情深。

---

[1] 宽忍主编. 佛学辞典 [M]. 北京：中国国际广播出版社，1993：1078.

第三节　西方残缺美的自由变奏之韵

中国人注重对内在心灵的体验，沉潜着微妙又厚重的生命底蕴，而西方人却善于以灵敏的感官感知和解释世界的万千妙趣，这是由于不同民族的审美心理结构与习惯的差异，导致不同审美阐释体系对残缺美的观照视角与维度产生一定的差异性。即使有残缺作为前行的障碍，西方人依然执着地追求着神圣不可侵犯的自由理想，及创造生生不息的艺术想象。由于西方文化一贯的革新精神，其残缺美学也呈现复杂多元的创新色彩，唯以追光蹑影之笔和通透敏锐之眼，才能跨越时空地入微渺、致广远。

一、古典："两希文化"的交响曲

西方文明是在"两希文化"的丰厚的土壤中成长起来的，即希腊文化与希伯来文化。古希腊的杰出人物灿若星河：诗人荷马，三大悲剧家：埃斯库勒斯、索福克勒斯和欧里庇底斯，哲学家有苏格拉底、柏拉图和亚里士多德等。他们身上充分显露了希腊民族的伟大才艺和智慧之光，这些古典乐章中的诸多音符和旋律至今仍在奏响灵动之韵，在历史的长空里余音绕梁，绵延不绝。

别林斯基认为艺术发展紧密关联着民族宗教的思想与状态，从而在悠久、特殊的文化语境中孕育深刻的艺术理念：

> "艺术从来不是独立——孤立地发展的：相反地，它的发展总是同其他意识领域相联系着。在各民族的婴儿和青年时代，艺术或多或少地总是表现了宗教思想……在希腊艺术中，象征和比喻终结了；艺术成了艺术。这原因，应该到希腊的宗教中去寻找，到它的包罗万象的神话的深刻、完全成熟和确定的涵义中去寻找。"[1]

那么，希腊神话是特别能充分体现希腊宗教与文化精粹的珍贵遗产。以希腊神话为题材的希腊戏剧作为一种古老的文化活动，采用合唱的形式表演，在狄俄尼索斯节（酒神节）祭拜酒神时，人们在祭坛山坡上环立，形成半圆形

---

[1] ［苏］阿尔巴托夫，罗斯托夫采主编. 美术史文选［M］. 佟景韩，译. 北京：人民美术出版社，1982：29-30.

的剧场，观众坐在逐级升高的观众席上全神贯注地观看表演。其他的希腊剧场多采用这种形状，并延续到了后世。半圆形的剧场设计颇具匠心，观众席采取的是面向演员的半圆形的形式，方便观众正面观看，露天剧场并非完整、封闭的圆，露天的部分虽是圈的缺角，但却是表演最活跃、最精彩的开放性场所，演出以广阔的空间为背景，在群山之间、气贯长虹，演出波澜壮阔的史诗，此空间设计能使观众感受到广阔感和肃穆感，让人体验亲切可感又无比奇妙，是古希腊城邦最富吸引力的盛典。

古希腊对美极度推崇，他们的法律明文规定："不许表现丑。"莱辛在《拉奥孔》中写道："希腊艺术家所描绘的只限于美，而且就连寻常的美，较低级的美，也只是一种偶尔一用的题材，一种练习或消遣。"❶ 在古希腊的文化遗产中存在大量并不十分完美的元素，残缺作为其中较为特殊、突出的元素，在文明发展中起了极大推动作用。笔者试图从希腊艺术源流和文化艺术传统中寻找它的蛛丝马迹。

古希腊三大悲剧家分别为：有"悲剧之父"之称的埃斯库罗斯，其代表作有《被缚的普罗米修斯》；其二为有"戏剧艺术的荷马"之称的索福克勒斯，其著作《俄狄浦斯王》和《安提戈涅》都为希腊悲剧的典范；其三为号称"心理戏剧的鼻祖"的欧里庇得斯，其代表作为极为震撼的悲剧《美狄亚》。这些经典剧作中的人物都受到了命运不同程度的捉弄，但他们不屈服于命运，而是勇于抗争到底，但最终依然以不圆满收场。悲剧主角遭遇各种身体残缺和命运不幸，磨难、忧患遍布于戏剧故事每一个环节，卢梭在他的《社会契约论》中指出了人不自由的普遍处境："人是生而自由的，但却无往不在枷锁之中"❷，即使自由的完整性被打破，但追求自由的个人意志与对解放的向往仍可以如磐石般坚定，从而不被命运打垮，残缺现实与坚强意志之间的拉锯，显示了戏剧故事的情节张力和所描绘人物的性格张力。

普罗米修斯为了造福人类，为人类偷火种，因而触怒了宙斯，宙斯派人以挣不开的枷锁将普罗米修斯束缚于高加索山上，让他在高山险峰上，日以继夜地备受烈日暴雨、铁链紧缚的煎熬，宙斯还派了一只鹰来每日啄食普罗米修斯的肝脏。普罗米修斯为了众人的幸福宁愿牺牲自我，不畏强暴，勇于反抗，具

---

❶ ［德］莱辛. 拉奥孔［M］. 北京：人民文学出版社，1979：11.
❷ ［法］卢梭. 社会契约论［M］. 何兆武，译. 北京：商务印书馆，1982：26.

有浓厚的英雄主义色彩，马克思称赞普罗米修斯是"哲学的日历中最高的圣者和殉道者"❶，残缺的苦难对于殉道者而言，也是伟大的救赎。普罗米修斯以肉体残缺和心灵重创作为沉重代价，他所承受的苦难让读者感到触目惊心，其义无反顾的意志，亦让人深深折服，由于崇高激起了读者心底的崇敬之意，普罗米修斯所盗的火种会长久地烛照人类文明发展的历程。

《俄狄浦斯王》的作家以曲折神笔渲染坎坷磨难，描述了爱民如子、高尚正直、有社会责任感的君主，却难逃命运的令人扼腕叹息的故事。从出生时的神谕到杀父娶母，至真相最终大白于天下，命运的推力在冥冥之中从未间断。最终，绝望的俄狄浦斯刺瞎双眼，自我放逐于旷野。他努力想挣脱命运的摆布与化解城邦的危难，却无时无刻不被玩弄于命运的股掌之中。命运威风凛凛地凌驾于凡人之上，以无所不知、无所不能的全能视角操纵、审判着人的种种选择和行为，如熊熊燃烧的火蛇缠绕着人类，会使厄运降临，一如"众神之神"宙斯挥舞着雷电，时刻准备将贱如蝼蚁的人们毁灭。难以回避的命中注定常常让人深感无助，但由勇敢的生命力涌动并在刹那间喷薄而出的爆发力，即使无法冲垮命运的堤坝，但所撞击出的澎湃激扬的浪花仍然让人肃然起敬。尼采这样评价这个苦难的人物："深沉的诗人（索福克勒斯）想告诉我们，这位高尚的人并没有犯罪。每种法律，每种自然秩序，甚至道德世界，都会因为他的行为而失色。"❷ 当谜一样的命运将人包裹并摧毁，当人类世界的光辉业绩与高贵品格被遮蔽和毁灭，这时悲壮崇高的美感悄然在残缺之境中悄然绽放。

安提戈涅，是一个张扬人性魅力而不顾一切的女子。她只想完成埋葬亲人的心愿，尽到人伦义务，她顶着违背国家法令的压力，公然反抗国王。她关心的不是政治，不是那些刻板冷酷的条例，她重视的是有温度的人间至亲，她认为能让亲人的灵魂得以安息，是生者对逝者无法推卸的责任。做一个对法令遵从的臣民，还是做一个捍卫人性的斗士，她毅然决然选择了后者，并完成了作为至亲的使命，哪怕慷慨赴死，她也无怨无悔。这部剧展示了法令与伦理之间的冲突，使读者在永恒正义与理性力量的追问中获得审美愉悦。

美狄亚，这位性情率性、刚烈的女子最初为了跟随伊阿宋，义无反顾地离开原来的国家，后来因为发现丈夫不忠，决然杀死了情敌，甚至还无情地杀死

---

❶ ［德］马克思. 德谟克利特的自然哲学与伊壁鸠鲁的自然哲学·序言［A］. 马克思恩格斯全集（第40卷）［C］. 北京：人民出版社，1982：190.

❷ ［德］尼采. 悲剧的诞生［M］. 熊希伟，译. 北京：华龄出版社，1996：12.

了自己的亲生骨肉。她在痛快的复仇后扬长而去，如此敢爱敢恨的形象震撼人心。美狄亚的形象与中国地位卑微、低眉顺眼、忍气吞声的妇女形象截然不同。我们不能简单地以中国传统道德理念和三从四德的伦理标准来评价这个人物。不可轻易否定的是：她追求自由，渴望忠贞的爱情，具有追求个性解放的思想。立体的艺术形象丰满、复杂，在扭曲、杀戮等不和谐情节中，由爱转恨的过程隐含着人性的无比脆弱，残忍之中有悲怆也有无奈，让人感慨又叹息，同时又在紧张、恐惧中享受着审美快感。

三个悲剧不约而同地体现着相近的主旋律：即使抗争在大多数情况下终归于失败，但恰恰能彰显悲剧主人公对自由意志与理想的永恒追求。残缺既能将悲情渲染到极致，又能将美感从绝望的死灰中复燃。生活遍布着残缺、阴郁和诱人沉沦的深渊，但勇者没有在深渊中沦陷与屈服，而是顽强地抗争到底，无论在穷途日暮中绝处逢生，还是最终走向完全毁灭，他们的坚毅精神在美学世界得以彰显，残缺性塑造了他们带有悲剧气质的审美人格。

美学总能在残缺与圆满、罪恶与正义、卑下与崇高的悖论中开拓出游刃有余的空间。在吸纳希伯来文化基础上形成的基督教文化中有许多思想体现了残缺美的观念，例如耶稣的殉难与复活，以及人生而有之的原罪与被救赎的种种设定。《圣经》指出人类的痛苦来源于"原罪"，唯有信仰上帝，才能得到救赎。耶稣是道成肉身被赋予了神性的光辉，关于耶稣的传说最初只在民间口头流传，公元2世纪被记录成《新约全书》的四部福音书，上帝为了拯救世人，使圣母玛丽亚未婚而孕生下耶稣，他在巴勒斯坦虔诚传道、救死扶伤，教世人只有忍受苦难才能最终升入天堂，后来，由于犹大的出卖，被钉上十字架殉难。但在他死后的第二个星期天，耶稣复活了，忠实的信徒从此对死而复生的上帝之子的神奇力量更加深信不疑，约翰声明："上帝爱世人，甚至将他的独生子赐给他们，叫一切相信他的人不至死亡，反得永生。"(《约翰福音》第3章第16节)

"上帝的爱在基督遭受痛苦的爱中，达到了顶点，表现出了能够征服所有残酷无情的上帝的荣耀。"[1] 耶稣为了世人而殉难，他甘愿牺牲自我来拯救大众，既悲壮又神圣。雅斯贝尔斯认为，基督的献身成就了所有信徒的救赎，因

---

[1] [英]詹姆士·里德. 基督的人生观[M]. 蒋庆, 译. 北京：生活·读书·新知三联书店，1998：177.

此笼罩了神圣的光辉，并最终达到功德圆满。

"在基督教序列里，人所有的基本经验都不再是悲剧，罪恶变成'快乐的过错'，有使拯救成为可能、犹大的背叛对基督的献身和死亡是必须的，这是所有信徒获得拯救的源泉。在这个世界上，基督是失败的最深刻象征，但他决不是悲剧的，是在失败中，他得以领悟，有所成就，并且功德圆满。"❶

耶稣背负着沉重的十字架从人间的"有限"束缚向着上帝的"无限"之爱延伸，被钉死的耶稣形象虽然惨不忍睹，但他无声地传达着"上帝爱你们"，慈悲大爱定格在了这一残缺的形象中，让人顿生崇高、庄严和肃穆之感，从而感悟悲壮的人生况味。形而上的上帝之道，道成肉身化为传道的耶稣，调谐了灵与肉、伟大与渺小的冲突，以自己的受难成全了对世人的救赎，但最终仍能拥有死而复生的超凡之力。

此外，基督教的原罪论典型表现了残缺的必然性。据《圣经》记载：亚当与夏娃由于不听上帝的劝告，被蛇引诱偷吃了"分别善恶树"，被驱赶出伊甸园。亚当、夏娃作为人类的始祖，原罪是始祖犯罪遗留下来的恶根，所以人一生下来就有罪。原罪有七种：饕餮（Gluttony）、贪婪（Greed）、懒惰（Sloth）、淫欲（Lust）、嫉妒（Envy）、暴怒（Wrath）、傲慢（Pride）。根据原罪论，既然人天生带着罪恶的烙印，那么生来即有不可克服的残缺性与悲剧性，生命不可承受者如斯。在基督教教义中，唯有信仰上帝，真诚地忏悔与赎罪，才能真正脱离"原罪"之身而进入天堂，在这里，信仰成为了净化灵魂的条件，而赎罪成了必经之途。天堂是上帝的所在，由天使与赎罪者的灵魂居住，也是最神圣的美的所在，被拯救的灵魂可以升入天堂，享受安稳、幸福、圣洁。所以世间之人应对上帝深信不疑，对天堂的热切渴望，使信徒从善避恶，甘于承受苦行，使得原罪的残缺本质显得不那么面目可憎，因为还有遥远的天堂预设使得身心残缺的痛楚得以缓解。有了预设的天堂召唤和终极关怀，无限的永恒便可以超越有限的残缺。

在西方传统的艺术中，表现超自然因素导致的残缺占据了很大比例，命运和性格等缺陷更是成为了重头戏。这些举足轻重（人化的神，英雄，贵族）

---

❶ ［德］雅斯贝尔斯. 悲剧的超越［M］. 亦春，译. 北京：工人出版社，1988：24.

的人物一直在寻找并渴望获得自我认同，却由于受命中注定的痛苦与纠缠，往往走向了否定自我的结局。主体在受难中备受肯定性与否定性的考验，虽然结局残缺不完满，但其为自由全力以赴的英勇姿态和坚毅不屈的顽强精神，让人心生敬佩，从中感受到坚定意志和激越情感所带来的美感。

西方传统的艺术常有"强者"美学的呈现，注重对理想性和神圣化形象的彰显：

> "在审美活动的深度和人的理性的深度的背后则屹立着一个强者——大写的人，其中充满了对自身的自恋与自信，坚信理性可以包容一切，阐释一切，从容不迫地傲视一切，事实上，传统美学就是'强者'的美学。"[1]

强者能够从容不迫地傲视一切，抵抗包括残缺在内的一切消极障碍，基于这种逻辑，人们对否定性质的审美活动也不应该拒之门外。

> "悲剧成为少数显贵人物的殊荣——所有其他的人对在灾难中被无足轻重地抹掉都必须心满意足。于是，悲剧不再是全体人类的特征，而成为人类贵族政治的专利。作为特权的标志，这个哲学变得妄自尊大、丑陋可厌：它以迎合我们的自尊来安慰我们，因此悲剧知识有它的局限；它没有完成任何对于世界的综合诠释。它无法说明普遍的痛苦：它无法弄通人类存在中的恐惧与不可理解。"[2]

然而，当悲剧成为少数显贵强者的殊荣，人类普遍的残缺性未得到充分的揭示，存在的真相被遮蔽了，这种哲学显得妄自尊大，这种美学则过于僵化狭隘而无法走向大境界。因此近现代的艺术家，都逐渐意识到了展现平凡的、琐碎的残缺世界的必要性。

二、近现代：自由的创化与变奏

如果按照崇高意志和强人哲学的逻辑理念来衡量，芸芸众生的大多数皆平凡，甚至平庸，并非所有人都能成为强者、英雄。全知全能的上帝只有一个，具有超凡能力的神或特殊权力的贵族仅为少数，但是反映普通人、甚至弱者遭

---

[1] 潘知常. 美学的边缘——在阐释中理解当代审美观念[M]. 上海：上海人民出版社，1998：28.
[2] [德]雅斯贝尔斯. 悲剧的超越[M]. 亦春，译. 北京：工人出版社，1988：107.

遇挫折的故事，即使看似微不足道，却因为贴近日常而发人深省。尼采抛出"上帝死了"这个掷地有声的口号，呼吁彻底粉碎精神权威，上帝、神、英雄的价值跌落下沉，平凡生命的价值地位获得了提升。人在无法预测的生活险境中如履薄冰，危机四伏，残缺便无处不在。现代艺术家能够采用"反英雄"化的美学标准，更热衷表现渺小个体的残缺境况，这些平凡生命如卑微的蚁族在大地匍匐前行，但他们反映着人最平实真切的存在状态。观照平凡的残缺状态，使审美活动的范围得到了很大程度的拓展，也更切实贴近日常。从大写的人到小写的我，从强者美学到弱者美学，从高高的神台回落平实的大地，不再夸大拔高地"神化"无所不能的英雄，也不再虚无缥缈地"美化"人间并不存在的臻境，素净、简淡、古朴等未斫之璞被纳入美学视野，残缺化的生活常态和碎片化的情感状态，亦可能潜伏着富含灵性的万千精彩。

西方曾遭受两次世界大战的洗劫，同时随着资本主义弊端的日益暴露，社会对人的压榨与扭曲达到了无以复加的程度。生产力的发展与物质水平的提升，压抑了个体的生存价值，人与社会的冲突更加尖锐，个体遭受诸多的屈辱与不公，从而经受心灵创伤、情绪焦虑和精神空虚的状态，绝望成为了普遍性的生存常态，因彷徨无措而惶恐战栗。人们开始质疑原本基础牢固、概念清晰的理性大厦存在的合理性，从而理性美的圣殿轰然坍塌，传统价值观念和审美趣味都发生了极大变化，丑陋和残缺成为艺术家的新宠，并借以表达对时代社会、生存状况的深刻批判与反思。同时，人们对习以为常的传统美学现象逐渐失去了兴趣，对新异的审美追求和表现，似乎更能填补人们空虚落寞的心灵。全新的美学时代日渐开启，不但判断美的标准发生了变化，而且美的特点也随之改变，从前被边缘化的形式受到了重新审视与青睐，不完美的形象反而因更接近生活困境本身而更容易引起共鸣。

> "古老庄严地散布在一切之上的普遍的美，不无单调之感，同样的印象老是重复，时间一久也会使人厌倦。崇高和崇高很难产生对照，于是人们就需要对一切都休息一下，甚至对美也是如此。相反，滑稽丑陋却似乎是一段稍息的时间，一种比较的对象，一个出发点，从这里我们带着一种更新鲜、更敏锐的感觉朝着美上升。"[1]

---

[1] 伍蠡甫. 西方文论选（下卷）[M]. 上海：上海文艺出版社，1964：185.

近现代审美活动中穿插了一些不和谐的因素,后现代主义审美理念使得这些不和谐的因素更加凸显与张扬。残缺在近现代直到后工业时代反本质、反逻辑与非理性变奏的轨迹上,从小心翼翼地崭露头角,到逐渐进入澎湃激扬的主旋律。

"理性规则束缚着审美活动中生命意志的张扬,试图把无休止的冲突、涌涨着的人类原始非理性欲望和意志纳入它有条不紊的秩序当中,把生命活力禁锢在一个僵化的稳态的独断论形式中,非理性精神则在感性的层面化身为丑,化身为当下理性所无法容纳的形式中。以叛逆的姿态和行为来冲击和动摇这座理性规则构筑的监牢,强迫理性重视它的存在,强迫理性扩展或扭曲自身来接纳它的到来。丑,正是审美活动中理性与非理性冲突作用下,在主流的理性观念压迫下奏响的非理性的变奏。"❶

非理性接近于出神入化的迷狂状态,与拘谨的理性迥然异趣,使美学活动喷涌出更鲜活的冲击力与创造力。残缺并非完全等同于丑,但残缺因为先天不足,会容易被纳入丑的范围,既然丑在非理性思潮下具有强大的生命活力,那么残缺成为美则具备了更充分、更具合理性的前提。在纷繁思想的碰撞中,疾病、狂乱、疯癫,甚至是兽性等突兀的形象与错乱的精神被揭露,表现了社会的威胁与人性的扭曲,对残缺与异化的揭露,以警醒人们进行深刻反思的方式,目的是呼唤脱胎换骨、劫后余生的自由。

存在主义属于非理性主义的流派之一。这个流派认为孤独、无助、焦虑与烦恼等意志情绪是人最基本的存在状态,因为它们反映了世界的本真存在。各种消极悲观来源于生活的不完满与愿望的未满足。残缺成为了人类生存的基调和生命的底色,它甚至以异化变形、夸张象征等方式揭露着世界残酷的真相,残缺的现实与美丽无瑕、恬美纯净的白日梦幻象相比,它更有说服力也更可靠,当清醒认识到这一点,人才能更有勇气地直面残缺,而不是在完美无缺的迷雾中自欺欺人。

海德格尔认为,人在尘世的基本状态是:畏、烦、死。畏即面对残酷世界时的恐惧与无望的情绪;烦即身不由己时的厌烦和忧虑状态;而死则是人无法

---

❶ 王庆卫. 丑的轨迹——理性视阈中的非理性变奏［M］. 北京:中国社会科学出版社,2006:21.

逃避的最终宿命。人终日被这三种负压搅得忧心忡忡，甚至茫然失措。那么当人无路可走之际，诗挺身而出，启引着人回归与自然、与万物亲和平等的融洽关系中，而不是被奴化为技术时代工具化的、人格分裂的人，诗意地栖居于开敞的大地，为了解放被束缚的美学理想而前行，在荆棘丛生的路途中，诗性智慧照亮了被遮蔽的真理，在平庸的生活中点缀着属于彼岸世界的诗意，追求艺术化的、点铁成金的超越性生活方式。生活即使残败不堪，命运即使坎坷不公，而人类依然可以勇敢、仁爱、诗意地等待，并努力去寻求美的转机。

后现代对现代"美学霸权主义"的反动，即力图打破统一单调模式，粉碎与解构权威。一成不变的万能法则失效了，人们逐渐采用失衡、无序、断裂、突变的视角观照残缺混乱的世界，丰富的艺术灵感极大地拓宽了审美领域，化局限为开放，化单一为多元，化神性为人性，正因为充满变革的文化机缘，残缺美的种子才有了生根发芽的坚实土壤。

以上提到了三种美学变革的历史机遇，一种是对小人物、平民化的残缺写照，另一种是在非理性视野中的残缺展现，还有后现代开放性审美视野中的残缺升华，交织为跌宕起伏的精彩乐章。传统的强者和大写的形象所流露的光辉，容易掩盖残缺的本质和价值，长期聚焦周全的美也会让人感觉单调乏味，陷入模式化的审美窠臼。

> "审美活动的切身感受，与事物的喜怒哀乐统统被挤到了边缘，赫然置身于中心位置的是'类'的本质，本质先于现象，必然先于偶然，目的先于过程，理性先于感性，灵先于肉，活生生的一切都在知识框架中转换为死气沉沉的符号。"[1]

近现代的残缺形象的特征和界限变得更耐人寻味，个性飞扬的非类型化刻画，使得被表现的空间更加广阔，具备更强的人文关怀与更深的哲学精神去介入审美实践，使美学的建构过程更为可信、可敬与可爱。无可否认，残缺的主体摘掉了神圣的光圈，戴着镣铐旋转舞步，亦可以美妙动人。

---

[1] 潘知常. 美学的边缘——在阐释中理解当代审美观念［M］. 上海：上海人民出版社，1998：40.

第三章　残缺美的创艺方式

艺术最集中、最巧妙地体现着创艺思维与美学思想，从创造残缺美的艺术方式与审美活动着手，体悟残缺美的创意之道与创艺之流。

"道"即唯道集虚的艺术生成的根基与创造变化的缘起。"流"是从形上学的高度流延出的艺术之"流"、美学之"流"。由人类精神之根、文明之始、思想之祖，所流溢衍生的艺术面貌、审美风尚、文化特征、诗意追求等无限的时空开拓与超越的发展演绎过程。

第一节　巧拙相参——残缺美的诗性塑造

江西诗派陈师道在《后山诗话》里论道："宁拙勿巧，宁朴勿华，宁粗勿弱，宁僻勿俗，诗文皆然。"在中国传统文学艺术的形式层面，有以朴拙来拗圆熟、以险僻以纠俗烂的艺术追求。中国文学史上文风、诗风的转捩往往因应这种艺术追求的变化，而从艺术效果而言，恰恰是以拙参巧、以拙衬巧、以拙显巧，形成了"大巧若拙"的美学特质，可谓真正的巧夺天工，而不是处处落于痕迹，时时显得匠气。对朴拙的诗性塑造，重构了巧妙的诗性空间。

艺术生态是多元共生的，其开放性伴随历史的发展，不断在原有内涵中产生新质，艺术刻画世间万物，展现人生百态。"丑"在艺术诞生伊始，就和人类的苦难现实一起进入了艺术描写的范围，绵延于几千年的艺术史中，虽是艺术底色中的暗纹，却给艺术的美增添了一抹亮色。迎合当今艺术走向多元化的契机，"丑"被人们重新认识、并加以阐释，成为艺术重构的一种途径。

艺术包孕了美的潜质，追求美是人的天性。艺术家创造艺术作品时真诚地赋予艺术作品以美，同时，艺术接受者在艺术中也体验着真切的美。然而，

"丑"在作品中何以成为艺术美的元素呢？这可探源于人类生存着的奇妙世界。

在自然界，宇宙是不完美的，常处于极不稳定的状态，它不断地膨胀，星系在形成过程中受各种引力场的牵引和排斥，天体也经常不断被撕裂又重新聚合，黑洞会吞噬着各种天体物质，如此循环往复，历经漫长而艰难的历程。在人间，人类社会与人类命运也是不完美的，人类在与自然、与社会、与命运的痛苦抗争中挣扎着，因此人类历史被烙上了血和泪的印记，正如苏轼所说："人有悲欢离合，月有阴晴圆缺，此事古难全。"因此，世界上诸种不完美、不圆满直接造成人类的消极情感判断，给人带来沉重复杂的感受体验。丑正是隐藏在不完美的主、客观世界之中。

艺术师法自然，通达自然奥义，抒发人类情感，艺术摹拟客观存在的万物，如若摒弃"丑"的内容，艺术所映射的世界就会显得不完整、不真实、不丰富，因此从这个角度而言，艺术无法避免，也十分有必要表现现实世界中的丑。

西方美学家对于文艺的起源有不同的论述。摹仿说认为，文艺起源于对现实的摹仿，现实世界中有美丑之分，然而评判美与丑的标准是因时而变和相对的。文艺摹仿美的东西，也能摹仿丑的东西，而对于丑的摹仿并不影响艺术的美，反而因艺术化、典型化了的丑或许而更具审美价值。心灵表现说指出，文艺起源于人们宣泄主观心灵和情感的需要，艺术表现人的心理，不仅仅是欢乐、愉悦、惊喜等美好情感，同时也包括痛苦、悲伤、绝望等负面感受。日本文学评论家厨川白村则将文艺视为"苦闷的象征"。一旦人的心灵情感成为艺术所表现的内容，那痛苦、病态的心理作为现实的一部分，自然成为艺术所表现的内容，并作为艺术美的生成因素。所以，艺术从诞生的那一刻起，苦难、丑恶等残缺是艺术创化的主题之一。行云流水给人以流畅美的感受，聪明灵巧让人愉悦，运动发展顺利流畅，符合美所构成的要素。而愚拙与停滞则意味着迟缓、困阻。人笨拙可以指四肢不灵、愚蠢木讷，水滞涩则是失去了生命力的死水。拙让人发笑，滞令人生厌，而丑则潜藏其中。

中国的艺术语境并不排斥丑，拙与丑都属于残缺的范畴。老树、怪石、病梅、盘根错节等形象却有另类的审美价值，更容易引起人们心灵上的震撼，深得艺术家和收藏家的追捧。宁拙毋巧、宁丑毋媚、充满野趣，皆是残缺与美的辩证表现，以别具风格的方式彰显艺术个性。

（一）外拙内秀，外痴内灵

许多事物都具有两面性，本质往往无法透过现象一眼望穿，形象的朴拙里面常包裹着美的内核。庄子寓言中塑造了残缺畸怪人物的大巧若拙，中国传奇中刻画着邋遢济癫和尚的智慧超凡，他们皆属外丑内秀、外痴内灵的艺术形象，美与丑在人物本身有一定冲突，却在这种不相称的矛盾和强烈的张力中彰显深刻的内涵：这些艺术形象在不完美的表象下包裹着美的灵魂，铸就厚重的美、震撼的美、超越的美，使艺术形象更饱满鲜活、耐人寻味、意味深长。通过拙中见秀、美藏于丑的方式，为艺术增添丰富的层次感。

（二）以丑为美，美丑对照

艺术在刻画丑恶不堪形象的同时，往往会设计一个美的对照物，使美者愈美、丑者愈丑。光明与黑暗，开悟与无明，善良与邪恶，不同的力量形成了强烈对比，在反衬的语境中凸显着两极的特点。美丑对照是艺术表现的方法之一，被艺术家广泛地应用于创作中，不仅有人与人、事与事之间的美丑对照，也包括人与事在发展演变不同时期的美丑对照。艺术就如同一面铜镜，艺术传达的关键问题在于怎样打磨这面镜子，使美与丑在里面彰显出来，磨得越光滑，人们看得也就越清晰。

（三）形式丑中彰显美的蕴涵

上述论述的是内容层面的美丑关系，其实艺术辩证法也必然涉及形式层面。在中国的画论、书论、文论中，以形式丑为美的现象并不鲜见。清人郑燮在《板桥题画》中独具慧眼地看到丑石的雄秀之美："米元章论石，曰瘦、曰皱、曰漏、曰透，可谓尽石之妙矣。东坡又曰：'石文而丑'。一'丑'则石有千态万状……燮画此石，丑石也，丑而雄，丑而秀。"[1] 这些千奇百怪的石头，既不光洁也不精致，然而正是从怪石丑的形式中，人们发现了其蓬勃的生命力、独特自然的个性。如此看来，丑的形式亦十分可爱可喜。过分精雕细琢、完美无缺的事物，反而会显得匠气、缺乏意趣、削减张力。美丑之间不应有过度苛刻的界限，二者相互依存，在一定条件下可以相互转换。如刘熙载在《艺概》中言："怪石以丑为美，丑到极处，便是美到极处。一丑字中丘壑未易尽言。俗书非务为妍美，则故托丑拙。美丑不同，其为为人之见一也。"丑有象外境、韵外之致、言外之意，便有了化丑为美的转机。

---

[1] 潘运告编. 清人论画[M]. 长沙：湖南美术出版社，2004：378.

绘画的取材大有讲究，什么东西值得入画？是美轮美奂、完美无瑕的，还是与众不同、大醇小疵的形象？对于这个问题，仁者见仁。高小康教授认为残缺的物象会颤动着生命之光：

"瑞士艺术史家乌而夫林在他那部研究艺术风格问题的名著《艺术风格学》中提出过一对概念：'入画'与'不入画'。在他看来，整洁美丽的东西，比如一间装潢一新、纤尘不染的房间是'不入画'的，因为缺乏生气。而不是那么美丽整洁的东西，比如斑驳的墙壁，有裂缝的地板、缺损了一块的水壶等等才是'入画'的，因为正是那些不完美的地方颤动着'生命之光'。"❶

飘然思不群的李白认为"丹青能令丑者妍。"他认为丑怪的事物经过画家的神笔挥就，可以使形象获得审美的意义，即化丑为美。生活中枯树丑石都给人一种病态、衰败、消亡，甚至不祥的意味。但在艺术家眼中，却是差创作素材中的珍品，通过艺术创造，能焕显出它们的情趣、神韵和生机，赋予其新的精神内涵和生命力、表现力。丑陋的对象经过艺术创造与提炼，获得了美学价值，拓宽了艺术家绘画思路与审美领域。明代唐志契在《绘事微言》直接点明了枯树在绘画中的意义："写枯树最难苍古，然画中最不可少，即茂林盛夏，亦须用之，诀云：'画无枯树，则不疏通'，此之谓也。"❷

苏轼：《枯木怪石图》

苏轼有画《枯木怪石图》流传于世，怪石盘踞左下角，盘旋如涡，石右之枯木，屈曲盘折、气势雄强，米芾在《画史》评点道："子瞻作枯木，枝干

---

❶ 高小康. 丑的魅力[M]. 济南：山东书报出版社，2006：60.
❷ 卢辅圣. 中国书画全书[M]. 上海：上海书画出版社，1993：64.

虬屈无端，石皴硬。亦怪怪奇奇无端，如其胸中盘郁也。"黄庭坚在《题子瞻枯木》中点出了苏轼以枯木为画的象征意味："折冲儒墨阵堂堂，书入颜扬鸿雁行。胸中原自有丘壑，故作老木蟠风霜。"此外，他在《题东坡竹石》中又道："风枝雨叶瘦士竹，龙蹲虎踞苍藓石，东坡老人翰林公，醉时吐出胸中墨。"笔法看似草率，胜在写意为之，飘逸间吐露胸臆，恰是苏轼本人人格魅力的折射。这正体现了"无用之用"的妙道：

"匠石家齐，至于曲辕，见栎社树。其大蔽数千牛，絜之百围，其高临山，十仞而后有枝，其可以为舟者旁十数。观者如市，匠伯不顾，遂行不辍。弟子厌观之，走及匠石，曰：'自吾执斧斤以随夫子，未尝见材如此其美也。先生不肯视，行不辍，何邪？'曰：'已矣，勿言之矣！散木也，以为舟则沉，以为棺椁则速腐，以为器则速毁，以为门户则液樠，以为柱则蠹。是不材之木也，无所可用，故能若是之寿。'"

（《庄子·人间世》）

枯木虽非婀娜苍翠，怪石亦不是玲珑圆润，它们在无人问津的角落里却别具自然之趣，无涉功利，剥离欲求，反而获得更深远独绝的欣赏价值，而不是被滥用于某种"器用"。恰因其无用，才得以在悠然自得中长久存在："此木以不材得终其天年。"此外，作为"四君子"之一的梅花，因其千姿百态而深得画家青睐，它们的枝干疏影横斜，却更显苍劲古雅、变化多端。清代画家金农在自己创作的《墨梅图》中题诗云："砚水生冰墨半干，画梅须画晚来香。树无丑态香沾袖，不爱花人莫与看。"盘根错节的梅花，却自有高洁品格。园林盆景中的梅花有些甚至经由人工有意的压弯处理，从而凸显其曲折交错的姿态美。

无论水墨丹青的古典绘画，还是创意独特的当代美术，审美者常能惊艳于创作者有意、无意、写意所留下的残缺痕迹。由单纯之笔所自在挥洒的天真之作，虽创作者的技艺尚未纯熟，对于万象的描摹可能不尽完善，却往往显得淳朴率真而且充满意趣，稚拙、明净等美学元素使这些本色之作体现了一颗颗赤子之心所带来的真挚浪漫的艺术激情。另有特立独行者不走寻常路，他们的创作丰富着另辟蹊径、颠倒黑白、无中生有、冷幽孤俊等风格，却充满了神思超逸、疏放峭拔的格调。而墨守成规的艺人往往会被刻板的规则、技巧和观念束缚，无法酣畅淋漓地醉墨纵笔，落于窠臼又难以平中见奇，反而失却了自在洒

腊梅沉雪

落之美。故此，唯有初心勿忘、灵觉未枯，方可真率地创作美若天成的佳作，荡漾超尘脱俗的妙趣。

第二节　悲欣交集——残缺美的诗情透视

> "这不死之鸟，终古地为自己预备下火葬的中柴堆，而在柴堆上焚死它自己；但是从那劫灰余烬当中，又有新鲜活泼的新生命产生出来。"
>
> ——黑格尔❶

无论是浴火的凤凰，还是扑火的飞蛾，在冲向烈火与光明的一刹那，视死如归、无怨无悔。它们这种自我毁灭性的结局体现着彻底的悲情，同时涌现出极致之美，因为它们可以在灰烬中获得重生，或无悔地完成追逐的使命。在残缺性、悲剧性中彰显主体意识和悲壮之美，使人扼腕叹息、悲欣交集，甚至是由衷得敬佩。

在浩瀚的中国文学卷册中，对于残缺形象的塑造最经典、最成功地应首推《庄子》。《庄子》塑造了一系列身负缺陷的畸人群像。他们虽不完美，却有高尚的人格或有特殊的才能，可以弥补自身的残缺。他们虽遗其形骸但并不脆弱，只因拥有一颗至善至美的心。他们形象异于常人，却是道成肉身的象征，

---

❶ ［德］黑格尔著. 历史哲学［M］. 王造时，译. 北京：生活·读书·新知三联书店，1956：144.

能引起人们的高度注意与引发深层的省思。美国学者爱莲心把这群残疾人称为"怪物",而"怪物"身上焕发出了耐人寻味的哲学特质:

> "打破我们意识的固定性,要求在一个突然和有时候是不愉快的震惊。在我们恰当的理解达到以后,更高的认识是:怪物(在我们的意义上)是最大的赐福,如果没有它们,我们就既不能在心灵的方向上有所进步,也不能有这种进步的经常性的提示与体现。……对于我们之中的'怪物'的完全接受,意味着在我们经验层面的怪物范畴的消失和哲学层面的更高水平的意识的取得。……怪物之运用有两种哲学上的功能。首先,怪物是标准(norm)的一个活生生的反例,不管这个标准是文化的或者是生物的,或者是两者兼之的。在特定的哲学路线上,怪物变成了哲学家。怪物型的哲学家是一种哲学原则的化身,这种原则是常人害怕的和要避开的。这就是自然(spontaneity),那么,怪物的第一个哲学意义就是以一种非常精妙的方式让我们知道:由怪物所代表的价值——自然——是一种为常规社会所害怕和避开的价值。……正如在西方文学中,疯子或愚人的话是受到尊敬的,在庄子里,怪物是受到保护的。因为他们是不同的,他们可以说一些普通人不能说的话而被处分。他们有顺其自然的自由,并且当他们是可怕的时候,这是一种可怕的哲学特质。反过来说,但我们有勇气成为怪物或者同意怪物的观点的时候,我们也能顺其自然了。以顺其自然的方式行事,我们就会非常接近能够理解的真理。"[1]

爱莲心以深入浅出的逻辑,点明了庄子采用怪物形象来阐释哲学观点的智慧所在,怪物是标准的反例,通过反思却可以促进我们在心灵的方向有所进步,化腐朽为神奇。

残缺意象在中国古典文学创作中并不鲜见,蕴含了非同寻常的美。常见的意象有残阳、缺月、枯荷、落花、弱柳等。诗人往往将感时伤世、感物伤怀融入物哀的深沉情怀中,将伤春悲秋与人生体验相结合,对残缺意象的演绎得如泣如诉、长歌当哭。如一轮孤月常牵引着人们的离情别绪,当独自望月的时候,内心升腾起对亲友的思念,如"可怜闺里月,长在汉家营"(沈佺期《杂

---

[1] [美]爱莲心.向往心灵转化的庄子:内篇分析[M].周炽成,译.南京:江苏人民出版社,2004:57-59.

诗》）所描述的：一方是深闺中思妇望月，一方是征夫在汉家营对少妇的牵挂，这种一处相思、两地闲愁的伤情是由一片孤寂之月酿造，相望不相闻的无可奈何，化作月华流照君的心愿，在夜深人静之际，唯有孤月不离不弃地陪伴着茕茕孑立的一袭倩影，触痛了心底那缕凄凉如水般的情愫，冷冷清清不仅是残缺的外境的真实写照，而且还反映了主体内心情境的凄凄切切。

残照余晖

文人雅客尤其钟情黄昏形象的刻画，在诗文中多被称述为落日、残阳、薄暮、夕阳、余晖等，黄昏介于白天黑夜之间那虚渺而又绚烂的临界点，凄美而让人销魂。钱锺书先生认为，昏黄时分最能勾起人的万千愁绪："盖死别生离，伤逝怀远，皆于昏黄时分，触绪纷来，所谓'最难消遣'。"（钱锺书《管锥编》）若干刻骨铭心的黄昏即可拼接出人一生的憔悴最难消遣的愁绪。"君子于役，不知其期，曷至哉？鸡栖于埘，日之夕矣，羊牛下来。君子于役，如之何勿思。"（《诗经·君子于役》）从最早的《诗经》将日夕场景与思归愁绪的结合为始，文人乐此不疲、颇有意味地吟咏着暝色起愁的诗韵。"日暮苍山远，天寒白屋贫；柴门闻犬吠，风雪夜归人。"（刘长卿《逢雪宿芙蓉山主人》）苍茫的暮色临照夜归人的形象，增添了难言的寂寥。"一道残阳铺水中，半江瑟瑟半江红"（白居易《暮江吟》），残阳的余晖映射于江面，色彩斑斓又恬静迷人。"怕黄昏忽地又黄昏，不销魂怎地又销魂。"（王实甫《十二月过尧民歌为别情》）黄昏下断肠人独立于天色渐暗中，凄美的画境衬托出主体的黯然神伤。"雨横风狂三月暮。门掩黄昏，无计留春住。"（欧阳修《蝶恋花》）风雨摧折、门掩黄昏，多少婉曲难言的心绪无从说起。"晚霞红，看山迷暮霭，烟暗孤松。动翩翩风袂，轻若惊鸿。心似鉴，鬓如云，弄清影，月明中。

漫悲凉,岁冉冉,藜华潜改衰容。"(孙道绚《醉思仙·寓居妙湛悼亡作词》)晚霞暮霭中,勾起对了对逝者和过往的追忆,顿生悲凉。"西风残照,汉家陵阙"(李白《忆秦娥》),大汉雄风早已埋葬于历史长河,无奈萧瑟的西风中落下残阳如血,境界何其雄浑,动人心魄。"夕阳无限好,只是近黄昏"(李商隐《乐游原》),美轮美奂的夕阳令人如痴如醉,怎奈却留不住这片刻的韶华,何等凄清怅惋。作家在血色黄昏、晚霞残照中营造日暮悲情,表达怀人、伤别、叹逝等体悟人生、感乎世情的主题,烘托残缺的幽深诗意。

众芳秽芜意味着芳华消逝,难免让人失落神伤。花开富贵、花好月圆、花团锦簇等皆是寓意祥瑞,鲜花盛放总能给人祥和圆满的感觉,那么,花的凋谢与飘零,则引人无限感叹惋惜。"日月忽其不淹兮,春与秋其代序。惟草木之零落兮,恐美人之迟暮。"(屈原《离骚》)草木零落与美人朱颜改,具有异质同构的相似性,作家以此感叹时空迁化的无情。"花落逐水去,何当顺流还,还亦不复鲜。"(魏晋·无名氏《前溪歌七首》其五)落花流水随同倏忽流年,一去不返。"今年花落颜色改,明年花开复谁在。"(刘希夷《代悲白头翁》)沧海桑田的变化中,花谢花开里凸显物是人非、聚散无常的无奈。"细雨湿衣看不见,闲花落地听无声。"(刘长卿《别严士元》)闲花落地既深沉又从容,惜别之情真诚又轻灵。"满目山河空念远,落花风雨更伤春。"(晏殊《浣溪沙·一向年光有限身》)离情别恨的怅惋寄寓在落花风雨的飘零中,山长水阔不知故人身在何处,悲情更切更深。"韶华不为少年留,恨悠悠,几时休?飞絮落花时候,一登楼,便做春江都是泪,流不尽,许多愁。"(秦观《江城子·西城杨柳弄春柔》)落花流水春去也,牵动了无尽的忧愁。

作家总会将落花飞絮的飘零与暮春、风雨、流水等哀感顽艳的万象结合,当春意阑珊之时,总不忍听残红落地的声音,但无可奈何花落去,所有的绚烂都会归于寂灭、沉入尘埃。

"夜来风雨声,花落知多少。"

(孟浩然《春晓》)

"落花不语空辞树,流水无情自入池。"

(白居易《过元家履信宅》)

"高阁客竟去,小园花乱飞。参差连曲陌,迢递送斜晖。
肠断未忍扫,眼穿仍欲归。芳心向春尽,所得是沾衣。"

(李商隐《落花》)

"春欲暮,满地落花红带雨。"

(韦庄《归国遥》)其一

"满院落花春寂寂,断肠芳草碧。"

(韦庄《谒金门》)其三

"多情只有春庭月,犹为离人照落花。"

(张泌《寄人》)其一

"花自飘零水自流,一处相思,两处闲愁。"

(李清照《一剪梅》)

"更被春风送惆怅,落花飞絮雨翩翩。"

(欧阳修《瑞鹧鸪》)

"花落水流红,闲愁万种,无语怨东风。"

(王实甫《西厢记》)

这些诗词中的落花意象浑融着离愁别绪、人生喟叹、造化弄人的残缺情景不仅在表象之残,更契入内心之痛,由表及里地酝酿出浓郁的悲情意味。

落花常用以隐喻美人迟暮、挚情凋零、生命消逝,如《红楼梦》中《葬花吟》的花飞花落和红颜葬花,曾经风花雪月,把酒年华,如今花落人亡不知魂归何处,花谢花飞让人魂断心碎。

"花谢花飞飞满天,红消香断有谁怜?游丝软系飘春榭,落絮轻粘扑绣帘。闺中女儿惜春暮,愁绪满怀无着处,手把花锄出绣帘,忍踏落花来复去?……一年三百六十日,风刀霜剑严相逼,明媚鲜妍能几时,一朝漂泊难寻觅。花开易见落难寻,阶前愁煞葬花人,独把花锄偷洒泪,洒上空枝见血痕。……尔今死去侬收葬,未卜侬身何日丧?侬今葬花人笑痴,他年葬侬知是谁?试看春残花渐落,便是红颜老死时。一朝春尽红颜老,花落人亡两不知!"

(曹雪芹《红楼梦》)

美丽的爱情却无果而终,美梦惊醒以后无路可走,既然风刀霜剑严相逼,还不如在情觞泪竭后,质本洁来还洁去。这是黛玉写给自己的一阙凄美的挽歌。一位痴情柔弱的女子,扛着花锄,叹息着落花流水,黯然落泪的形象跃然纸上,是何等哀婉动人,荡气回肠。嗟叹伤怀中声声悲音,字字血泪,虽然使人感到凄楚怜惜,但此情此景无不美轮美奂,极具艺术感染力。

中国古典文学的篇章中不乏幽深缠绵的残缺美意境。不少诗人有对残缺情有独钟的创作情结甚至癖好，"郊寒岛瘦"便是指作家"抱残守缺"的创作倾向，晚唐僧人可止在《哭贾岛》中评价贾岛的苦吟："诗僻降古今，官卑误子孙。栏寒月色，人哭苦吟魂。"人生的不如意酿成了残缺的审美心理动机，一味苦吟、满腔愁情是贾岛诗作的最大特色，虽然诗心苦，但往往清韵兼胜，不乏佳作。

"长江人钓月，旷野火烧风。"

（贾岛《寄朱锡珪》）

"棹穿波底月，船压水中天。"

（贾岛《过海联句》）

"樵人归白屋，寒日下危峰。"

（贾岛《雪晴晚望》）

"夕阳飘白露，树影扫青苔。"

（贾岛《泥阳馆》）

字里行间颇显作家深厚的功底与独妙的用心，荒园废迹、秋雨暮钟等衰败残景都是作者孤影幽情的表露，淡淡阴郁、丝丝悲戚，氤氲着幽僻的意境和幽深的心境，其中营造的清冷荒凉意象多为反复推敲而得，写得精致骨感、清奇雅正，让人过目难忘，并产生怅然若失的共鸣。

残缺美所萦绕的是峰回路转的曲折美感，悲戚恸彻的诗篇往往让人难以忘怀，涵泳其余味曲包的意犹未尽，丝丝缕缕的凄怆，点点滴滴的感动，意悲而远，摇荡性灵。

第三节　真空妙有——残缺美的诗境蕴藉

空旷寂寥的艺术风格引人深思逸远，如梦似真别有诗情画意。如"空山不见人，但闻人语响。"（王维《鹿柴》）在动静、虚实的韵律张弛中，流溢着"寂而常照、照而常寂"的涓涓禅意。中国古代艺术精神追求虚实相生、真幻相即的意境之美。追溯其思想根源，会发现佛教"真空妙有"的智慧所在，佛教时空观认为，世界的一切皆缘起性空，由因缘和合而生而存形成各种色相形象，真空非一无所有的绝对空，而是寄存于"妙有"的"缺态"，从而具有了艺术性、思辨性和超越性，氤氲着雾里看花、缥缈空寂的美感。

"无相者，于相而离相。"

（惠能《坛经》）

"外离一切相，名为无相。能离一切相，则法体清净，此是以无相为体。"

（惠能《坛经》）

佛禅时空观以性空（体空），相有，用中为基点。空性是本性，万相万法为幻有，不可偏颇于空或有方是般若之道。如皎然《禅思》诗云："空何妨色在，妙岂废身存，寂灭本非寂，喧哗曾未喧。"❶ 娑婆世界中，有相无相色彩纷呈，只要智者明心见性，便可即色以悟空，在残缺中领悟真空妙有的真谛。

中国的水墨画佳卷，妙含着无所挂碍的气韵生动。水墨画的空白，是匠心独运的有意留白。宗白华先生评价大痴山人的画："苍苍莽莽，浑化无迹，而气韵蓬松，得山川的元气；其最不似处，最为得神。似真似梦的境界涵浑在一无形无迹，而又无往不在的虚空中。"❷ 虚空之处看似缺损，简洁洗练最为纯净，其实是别出心裁的虚实相生的构图和章法，此处无物胜有物，是有意味的形式，无形象的意味，淡然无极而众美从之。空体现了禅的精神，中国画以淡为宗，而空为淡的极致，艺术中"极迥色、极略色"（李日华《紫桃轩杂缀》）的清淡旷远和禅宗的"色不异空，空不异色，色即是空，空即是色"（玄奘译《般若波罗密多心经》）的超凡脱俗，演绎了空的精髓，不是停留在物的表象上，而是由表及里、由此及彼地去领悟生命的意义和精神，从而达到形神相融、物我两忘、澄怀观道、明心见性，在拈花微笑里领悟色相中微妙至深的禅境。

"天下万物生于有，有生于无，三十辐，共一毂，当其有无，有车之用。埏埴以为器，当其无，有器之用。凿户牖以为室，当其无，有室之用。故有之以为利，无之以为用。"

（《道德经》四十章）

---

❶ 皎然. 禅思 [M].
❷ 宗白华. 美学与意境 [M]. 北京：人民出版社，1987：153.

残缺的美学观照与诗意追问

虚而万景入，空白处能让人联想到白雪，沧海，天空，浮云等。留白孕育了无中生有的无限生机，使主体更突出，更清晰，也使空白本身有了更多的活力和灵气，同时扩展了画面的意境，以虚代实的时空延展。它留有余地，是意到笔不到，给读者留有广阔的想象空间，使艺术家超越了时空的束缚，徜徉于疏密错落间，寥寥数笔、甚至不着笔墨亦能赏心悦意，重构一个神秘空幻的世界。画中之虚，虚中有气，气韵生动。此气乃孕育天地万物的源泉，生命的流动之始。一幅画，如果每处都被填满，不免有单一、沉闷、堵塞、压抑的感觉，而以无胜有、以缺代全，能使画面跳跃出节奏感和层次感，意外之象的真空妙有，意味深长而海阔天空。柳宗元的《江雪》一诗："千山鸟飞绝，万径人踪灭。孤舟蓑笠翁，独钓寒江雪。"描绘了这样一幅画面：一叶扁舟之上，有一个独自垂钓的老人，万顷寒波，轻烟淡霭，似有若无的意境让人感到荒寒、洒落，但同时也流露出苍凉的生命情调。宗白华先生对空白之道阐释的非常精辟：

> "中国画很重视空白。如马远就因常常只画一个角落而得名'马一角'，剩下的空白并不填实，是海，是天空，却并不感到空。空白处更有意味。中国书家也讲究布白，要求'计白当黑'。中国戏曲舞台上也利用虚空，如'刁窗'，不用真窗，而用手势配合音乐的节奏来表演，既真实又优美。中国园林建筑更是注重布置空间、处理空间。这些都说明，以虚带实，以实带虚，虚中有实，实中有虚，虚实结合，这是中国美学思想中的一个重要问题。"❶

由此可见，微尘、虚灵流动往来于大千世界中，无论无形无色，还是有残有缺皆不会隔断绵绵诗意。真空妙有之妙，妙在笔墨有无间，无画处皆成妙境。

---

❶ 宗白华. 美学与意境 [M]. 北京：人民出版社，1987：384.

第四章　残缺美的诗意表征

诗人感悟，联类无穷。人们受物色之动和性灵摇荡的感动兴发，通过深刻颖悟、缘情格物以立意成象，意象是人类智慧、艺术灵感的赋形符号。诗意表征是诗人随物宛转的心灵选择，是圆融了生命情趣、哲学理趣、美学意趣的创构，使宇宙万象的奥秘会通着主体性灵的情思。富有残缺美的诗意表征更是为现实忧患、生命困境、艺术冲突，赋予了深沉幽约的迷人意趣与余味绵长的动人情致。

第一节　悲风：悲风久萧索

"风"此意象生动幻变，常被作家融入情思，从而富有风韵和表现力。风无色而有形，无常而有声，无情而有性，它姿态万千且风情万种。其实，无论是温柔清朗的穆如清风，还是凄厉凌冽的萧瑟悲风，或是冰凉彻骨的冷雨凄风，都因被主体注入了情感元素，而焕发出性灵的光彩。文人骚客常寄风抒怀、托风咏志，多情之风交织了畅快优游、心旷神怡、失意悲愤等复杂又微妙的感情，尤其是悲风承载了太多生命难以承受的悲情与苍凉，质虽轻，蕴醇厚，寄托深沉又玲珑活络，具有通向无限的穿透力。

生命个体在遭遇人生风暴时，内心早已风起云涌，尘埃四起；在风雨飘摇的世间游离，处处弥漫着忧患。待尘埃落定，一切看似波澜不惊，实际上却可能孕育着巨大的隐忧与痛苦，却又只能无奈地生出悲凉。通过疾风骤雨、凄风冷雨之渲染，映衬世事艰难中的身不由己。一方面凸显了主体的动辄得咎的悲凉处境，另一方面又能化悲为美以升华美学意蕴，当然还有拂不去的刻骨沉痛。

风，让人又爱又恨："诗人长怨没诗材，天遣斜风细雨来。领了诗材还又怨，问天风雨几时开。"（杨万里《瓦店雨作四首》其三）斜风细雨将诗情翩跹而至，悲风所具有的艺术感染力和思想魅力不同凡响，值得我们由表及里的进行"风俗"演义。

一、悲风缘起：气之动物，摇荡性情

风的形成，最初可见于诸多古老的神话中。在当代人看来，神话是神秘虚幻的想象，是超验性的体验；对原始人而言，神话则是对客观世界的写实，是对未知现象的想象性解释，是对世界朦胧式的探索，它反映了人类童稚时期心理的定势。神话的展开既有语言阐释叙事的层面，又有形象表现的层面，风的神话亦复如是，因此言、象、意共同酝酿了文学的意味。

风的起源、产生方式、类别等都是非常复杂的，比如自然产生的风，从天地的裂缝、山峰洞穴等流出的风；再如源于鸟兽的风：神鸟扇动翅膀、飞翔生风，所以卜辞中风常写作"凤"；还有的风类源于各民族人民流传下来的人格化的神灵，如风神身上的洞漏出的风、哈尼族风姑娘醒来以后呼出大风于人间、吹得百花齐放，侗族神话的风公风婆能促成风调雨顺，汉族神话的风伯具有"掌八风消息，通五运之气候"的力量，满族有威武霸气的旋风女神形象。这些神话既因蒙上了神秘的面纱而显得隐晦莫测，却又因融入了人类的主体力量和主观意识而显得非常形象直观。其中，祭祀风神也成为原始宗教风俗之一，如宗教仪式中也保存了"舞八风"等原始歌舞。《吕氏春秋·古乐》指出了"八风之乐"的艺术性和宗教性："惟天之合，正风乃行，其音若熙熙凄凄锵锵，帝颛顼好其音，乃令飞龙作效八风之音，命之曰《承云》，以祭上帝。"可推测，远古的人为风增添了精彩的艺术元素，以达到娱神的作用，营造出风云壮丽的神秘、奇妙境界。

当我们试图从神话中还原风文化，可发现风的初始与文学的起源血脉关联。据《乐动声仪》记载："风者礼乐之使，万物之首。"可见，风既是宇宙的生命力，又兴发了文艺的创造力。"气之动物，物之感人，故摇荡性情，形诸舞咏。"（钟嵘《诗品》）动物之气为风，摇荡性情则有了风情，有了文艺创作的冲动和体验，说明风自然而然地彰显了艺术意味和美学特质。风虽无人之形，却有人之情，风动物又动情，使创作主体与造物者游、感兴神会，心有灵犀地使喜怒通于万物，将客观的风象、官能的体验、内隐的情韵相互交合，结合艺术加工、艺术想象、艺术创造，遂达成了物与我、神与理、虚与实、表层感知与深层意念契合的"艺术共感"。

风的神话本质上是原始心灵观照世界的方式，是对天地万物人格化的体验和共感后的表征。从风神的立场考察，风神能生生不息地化育万物，有温和浪漫的一面；但有时也会暴露强劲粗犷的一面，当风神咆哮发怒、飞沙走石也会以摧枯拉朽之势，给世界造成摧毁性的影响，这也反映了原始人从畏惧、敬畏于自然，到对抗自然、征服苦难的历程，从刚柔相济的风文化中体会到了能屈能伸的柔韧度和力量感。进而可以推断，对于悲风的嗟叹，自古有之。追溯文学的缘起，通常可以在诗骚中寻得线索。先察于《诗经》：

"风雨凄凄，鸡鸣喈喈。既见君子，云胡不夷。

风雨潇潇，鸡鸣胶胶。既见君子，云胡不瘳。

风雨如晦，鸡鸣不已。既见君子，云胡不喜。"

(《国风·郑风·风雨》)

通过风雨凄凄、潇潇、如晦的场景变化，运用重章叠句的艺术手法，烘托了女子对君子的深深思念和殷切盼望之情，一唱三叹地寄风抒怀，终以风雨中重逢的圆满结局收场，风造就了这首千秋绝调。其实，无法逃避的凄风冷雨多会触动人消极的情思："予羽谯谯，予尾翛翛，予室翘翘，风雨所漂摇，予维音哓哓。"(《国风·豳风·鸱鸮》) 这则寓言诗讲述了风雨飘摇中的一场飞来横祸，母鸟丧失幼雏、巢室被毁而哓哓悲鸣，此诗中如噩运扫荡之风则是无情残酷的象征，悲风哀号暗喻了主体如履薄冰的处境，读之、感之，令人不禁潸然泪下。

屈原情致深婉地借风抒发离忧之叹："雷填填兮雨冥冥，猿啾啾兮夜鸣。风飒飒兮木萧萧，思公子兮徒离忧。"(《九歌·山鬼》) 这是一首祭祀山鬼的歌曲，雷填填、猿啾啾、风飒飒、木萧萧等物象共同营造了一个光怪陆离、声色俱全的世界，从雷电交加、风雨嘶鸣的场景刻画，烘托出主人公有所思、有所哀的真切、惶急和忧伤。此外，他的《九章·悲回风》所塑的旋风疾风更染悲切的情调：

"悲回风之摇蕙兮，心冤结而内伤。

物有微而陨性兮，声有隐而先倡。

……

"折若木以蔽光兮,随飘风之所仍。
存仿佛而不见兮,心踊跃其若汤。
抚佩衽以案志兮,超惘惘而遂行。
岁曶曶其若颓兮,时亦冉冉而将至。
蘋蘅槁而节离兮,芳以歇而不比。
怜思心之不可惩兮,证此言之不可聊。
宁溘死而流亡兮,不忍为此之常愁。"

(屈原《九章·悲回风》)

在日月忽逝、春秋代序的时间流中,因悲风摧折而悼芳草零落,成为风骚的常见主题。劲风摇落了芳华,诗人面对狼藉一片、飘零满地的景象,心中难禁惋惜悲伤,世上之物多渺小而脆弱,如同这零落之花,经不起风吹雨打,悲风无形却有声,哀号四起,隐喻世间遍布着悲苦患难,所以无时无刻不隐伏思虑、低徊暗叹。长夜漫漫,难掩满腹悲哀、迷惘,弹指韶光逝,繁华褪尽随风飘无影。愁眉难展,心中忧郁挥之不去。造就屈原的独特人格与骚人气质,他既有纵观天地的通达,又有"哀民生之多艰"的悲悯,还有"长太息以掩涕兮"的哀切忧思。

屈原的悲风之辞飞扬着遒劲激切的浪漫色彩,而宋玉的悲风则低回宛转有沉郁之调,宋玉在其《九辩》中抒发了贫寒落拓之士的不平之鸣。以飒飒秋风烘托落寞悲情、愁思百结:

"悲哉,秋之为气也!
萧瑟兮草木摇落而变衰。
憭慄兮若在远行,登山临水兮送将归。
泬寥兮天高而气清,寂寥兮收潦而水清。
憯悽增欷兮,薄寒之中人,
怆怳懭悢兮,去故而就新。
坎廪兮贫士失职而志不平,
廓落兮羁旅而无友生,
惆怅兮而私自怜!
……
悲忧穷戚兮独处廓,有美一人兮心不绎。

> 去乡离家兮来远客,超逍遥兮今焉薄!
> 专思君兮不可化,君不知兮可奈何!
> ……
> 皇天平分四时兮,窃独悲此凛秋。
> 白露既下百草兮,奄离披此梧楸。
> 去白日之昭昭兮,袭长夜之悠悠。
> 离芳蔼之方壮兮,余萎约而悲愁。"

(宋玉《九辩》)

宋玉以细腻的笔墨,把萧瑟寂寥的秋风与悲忧穷戚的远客水乳交融于同一画面,使得这幅"断肠人在天涯"的秋思图情深意远,在苍凉的节候,秋风肃杀万物,敲痛了行旅者的不仅是孤苦无依的羁旅乡愁,以及郁积于心的愤慨惆怅,而且还有人生苦短、沉浮不定的万千凌乱愁思。秋风总给人以凄迷萧瑟之感,正因如此,引起了多少漂泊无依灵魂的辛酸共鸣,所以,宋玉窃独悲此凛秋,触景生情地选择最具代表性的时空、最有意味的意象,以表达最深切的忧思。

朱熹对宋玉的悲秋作了深刻的点评:

> "秋者,一岁之运,盛极而衰,肃杀寒凉。阴气用事,草木零落,百物凋悴之时。有似叔世危邦,主昏政乱,贤智屏绌,奸凶得志,民贫财匮,不复振起之象。是以忠臣志士,遭谗放逐者,感事兴怀,尤切悲叹也。"[1]

(朱熹《楚辞集注》卷六)

说明宋玉呼吸的悲风既是情感的象征,又是客体的对应物。它不仅包蕴了小我身世的感怀,以及对于国运衰微的忧患,还有对广渺宇宙的时空迁化中百物凋悴的怅惘。读者可设身处地沉思作者的情志:在秋风侵袭的悠悠长夜,悲凉的沉沦之痛与幻灭的彷徨之思随风而至,在厄运磨难中的宋玉对生命的芳华应是何等的眷恋,才会对生不逢时的命运感到如此的绝望,所有的爱恨情仇都被秋风扫入了同一首悲歌中。歌声哀婉绝望,不仅有一己之悲,还有对整个荒唐乱世的忧患,它回荡在历史的长河中,沉淀了秋风摇落的千古之叹,塑造了"自古逢秋悲寂寥"的悲秋文学主题,后世文人以此为"秋思之祖",百感交

---

[1] (宋)朱熹著,蒋立甫校点. 楚辞集注[M]. 上海:上海古籍出版社,2001:116.

集而推陈出新，不断探索着悲风的悲慨幽远、别致新巧的意蕴。

悲风既可以振聋发聩，又能够柔情似水。"秋风清，秋月明，落叶聚还散，寒鸦栖复惊。"（李白《秋风词》）当一趟四季的轮回走向异灭的阶段，如同人生中最美妙辉煌的黄金时代已渐行渐远。秋季的各色物华，镌刻着动人的风韵，也蕴藏了凄婉的深情。

其实，悲风不只是秋天的专属，春之东风也被寄托了世人对韶华易逝、物是人非的怨恨："别时容易见时难，东风无力百花残。"（李商隐《无题》）"东风寂寞，恨郎抛掷，泪湿罗衣。"（牛希济《中兴乐》）"东风不为吹愁去，春日偏能惹恨长。"（贾至《春思二首》其一）"小楼昨夜又东风，故国不堪回首明月中。"（李煜《虞美人》）"窗前桃蕊娇如倦，东风泪洗胭脂面。"（纳兰性德《菩萨蛮》）脉脉伤情付诸东风之恨，此处的东风与满眼芳菲的生机无关，而是弥漫了"多情总被无情恼"（苏轼《蝶恋花》）的无奈。"何事东风，不作繁华主。"（纳兰性德《蝶恋花》）

"已销黯。况凄凉、近来离思，应忘却、明月夜深归辇。

荏苒一枝春，恨东风、人似天远。纵有残花，洒征衣、铅泪都满。

但殷勤折取，自遣一襟幽怨。"

（王沂孙《法曲献仙音 聚景亭梅次草窗韵》）

"爱别离"是情感的残缺，无情的东风将相思之人吹向海角天涯，将哀情离思遣入一襟幽怨，所以东风同样能让人有撕心裂肺之痛，黯然销魂的悲情丝毫不减西风。其实，悲风能指与所指的关系很大程度上跟随人的主观情境而产生移异，和其它自然物象一样，糅合了一时一地的情感体验，对风的意象的熔铸过程其实是自身悲哀、悲切情感的外化，是借景抒情、以物传情的过程。

二、悲风特质：飘若逝风尘，无奈送悲声

风无形，却有质感，甚至隐约着光泽。当艺术家移情于风，风的性状会复现心灵的痕迹。如"暗香浮动月黄昏"，风并非不在场，只是我们难以直接捕捉它的原型，却可透过其他物象表象的细微变化，从视觉、听觉、嗅觉上去体悟无形无味之风的隐现，真境逼而神境生，没有清风吹拂，何来暗香浮动？风忽远忽近、忽急忽缓，忽而温顺忽而暴戾，虚实相生间舒展着生命的本真姿态，

风有力量为万物赋形,亦能在悲凉里流荡出灵性。风是艺术家创造的客体对象和精神源泉,通过具象性、暗喻性、象征性的表达,以抒发自己的情感体验。

庄子笔下的风则摇曳着诗与思的风流:

"夫大块噫气,其名为风。是唯无作,作则万窍怒呺。而独不闻之寥寥乎?山林之畏佳,大木百围之窍穴,似鼻,似口,似耳,似枅,似圈,似臼,似洼者,似污者。激者,謞者,叱者,吸者,叫者,譹者,宎者,咬者。前者唱于而随者唱喁。泠风则小和,飘风则大和,厉风济则众窍为虚。而独不见之调调之刁刁乎?"

(庄子《齐物论》)

慧质诗心能将风的形、声、色、意都演绎得淋漓尽致,泠风、飘风、厉风的情状皆宛然在目。"夫大块噫气"(庄子《齐物论》)作为化育万物的强大自然力量,大地呼出吸入的气息,于流动之中成了风。在庄子笔下,风以及自然万物都成了人格化的精神主体,风入山林木穴的过程,被生动地描绘成人呼号、唱和等行为,附着了人的强烈情感,风在这里不仅有了生命,而且进入了人类的日常生活世界。

由于秋风、凉风、寒风、狂风、骤风、酸风等往往附随凄冷寂寞之感,故可一并统入悲风的范畴。穷途末路的文士,常将身世之叹融入悲风中:"寻章摘句老雕虫,晓月当帘挂玉弓。不见年年辽海上,文章何处哭秋风。"(李贺《南园十三首》其六)鬼才李贺更是以奇思妙想浓墨重彩地创造了酸风冷雨的意象,使得风被赋予了荒诞绮丽的色彩,别具一番独特的"意味"!

"茂陵刘郎秋风客,夜闻马嘶晓无迹。
画栏桂树悬秋香,三十六宫土花碧。
魏官牵车指千里,东关酸风射眸子。
空将汉月出宫门,忆君清泪如铅水。
衰兰送客咸阳道,天若有情天亦老。
携盘独出月荒凉,渭城已远波声小。"

(李贺《金铜仙人辞汉歌》)

这首诗为李贺因病辞官后,由京师赴洛阳途中所作。诗人身心俱疲,依史籍所载,借金铜仙人被酸风触动而潸然泪下的故事而加以演绎,诗人借风抒怀,酸风吹落的苦泪如铅般沉重,以巧妙的构思比衬了作者内心难以释怀的苦闷沉痛，以及"天若有情天亦老"的沧桑之叹。世人对"酸风"的刻画真是别具匠心，生动细致地渲染了风的滋味、风的情味和风的况味。自李贺奇情壮彩的创意之后，后代文人推陈出新，多有佳句："觇予一读恍如洗，酸风凄断漳淮湄。"（方岳《陶倅母夫人挽诗》）"落月孤营掩，酸风去路遥。"（王圭《赠太尉郑文肃公挽词二首》其一）"玉窗结怨歌幽独，弦绝鸾胶几时续。铜龙漏促春夜长，冷雨酸风乱心曲。"（李丙《夜夜曲》）"朝暮相催鬓易星，酸风无奈送悲声。丁宁莫过黄芦塞，月落霜寒客半醒。"（李龙高《梅角》）无论酸风吹泪落、酸风扫芳尘、酸风乱心曲、酸风送悲声，总能触碎人心柔弱的一寸，余味曲包，有情无情都让人回味不尽。

风乍起，风骤散，风似乎表征最无常之物，无常势、无常向、无常情、无常理，却演绎着世间的悲欢离合，因果的缘聚缘散，个体生命渺沧海一粟，在寥廓无垠的宇宙大化面前显得那样微不足道。然而临风闻道，亦能宠辱皆忘。风如此幻变多端，能将人的压抑情感释放出来，被囚禁的个性得以解缚，追寻着自由的方向。或凌厉跌宕、或柔和宛转的风涌动于世间，高扬着生命意识和历史意识：风来万物凋敝，风去万物复苏，风穿越无垠的时空，自然万物的生机勃发与式微凋零，随风而流转千回，形成穿越历史的深度。

卷进时空隧道的风，消逝在幽深的尽头，觅不得，了无痕。人们总担忧时光恍惚而去，哀叹生命的须臾，感慨光阴的时不我待："汩余若将不及兮，恐年岁之不吾与"，然而又对其随风转逝而无能为力："时缤纷其变易兮，又何可以淹留？"（屈原《离骚》）

三、悲风格调：慷慨有悲心，兴文自成篇

悲风意象的营造体现了创作主体强烈的抒情意愿和敏感的情感状态，融合了丰厚的情感体验和深刻的思想内涵。抒情主体的多重情感如天地之思、黍离之悲、身世之叹，忆念之怨都被卷入风声呜咽的悲鸣，由表及里地产生了悲怆的美学效果。风的意象往往是与其他意象组合出现的，如最常见的与草木结合："袅袅兮秋风，洞庭波兮木叶下"（屈原《湘夫人》），除了伴随四季节候，还常与雨、雪、山川河流等其他物象排列组合，又因心造境的重新整合，共同营造融彻相合的意境。不同意象形成互摄互融的作用力，构成了气韵生动的动态系统，再将各种意绪错综叠加，从而创造了缤纷多重的韵律。

建安文学梗概多气，悲风又促慷慨悲凉，虽言悲，却又风骨奇高，具有鲜

明的时代色彩。乱世苍生从生活和心灵的感悟中寻找风的素材,他们既关注动荡不安的世积乱离,又观照身不由己的风衰俗怨,以风咏怀、感时伤民已蔚然成风,并表达了不同个体的诉求和理想,张扬了放荡不羁的个性与风格,彰显了因人而异的精神价值,"慷慨有悲心,兴文自成篇"(曹植《赠徐干》),故能志深而笔长,在慷慨悲壮中体现刚健气质和对生命的深刻思考。

某种意义上,对悲风意象创作的不断尝试,推动了"文学自觉"时代的到来。曹操笔下的风有一种雄壮苍茫之气,自有王者风范:"秋风瑟瑟,洪波涌起。"(曹操《步出夏门行·观沧海》)"树木何萧瑟,北风声正悲。"(曹操《苦寒行》)

情兼雅怨的曹植则为风注入了满腔悲愤的韵调:"高树多悲风,海水扬其波。"(曹植《野田黄雀行》)"江介多悲风,淮泗驰急流。"(曹植《杂诗七首》其五)"悲风来入怀,泪下如垂露。"(曹植《浮萍篇》)表达了诗人对人生在世,如履薄冰、如临疾风的艰难处境的忧虑和对人生苦短的悲愁。这与诗人的命运遭际高度契合,其笔下的悲风意象映射了他的心境。

再来赏读曹丕的风情,他主张"哀筝顺耳",所塑之风多为撕碎了美好情感的凄厉悲风。岁月无情,思君有情。"秋风萧瑟天气凉,草木摇落露为霜,群燕辞归鹄南翔。念君客游思断肠,慊慊思归恋故乡,君何淹留寄他方?贱妾茕茕守空房,忧来思君不敢忘,不觉泪下沾衣裳。"(曹丕《燕歌行二首》其一)诗歌讲述了游子思妇遥隔天涯,叹秋风带不来君的音讯、吹不来君的气息,秋凉更添断肠思,让人涕泪交零。曹丕擅长表现游子之思,风中回旋着人生如寄、漂泊无依的悲思:

"漫漫秋夜长,烈烈北风凉。
展转不能寐,披衣起彷徨。
彷徨忽已久,白露沾我裳。
俯视清水波,仰看明月光。
天汉回西流,三五正纵横。
草虫鸣何悲,孤雁独南翔。
郁郁多悲思,绵绵思故乡。
愿飞安得翼,欲济河无梁。
向风长叹息,断绝我中肠。"

(曹丕《杂诗》)

长夜难寐,凉凉北风吹不散浓愁,俯仰之间尽是绵绵乡思,草虫、孤雁皆是流离转徙、流落他乡者的写照。北风因起于冬季肃杀之气,更入于悲冷孤寒的氛围,人生天地间,皆如远行客,漫漫旅途中,倘若风雪中看不清归程,难以想象那是怎样的孤寂和绝望,古今关于风雪夜的诗作词作不少,清词人纳兰性德则述尽其中凄苦:"风一更,雪一更,聒碎乡心梦不成,故园无此声。"(纳兰性德《长相思》)独行者长久飘零,前路漫漫又临一更风、一更雪将乡心撕碎,喷涌而出的哀婉悲情被推向高潮。让读者不禁掩卷长叹。正如顾贞观评价道:"容若天资超逸,翛然尘外,所为乐府小令,婉丽凄清,使读者哀乐不知所主,如听中宵梵呗,先凄婉而后喜悦。"❶ 打动人心的正是悲欣交集的美感,悲弦感人肠,悲音激新声。

乡愁是人的根深蒂固、又历久弥新的文化心理。人在生命旅途中跋山涉水、客居天涯,与魂牵梦绕的故乡渐行渐远,刻骨悲凉的乡愁无奈又被悲风剪碎,令人动容销魂。因为文人根乎性情的天生多愁善感,常触景生情,且尘缘易绝、悲风难歇,作品因而流露出哀感冷艳的风格。

"又到绿杨曾折处。不语垂鞭,踏遍清秋路。
衰草连天无意绪。雁声远向萧关去。
不恨天涯行役苦。只恨西风、吹梦成今古。
明日客程还几许。沾衣况是新寒雨。"

(纳兰性德《蝶恋花》)

旧梦云飞,乡缘难续,在去国离乡的风里体味寂寞和离愁。

纳兰的词还多氤氲着往事残梦的风雨云烟,然而故人魂梦杳,此恨何时已,风雨凄迷亦吹不散、洗不尽,遍披华林的悲凉之雾。纳兰的诗词独白多浸透了凄美的痴情与伤情:

"泪咽却无声。只向从前悔薄情,凭仗丹青重省识,盈盈。一片伤心画不成。别语忒分明。午夜鹣鹣梦早醒。卿自早醒侬自梦,更更。泣尽风檐夜雨铃。"

(纳兰性德《南乡子·为亡妇题照》)

此词以唐玄宗怀念杨贵妃"雨霖铃"的典故借古抒怀,寄托自己的亡妻

---

❶ 顾贞观. 通志堂词序 [M].

之恨，繁华消褪、佳人已逝、芳踪难觅，凄凄风雨无法冲刷绵绵孤独，有多少心期，就有多少怅然，字字浸透血泪而深婉感人。

文学意象蕴藏了充沛的生命力和感染力，作为别出心裁的文化符号，它们是师法自然，兼及表征真性深情和熔铸生命体验的运化，常能引起心同此理的共鸣，而被一再传唱，审美主体从此以意赋形的符号出发，能探视寥廓境界的奥秘。随风飞跃的审美创意，汲取深厚的意蕴内涵，将细微的情思翻腾出了幻化万端的风姿。即使是凌冽清冷的悲风，其原生态的意象原型经过借景传情的诗性点化，也能为暗淡的风景增添几分亮色，为薄情孤独的浮生点缀一缕清凉。

四、天籁回响：回首向来萧瑟处，也无风雨也无晴

"风吹万物，有声曰籁"（徐坚《初学记》），风是天地间的妙音，是一任逍遥自然的天放。风如天籁，谱写了动人心魄的半首诗，另外半首留给浅吟低唱的诗人，风声唤醒了沉睡的诗心，漫天风雨助诗忙，成就诗人也成就风在文学意象群落中的位置。在诗人情思熔铸下，悲风的力度、情感的浓度、思想的厚度相荡相靡，景衬于心、心生万象，一切景语皆情语，诗人对风任情任性的所闻、所感、所思、所咏都犹如那缥缈又绝妙的天籁般的自由回响，深得自然之趣而契合自身情境。所以，我们不应该在风的漩涡中难以自拔，而应该将风视为患难深交和难得知音，悲风的摧毁性力量也许无法脱胎换骨，却可点铁成金。因为风可以将遮蔽生命本真的尘埃拂去，当暴风骤雨归于风平浪静，沉寂的一刹那，羚羊挂角、无迹可循，心灵世界因风所至而痕迹全无，内心空灵而涤除玄览，而遁入"也无风雨也无晴"清朗无垠的审美境界。

风乍起，一丝风动就吹动了文人心湖的涟漪。他们雅好悲风，无论对悲风长啸，还是对好风如水的细致吟咏，都说明了主体对风趣的自觉体悟。好风自然细腻柔和、滋养万物："随风潜入夜，润物细无声"（杜甫《春夜喜雨》），"好风凭借力，送我上青云"（曹雪芹《临江仙》），"沾衣欲湿杏花雨，吹面不寒杨柳风"（释志南《绝句》），"等闲识得东风面，万紫千红总是春"（朱熹《春日》），"东风夜放花千树，更吹落，星如雨"（辛弃疾《青玉案·元夕》），细雨清风总能将人乱如麻的情思梳理得有条不紊，使人在体悟轻安中享受岁月静好。好风清丽闲适且悦耳悦目，自然容易受到人们青睐，然而谁又敢说悲风不亲善、不友好呢，正如康德认为美的判断并非实用的认识判断，而

是无功利的趣味判断。真正的审美判断可不循常理所限，不受礼法所缚，不执功利之用，而是重视并推崇不同个性风格的艺术追求。悲风的无所可用、安所困苦的"无用"，满足着人的另外一种艺术人生的精神需要，感召着人直面和省思风雨交加的生存困境，越是经历过人生风雨的人，越能彻悟悲风悦志悦神的真谛。主体与自然的情感交换，不在于主体对客体的简单粗暴的回绝、对抗、征服，而是师心自然、心物一体，从而心甘情愿地自觉投入、性灵契融。对天地馈赠的风，都能心怀感恩，在物我交流、平等相待的过程中成就了彼此的价值，在悲风中走向成熟和旷落通达，深化了人的情志，升华了艺术境界。在悲风迂回处，我们欣然发现：当以新的维度观照悲风时，它不仅启人守常处变，而且其悲天悯人的精神又阻止了人走向异化，道成于艺，悲风有德！当我们以审美的态度和心境迎接悲风，才发现悲风又是纯粹的、超功利的，悲风成美！

声有哀乐。《礼记·乐记》言："丝声哀"，以表声音的婉妙哀怨。"哀乐之心感，而歌咏之声发。"（《汉书·艺文志》）以悲为美、抒哀音为美，流连哀思是中国古人独特的审美情趣所在，对"文音者皆欲为悲"美感风格的喜好也是中华民族忧患意识的反映，文辞伤切哀痛有余音。心存万境，心有万端，所有的一往情深，所有的心如死灰，都化作悲切、悲怆、悲壮之美，同时，追寻向死而生、穷途遇奇成为了审美的另一种况味和风尚。即使是书写悲风的哀音，也因风韵犹存、诗意萦绕而为悲风披上了"无用"的光芒，又无意间合乎了审美体验的目的性。将尘世的枯枝败叶、人间的灰心丧气吹向一片光明的余地，一瞬美妙的时刻。将字里行间那黯淡萧杀的风一气呵成飘逸轻盈之风。完成这种灵心妙笔的艺术转化，不仅凭借高超的技艺，而且更需要创造者拥有坦荡的胸襟和超迈的情怀，从而建构了"风象"非同一般的美感功能。

在风中探索的独行者，其身影孤独又伟岸，在风中振衣长啸，踽踽独行。他们不知道风向哪个方向吹，却在彷徨中、冥冥中、凄风中越加坚定了自己的方向。在不同的风雨的篇章中，张扬的是每个作家的独特气质个性，他们坚忍地高举审美的旗帜扫荡满目疮痍。风与气之间是天然关联的，正如《左传·昭公元年》所述："天有六气，降生五味，发为五色，徵为五声。淫生六疾。六气曰阴、阳、风、雨、晦、明也。"万物的气韵与人的灵气能够融合化一，通天下一气，进入物我两忘之境。所以，客体的自然之气与主体的精神之气的激荡糅合，美学家朱光潜说："我和物的界限完全消失，我没入大自然，大自然也没入我，我和大自然打成一气，在一块生展，在一块颤栗。"❶ 只要山风吹过的地方，我就在那里，停留、徘徊，忽而亲昵，又忽而远逝，却从未离弃。这是天人合一的大成境界。

风是源远流长的文化核心概念，又是中国哲学和文论的重要术语。风气在文人妙笔生花下凝聚成了"文气"，人对天地运化的体认迥异，气之清浊有体，所以作家的创作风格各异：有凝重郁结之气，有高妙飘逸之气，有俊逸豪迈之气，有清淡沉寂之气，各色"风气"折射了作家丰富而又独特的性灵和作品绚烂的风貌，张扬着微妙传神的表现力。

尤其在悲风无涯的大孤独里蕴含了穹宇千古的大智慧，仿佛暗夜里永远点缀着智性的星光，使人感怀，更启人觉悟。悲风是生命式的意象，迎风聆听细细绵绵的往事，便会欣然发现人生旅途中苦涩透着甘甜和趣味，有泪可落的幸运。正是这种对照让悲风意象具有绵延的审美生命力。

"爱在右，同情在左，走在生命路的两旁，随时播种，随时开花，将这一径长途，点缀得香花弥漫，使穿枝拂叶的行人，踏着荆棘，不觉得痛苦；有泪可落，也不是悲凉。"

（冰心《寄小读者·通讯十九》）

当人们遍尝了人生的苦与趣、泪与病，面对风雨如晦，也能进入宠辱不惊，也无风雨也无晴的至人之境，虽然风雨摧折让人唏嘘不已，却能意外发现爱在右，同情在左。我们不能忽略残缺的风物对残缺生存状态的修正，悲风在右，暗香在左。"试上高峰窥皓月，偶开天眼觑红尘。可怜身是眼中人。"（王国维《浣溪沙》）多少人渴望能御风游至天宇，觑探人间冷暖，可怜依然是世间是非身。除非热血成冰、白骨入尘，否则不可避免痛苦的体验，也绕不开诗性的召唤。我们欲乘风归去，又眷怀红尘，正是悲风对残缺人间的不即不离，才有了悲歌哀曲如风般的萦绕缠绵。岁月如梭，风声不息："今古何处尽，千岁随风飘。"（李贺《古悠悠行》）流浪在时光里的风，不知会吹向何方，更将不尽之意，吹于言外。在俯视尘寰、临风咏叹的一瞬，酒阑挥泪向悲风，"以自然之眼观物，以自然之舌言情"（王国维《人间词话》），感之契之、思而品之，便诞生了苍凉幻灭、而又永恒超验之感，更引起悲壮之美的享受。

---

❶ 朱光潜. 朱光潜美学文集（第一卷）[M]. 上海：上海文艺出版社，1982：18.

第二节　枯荷：静送枯荷雨

荷花是具有象征性且意蕴深厚的文化符号，它有许多美丽的别称：如莲花、莲华、菡萏、芙蓉、水华等，它品类繁多、风姿绰约，自古以来便深受先贤文士的青睐。在东方文化的对话与中国传统文化语境中，荷多被赋予了积极正面的内涵，常被推崇为高洁之物，如儒家文学经典《诗经》唱道："灼灼芙蕖""隰有荷花""菡萏盈渠"等，这些民歌中的荷花意象清新可爱。荷在道教文化中亦为祥瑞之物，江淹在《莲花赋》中指出："一为世珍，一为道瑞"；又如杜光庭在《通玄赞八首》中描写莲池的璀璨："九光生院草，七宝满池莲"；此外，八仙之一何仙姑手中常持荷花，是具有神通之力的法器。

因荷花与生俱来的灵性慧根，它是佛教文化因缘和合而生的产物。《华严经》中的莲花藏世界被描述为殊胜超凡的境界；《妙法莲华经》中莲隐喻了微妙圆满的佛法；《涅槃经》卷二十四云："如水生花中，青莲花为最，不放逸法亦复如是。"以莲喻不染无漏的清净心性。《四十二章经》第二十八章中记载："我为沙门，处于浊世，当如莲华，不为泥污。"沙门即为佛弟子，多爱此圣花，以洁身自好的莲花作为精神模范。另外，佛教寺庙常被称为"莲舍"，从这些例子可见荷花在佛教中卓尔不凡的地位。

然而，有些荷的外在形象是残缺的，但其内在精神却接近圆满。何为残缺？残缺是部分在整体中的缺失和不在场，是"未完成"或"已失去"的状态，因不完整而蕴含美学张力，恰因为隐藏、破缺、未呈现的部分，使得空缺形式催发了无中生有，即"真空"包孕着"妙有"，隐形舒展着更鲜活的审美活力。残荷、枯荷特别蕴含了残缺美学的特质，它们生于众苦聚焦的娑婆浊世，经历着幻化无常，然而它们本身不会习染一丝杂念俗念，素来保持着与世无争的清净，又因残缺之态诠释着佛教苦、空、无常、无我的精髓，在寂灭幽冷的"香消玉殒"中更为彰显其从容淡泊的性情品格，这是何等超凡脱俗、动人心扉的残缺美啊！通过观色、嗅香、闻声等方式圆融，妙悟荷的禅韵和不染心，透过一花一叶看世界，感悟其象征着的云水禅心的生命共感。

残荷虽外形残缺，但它恰是成熟沉着的业果，审美主体能从内视世界中，以主观心念弥全其客观造化的不圆满。当以重神，形往神留，故能更自由传神，令人神往。因此，给予了心灵世界充分创造的空间，穷而后工地在艺术世界渐入佳境。倘若停留在表面的直观感知，往往无法直抵禅的本来面目，真相隐藏在色空相即的机缘里，见《金光明经》云："佛真法身，犹如虚空，应物现形，如水中月。"荷是佛真身的应物显形，即使是残荷，也因"重昏不能覆其真"而更添艺术感染力。

一、无常残缺的生命共感

中国人爱荷花，因为荷花天然清芬，出污泥而不染，清丽而不繁芜。心净如莲，出于世法而不染世法，无论在无常残缺的世界中"著而不染"抑或"不著不染"，都十分契合佛教的净土思想和尚清意趣，是一尘不染的清净象征："世尊身好，细薄皮相，尘不著身，如莲花叶不受尘水。"（《智度论》）无染还表现为自在淡泊、开合随性："有意十分开晓露，无情一饷敛斜阳，泥根玉雪元无染，风叶青葱亦自香。"（范成大《州宅堂前荷花》）透露了随缘任达的佛性。

人们赏荷、爱荷、咏荷、画荷，以各自擅长的方式妙悟荷的生命哲学，演绎荷的宗教美学。黄庭坚于《白莲庵颂》道："入泥出泥，圣功香光。透尘透风，君看根元。种性六窗，九窍玲珑。"❶虽然处于尘泥等残缺的环境中，亦可惊俗生真性，纵然是残莲枯荷也丝毫不妨碍它根性的剔透玲珑。六窗象征了六根，六根清净，外界六尘便无法干扰空灵的心性，不即不离终能通透解脱。

无常，梵语 Anitya。指世间万物变动不住。诸行无常指世间一切现象在生灭变化，不能常住不变。《杂阿含经》云："当观诸色有，若过去，若未来、若现在、若内若外、若粗若细、若好若丑、若远若近，一切悉皆无常。正观无常已，色受除已，心善解脱。如是观、受、想、行识，若过去、若未来、若现在……彼一切皆无常……"❷时空的迁逝，伴随着无常变化和无量诸苦。圆满或残缺无定数，亦无恒时。迎浮世千重变，花好月圆刹那生灭，无论荷的纤浓、秀美的光彩照人，还是它柔弱、枯萎的萧瑟寂灭，都无法常住，一朝风月，万古长空。以风姿各异的荷表露不同的生命意趣，诉说着生命不可承受之轻与重，而残缺美蕴将形与神、幻与真形成了虚实纵横的张力。"弱柳千条

---

❶ 白莲庵颂. 山谷集（卷15）[A]. 文渊阁四库全书（集部）第52册 [C]. 129.
❷ 杂阿含经 [A]. 李华贵. 圆觉佛教 [C]. 北京：宗教文化出版社，2003：72.

露，衰荷一面风。"（李商隐《登霍山驿楼》）由于造物败落的凄凉抵挡不住，借衰荷道出了苦涩的无奈，作为文人士大夫心态的写照。所以，从残荷本身有限的形象可繁衍出无尽的意味，亦可影射出生苦、老苦、病苦、死苦、爱别离苦、怨憎会苦、求不得苦、五阴炽盛苦的佛教八苦形成的悲情世界，借残荷意象映衬出主体悲凉的心境，又或是一缕清欢，从中体会人生的况味。

处于逆境中的有情众生与自然物象的残荷衰荷形成了同呼吸、共命运的生命共感，与命运的起落、尘世的沉浮形成微妙的形象共鸣和情感共鸣，如此，生命共感因融入了主体的生命体验和感悟，才能为形象增加厚度，为情感注入深度，为精神升华高度，借荷作为自身心性的确证，并实现了对残缺的内在超越。

恰如《维摩经·佛道品》描绘的奇特意象："火中生莲花，是可谓稀有。在欲而行禅，稀有亦如是。"火生莲花是悖逆于常理的，本应水生之莲却处于无常的烈焰之中，所处的环境是残缺的，但它终能超越外境，无碍清凉。

二、生住异灭的时空幻化

世间万物的形成和演变无不遵循着生成、安住、坏异、空灭的变化轨迹，即成、住、坏、空四个阶段，每个阶段可视为大的际断。每个阶段由二十个中劫的时长组成，有始有终、终又有始的时空周期在无限循环中无始无终的延续。"生灭流转，无暂停时；相似相续故，妄见有实。"❶恰如屈原在《离骚》感叹："时缤纷其变易兮，又何可以淹留"，事物随时序易迁，生灭不断地流转，从未淹留。故而众生在时空历程中，终点不是死寂毁灭，暂别过后又投入下一轮的重生或者超脱为无生的涅槃。残荷并非凡尘世俗中的衰败之迹，它诠释着"无生"的解脱之道，灭只为虚幻之相，证得无生的涅槃才是实相。

因此，残荷不必去对抗时光，它只须顺应自然，随缘因果，对世俗的轻艳浮华漠然忘怀，对曾经的千娇百媚的姿容不再依恋，年华与风霜让它懂得了寂寞的凝重与高贵。

大千世界，人如微尘浮游于天地间沉浮不定，经历着现实世界的祸福难料、残缺幻化。"露冷芳意尽，稀疏空碧荷。残香随暮雨，枯蕊坠寒波。"（李群玉《晚莲》）如同美人迟暮的的残荷尤能表现生住异灭的沉沦孤寂，在艺术

---

❶（宋）惠洪．智证传［A］．新纂续藏经（第63册）［C］．

世界中可被抒发为幽恨意切的沉郁哀歌，或者被冲淡为轻安脱俗的梵呗清音，前者凄凄楚楚，后者则是有味清欢，这取决于主体观照角度和各自心性使然，"不堪看"还是"只等闲"在人不在物。

世间一切无法永驻，荷花四季风韵不同，如《金刚经》云："一切有为法，如梦幻泡影，如露亦如电，应作如是观。"众生逃脱不了生住异灭的变化，荷花的妖娆绽放自然让人赏心悦目，从"小荷才露尖尖角"至"映日荷花别样红"，再到"如今霜落枯荷折"，只是弹指一瞬的时光，几经飒飒秋风、凄凄冷雨的摧折，荷便染上了忧郁，或垂头叹息，或花叶凋零，留得残荷滴雨的一缕香魂依然萦绕，是劫，亦是缘。在荷与韶光共憔悴的异灭阶段，败衣残容中透露着冷艳、凝重、憔悴，同时又复现着时空积淀以后沉寂、成熟、拙朴的美。

夏荷不得意忘形成清凉之境，秋荷未心灰意冷得清冷韵味，即相离相，时空轮回中色相幻化始于空、归于空，诸色相的本真都是空相。风姿已尽，风骨犹存，残荷更能在云起寒空、霜冷荒池中摇曳出云水禅心的韵致。"秋荷独后时，摇落见风姿。无力争先发，非因后出奇。"（郑板桥《秋荷》）无意与姹紫嫣红争艳，却能在自在的情调中守住了初心，在平凡里勾勒不寻常的奇美。

行到水穷处，坐看云起时，生灭与轮回的永恒如《金刚经》中云"因无所住，而生其心"。在动中悟静，照而常寂。佛境的"莲花化生"有丰富内涵，残荷是舍，舍掉了婷婷华盖的负累，孕育了化生为清净圆满的希望，静默低调地等待着佛手持莲花接引至净土，又或是心甘情愿地进入下一个生住异灭的轮回，残荷以身说法地传达苦尽甘来的真谛。幽香已落处，悲喜交合，仿佛在残缺的深处会涅槃重生。

一生为情所困的李商隐克意事佛以求冲淡内心痛苦，吾宁爱与僧的他与佛学结下深缘，曾师从当时的高僧大德智玄大师："忆奉莲花座，兼闻贝叶经"（李商隐《奉寄安国大师兼简子蒙》），对蕴藉了禅味的荷花一往情深："苦海迷途去未因，东方过此几微尘，何当百亿莲花上，一一莲花见佛身。"（李商隐《送臻师二首》）又因残荷愁肠百结而感叹："浮世本来多聚散，红蕖何事亦离披？"（李商隐《七月二十九日崇让宅宴作》）聚散无常的如梦人生如同无法挽留住的零落红蕖。更以细腻巧妙的诗笔将情事融入荷的生灭中："荷叶生时春恨生，荷叶枯时秋恨成。深知身在情长在，怅望江头江水声。"（李商隐《暮秋独游曲江》）此诗以荷生荷枯作为起兴，牵动了对亡妻王氏的悲恸思念，也可能隐含了对曾经名为"荷花"的已故恋人的缅怀追忆，逝者已矣，因爱成恨，无奈生者的遗憾绵渺不断如悠悠无尽的江水，诗中借荷的春生秋成不可逆转的生命轮转，以荷的枯萎比喻人生的终结及天人永隔的沉痛，结合对苦空残缺人生的喟叹，"身在情长在"表达了对故人至死方休的忆念，字里行间弥漫了浓得化不开的深憾悲情，次年如枯荷般哀莫大于心死的断肠人李义山便郁结病终。诗中枯荷既是景语又是情语，循着生住异灭的生命苦短的幻化，点化出凄婉真挚的美感。

三、诗心禅韵的美学超越

花开见佛性，佛教以荷立象尽意，佛意禅味深厚。佛陀步步生莲花，转法轮布道之时多坐于莲花座之上，西方净土中荷是高洁神圣的象征，妙法莲华的光明境界，异质同构的形象不仅焕发灵性，而且还造就了荷意象的丰富美学意蕴。芙蓉在古代诗学中代表了"清水出芙蓉，天然去雕饰"的诗学理想，而枯荷、残荷也属于这种清净、离染、脱俗的诗学理想的范畴和美学表征，艺术家从心所欲或苦心经营的枯莲残荷，通过残缺的形式传达形外之神、象外之境，韵外之致，欣赏者通过想象品悟其冷香、静趣及禅寂，耐人寻味。

以荷诠佛，以禅弥缺，透过色相、无相获得真机："佛心清净，离有离无，身心不起，常守真心，是没是真如，心不起，心真如，色不起，色真如，心真如故，心解脱，色真如故，色解脱，心、色俱离，即无一物。[1]"残荷指引着由"清净心""出离心"通往超凡入圣的善道，我们以慧眼去观照残荷的独特风姿，以慈悲心去宽恕造化的悲情弄人，通过"不障一切"的法眼诗心成就"菡萏香消翠叶残"的静寂超脱之美。在寂而常照的轨迹中，觉照生命尽头的无待和空灵之美。残荷之美去雕饰、反媚俗，度一切苦厄的菩提心不仅包容、而且更是升华了这种表面上不圆满的色相，由残缺亦可"向上一路"的超越，通达莲界净界和审美臻境。

自荷进入文艺审美视野以来，文人骚客或以浓墨淡彩点染荷的姿态，或以诗心妙笔写意荷的风神，异曲同工地将荷作为美的象征和理想精神的寄托。尤其在荷经凄风苦雨的洗礼后，楚楚可怜又楚楚动人，引得无数发现美、欣赏美、感悟美的眼光聚焦于此。残荷以异质同构的方式被人格化，在有我之境中

---

[1] 大乘无生方便门［A］．杨维中．中国佛教心性论研究［C］．北京：宗教文化出版社，2007：186.

融入了飘零之感和身世之叹:"浮香绕曲岸,圆影覆华池。常恐秋风早,飘零君不知。"(卢照邻《曲池荷》)仍可喻有情人锁断天涯:"枯荷摧欲折,多少离声,锁断天涯诉幽闷。似蓬山去后,方士来时,挥粉泪、点点梨花香润。断送得、人间夜霖铃。更叶落梧桐、孤灯成晕。"(陈亮《洞仙歌》)枯荷为离愁别绪更添了一层难以排解的幽闷。不仅古典诗词的创作,作家在不同的文学类别中都能别具匠心地塑造残荷,如《红楼梦》仅第40回就三次提到了"残荷""残菱",分别是:"留得残荷听雨声";"偏你们又不留着残荷了";"两滩上衰草残菱,更助秋情",曹雪芹苦心孤诣地以荷的残衰意象作为心灵的象征,以风雨飘摇中的惨淡秋花暗了林黛玉的悲惨命运和结局。

然而,残荷未必只局限于表达悲情的意味。"雨过池台秋静,桂影凉清昼。槁叶喧空,疏黄满堤柳。风外残菊枯荷,凭阑一饷,犹喜冷香襟袖。"(曹勋《解蹀躞》)在雨过秋静的寂寥中,碧云流水之间的枯荷游丝般淡淡的冷香飘然而至,或是萧飒光景中唯一的欣慰。

"诗佛"王维十分倾心于"莲",在创作中因注入了主体的悟性和客体的禅意而寓意高妙,其中《山居即事》:"寂寞掩柴扉,苍茫对落晖。鹤巢松树遍,人访荜门稀。绿竹含新粉,红莲落故衣。渡头烟火起,处处采菱归。"首句开门见山地点出寂寞的情感基调。脱去红衣的莲花似乎更添清冷,然而笔锋陡然一转,渡口处的渔火在暮霭中隐约闪烁,光影流转中,虽有莲落,却有菱生。全诗起于悲,却收于乐,不因残缺而陷入万念俱灰,未促狭于寂灭之境,而是从心发现渔舟唱晚的清远之境,从而弥偿了世间的缺憾。

墨海丹青中的荷韵亦可直叩禅心。如齐白石的佛缘不浅,来到北京以后曾住在佛寺精舍中,受佛学陶然至深,故常从佛学中汲取艺术灵感,惟妙惟肖地创作了"无量寿佛""观音像""拈花微笑"等传神精品。齐白石以上等的善根结合敏锐的审美感悟力,挥洒成灵性之作。他对于佛教的圣物荷花更是如痴如醉,通过浓妆或淡抹表现荷的玉骨风姿或残容萧索,他的枯荷画卷尤有深旨,勾勒了时光削尽的繁花嫩枝,表达了虚实相映的心曲。夏日波光潋滟的清凉荷池的光彩不复,西风悲鸣,秋池枯竭,荷衣零落,枝叶枯梗,以各种残缺的元素烘托出惨淡的光景,再现了洗净铅华的古朴,繁华落尽后的真淳平淡,涤荡人间烟火的一花一叶恰又最具华严清净的悠长意味,白石仿佛借残荷倾诉自己颠沛流离的一生,淡雅的用笔又是回顾一生识尽愁滋味的欲说还休。他为自己的残荷图题诗:"不染污泥迈众芳,休嫌荷叶太无光。秋来犹有残花艳,留着年年纸上香。"他笔下的残荷并无太多颓败的意味，总能捕捉到亮点和逸气，其画作有了生趣，方可雅俗共赏、启人省思（见图4-1）。

图4-1 齐白石 枯荷画作

"江南可采莲，莲叶何田田。"（《汉乐府·江南》）荷花妖娆、亭亭玉立、碧叶连天，夏荷自是娇妍，富有一派欣欣向荣的气象。然经秋风扫荡后，荣华殆尽，唯有枯零的残荷仍在萧瑟西风中婆娑摇曳。"留得残荷听雨声"体现了一种恬淡的情怀，也是清凉的意境。不与芳尘争艳，自有幽逸清芬，残荷的芳魂在寒塘萦绕不散，飘逸着静谧高洁的神韵，它的残枝、枯叶、零落的花瓣，都透露着成熟的美。

与新荷香莲能让人一见倾心的美不同，残荷和光同尘不竞芳菲，婉约静默毫不张扬。若从接受美学角度审视，是由于它的美曲折深微而曲高和寡，因而能读懂它的人，多是饱经了岁月忧患或承受过生活苦难，才会由衷地欣赏残荷，并能从残缺中发掘它的深刻与超迈。所以，无须虚言藻饰，不必铺张扬厉，最质朴古拙的笔锋最贴合残荷简净的意趣。"一鸥低飞落平湖，一鸥惊顾行炯如。红衣脱尽莲蓬绿，翠盖凋残荷柄枯。更有数蓬癃已老，无人折之欲倾倒。陌上残红空自好，为谁点缀湖边草。"（释德洪《颖皋楚山堂秋景两图绝妙二首》其一）空自好的残红没有悲悲切切，与世间所有的无常一样，犹傍

— 74 —

着霜冷晚凉，沉寂地零落于风尘，在岁月沉积中五蕴皆空。

除了传统的书画文学等形象和语言艺术形式外，当代摄影亦常以残荷作为素材，将平时容易被人忽略和漠视的美定格，聚焦明妆褪去后的形象，让审美者可以从视觉体验结合审美内视，去洞察和构建象外之象、韵外之致。通过光影呈现清与浊之间的微妙张弛，动与静相间的通灵旋律，可从凝望残荷的静态，想象其在西风斜雨中的动感，聆听萧萧秋声，观照梵我一如的逼真写真。

总之，残荷不是单纯的自然物象，而是在心灵建构的超凡形象，在残缺的表象下潜藏了精神内核的丰满与深刻。当我们将心灵的尘垢澄清，将审美目光投射在残荷枯枝之上时，应以法眼洞见无常背后的生灭轮回规律，以不即不离、以色悟空的诗心吟咏世界的真空妙有，及妙悟其无生涅槃的禅道，从而唤起悲欣交集的生命共感，无论"西风吹泪看残荷"还是"闲数残荷几朵花"，记赏芳魂，总能启人深思和心生敬意。

第三节　孤鸿：缥缈孤鸿影

鸟的意象在文学创作中屡见不鲜，有大鹏、鸿鹄、山莺、孤雁、鸥鹭等，不仅品类繁多，且作家对其刻画的用心皆耐人寻味。鸟能飞能栖，既有搏击长空的高飞之志，又有渴慕回巢的静逸之心。既有"群飞动轻浪"（卢照邻《浴浪鸟》），也有"栖栖失群鸟"（陶渊明《饮酒》）。鸟充满灵性、不甘沉默，在遭逢了不同境界以后，它能快乐地啼唱，又能悲苦地哀鸣，文人因此借声传情，抒发隐微的心曲。

尤其是飞鸿，它本为群体行动的候鸟，无奈在落伍失群后，形单影只、凄厉悲鸣的孤单鸿雁，被称为孤鸿。孤鸿意象常常隐喻抒情主体在残酷世情下遭遇的悲情人生，孤鸿的哀号共鸣着主体在险恶生存环境下的忧生之嗟，是创作主体心象的再现。广袤天地间唯有一点鸿影，何其清冷孤单，游离出浓郁的悲剧色彩和典型的残缺意味。

一、鸿雁于飞，哀鸣嗷嗷

南来北往的鸿雁，演绎着时空的流变迁逝，失群的鸿雁则成为流离失所的情感悲愁的象征。"尚有南飞雁,知君不忍看。"(高适《送蔡十二之海上》)触动了异乡人无处安放的乡愁。在广渺天空中任由东西的鸿雁,又是古代士大夫高洁孤傲心性的代言。因此,鸿雁可作为落魄之人流落他乡、大志难抒、刻骨相思、孤寂凄苦等情感的寄托,反映着现实与理想的内在矛盾,也具有深刻的现实批判意义。

"缥缈孤鸿影"是我们熟知的孤鸿之词,然而将"孤鸿"意象放入诗词之举并非东坡首创。

早在《诗经》中,鸿作为候鸟的典型,被文人纳入创作视野:

"鸿雁于飞,肃肃其羽。之子于征,劬劳于野。爰及矜人,哀此鳏寡。

鸿雁于飞,集于中泽。之子于垣,百堵皆作。虽则劬劳,其究安宅。

鸿雁于飞,哀鸣嗷嗷。维此哲人,谓我劬劳。维彼愚人,谓我宣骄。"

(《小雅·鸿雁》)

"鸿雁于飞"作为诗歌的起兴,类比了"之子于征",远离故乡参加徭役的征夫与哀鸣嗷嗷的鸿雁存在异形同构的关系,作者将两者放一起比照描写,以抒发对羁旅情怀的感慨,表达了不得安居的离散之苦。所以鸿雁的行踪不定与游子的颠沛流离相互映衬,鸿的意象在常常被披上孤独的色彩,以孤鸿形象渲染孤绝心境,逐渐形成了一种文化心理定式,在后世创作中屡见不鲜。

曹植的作品骨气奇高、情兼雅怨,抒发悲思而有悲怆之格。

"高台多悲风,朝日照北林。之子在万里,江湖迥且深。
方舟安可极,离思故难任。孤雁飞南游,过庭长哀吟。
翘思慕远人,愿欲托遗音。形影忽不见,翩翩伤我心。"

(曹植《杂诗七首》其一)

曹植因为天性聪颖、才华出众,早年深受曹操的宠爱,然而因生性放浪不羁最终被曹操冷落,未能登上太子之位,又动辄得咎,因而如履薄冰。他经历了大起大落,从当初春风得意转向后来心灰意冷,由展翅高飞徒向幽幽哀鸣,最后抑郁而终。诗中孤雁的境遇可以视为诗人失志悲愤、彷徨沉郁的人生遭遇的形象写照,并充满了慕远人思乡的愁绪。

南朝鲍照的创作深杳俊逸，他所绘孤鸿映射了对世事不满和切望君归的忧叹。

"孤鸿散江屿，连翩遵渚飞。
含嘶衡桂浦，驰顾河朔羁。
攒攒劲秋木，昭昭净冬晖。
窗前涤欢爵，帐里缝舞衣。
芳岁犹自可，日夜望君归。"

(鲍照《绍古辞七首》其四)

"连翩"一词多指代独飞之鸟和独行之人，此处指孤鸿连翩独飞，当作者以悲悯的眼光投注于这一对象时，不仅伤感地诉说着南北相隔的夫妇日夜盼望重逢的迫切心境，作者从孤鸿的遥望中，仿佛也看到了自己流浪跋涉行路艰难的人生。"劲秋""净咚"等字眼又展现了鲍照诗歌风格的雄浑险峻之美。此诗末句"日夜望君归"曲终奏雅，点出了孤鸿与孤人之间微妙的关联。其实，古人很早便使用"鸿"的意象来反映婚姻关系，从《周易》的渐卦可追溯鸿的原型，且看渐卦卦辞：

"（艮下巽上）渐，女归吉。利贞。
初六　鸿渐于干，小子厉，有言，无咎。
六二　鸿渐于磐，饮食衎衎。吉。
九三　鸿渐于陆，夫征不复，妇孕不育。凶，利御寇。
六四　鸿渐于木，或得其桷，无咎。
九五　鸿渐于陵，妇三岁不孕. 终莫之胜。吉。
上九　鸿渐于陆。其羽可用为仪。吉。"

(《周易·渐》)

这首卦辞以鸿隐喻着妇婚姻中妇女的地位、命运和遭遇。作为水鸟的鸿一旦离开了水边，脱离了原本自得自乐的家园，来到陆地便会遭遇不幸。当鸿渐陆，昭示偏离家园的夫妻难以安乐，只有回归安定之所才能安稳。其中，"夫征不复，妇孕不育"指夫妇之间不得团圆相聚，而导致凶兆，最终会合才能逢凶化吉。由此可知，鸿在古代文化中早已暗喻了聚散之意。

"去夏疏雨余，同倚朱阑语。当时楼下水，今日到何处？

恨如春草多，事与孤鸿去。楚岸柳何穷，别愁纷若絮。"

（杜牧《题安州浮云寺楼寄湖州张郎中》）

诗人通过"去夏""今日"的比照反映旧日知己已经离开，如今只有诗人独自追忆，暗自牵挂，诗末明白地点出了孤鸿与别愁的千丝万缕的关联性，万般感念纷若絮。

二、孤鸿号外野，忧思独伤心

孤鸿是大自然中的生灵之一，诗人从自然里发现它，又将其作为托物言志、寄物抒情的情致化载体，是物我融通的媒介。通过鸿意象的分析，可以透视作者曲折的心路历程与沉重的悲情意识。

孤鸿的形象被作家刻画得惟妙惟肖、淋漓尽致，借此表达自己孤独的处境和凄凉的心境。魏晋阮籍创作的咏怀组诗开启了中国文学史政治抒情组诗的新篇章，不少作品表达了诗人的忧思徘徊、悲愤苍凉，其痛苦也恰恰表明了他对生命的眷恋和感喟，因而寄意遥深。

"夜中不能寐，起坐弹鸣琴。薄帷鉴明月，清风吹我襟。

孤鸿号外野，翔鸟鸣北林。徘徊将何见，忧思独伤心。"

（阮籍《咏怀》其一）

诗人因被心事所扰，在长夜辗转难眠，起身拨弄琴弦，本想打发心中愁绪，无奈如水的月光和清风未能拂去心之愁云，忽又听到从远处飘来孤鸿的哀号，翔鸟盘旋不定，哀于无处可栖，苦闷无依的诗人与世间一切的漂泊之影相互映衬，伤怀难释。魏晋之士看似风流不羁，其实他们内心极其脆弱哀痛，然而处于动荡离乱的时代，既无法挣脱又不敢直抒胸臆，只能借感物兴发以曲折隐微的表达心迹。本有济世志向、却抑郁不得伸的诗人感同身受于孤鸿所处的困境，应和着孤鸿的长啸哀号，凄怆满辛酸的哀歌怎能让人不动容？

良辰难再，阮籍心怀忧郁，反复嗟叹，总能将鸿的姿态神韵刻画得跃然纸上，意犹未尽：

"步出上东门，北望首阳岑。下有采薇士，上有嘉树林。

良辰在何许，凝霜沾衣襟。寒风振山冈，玄云起重阴。

鸣雁飞南征，鶗鴂发哀音。素质游商声，凄怆伤我心。"

（阮籍《咏怀》其一十一）

此诗中所塑造的鸿雁意象依然意味深长。借"寒风""重阴"映射风雨如晦的时代，由感时忧世隐喻着巨大的精神危机，对于个体而言，难以挣脱时代的枷锁，也难以像高飞的鸿雁穿云破雾脱离险境。正因为如此，诗人极其痛苦，俯仰之间无人可倾诉，唯将沉痛的悲情酿入感怀哀叹之中。诗人对社会和个人的深重又独特的忧患之思，铸造了时代的悲凉之声，有悲则有情，有情方有思；凄凄哀音唤醒了沉睡的心性，诗人不愿苟合于世俗，渴望自由、又不得自由的无可奈何的矛盾心绪都被寄托于鸿雁之上。

上文列举了阮籍两则《咏怀》诗中鸿雁的诗例，我们从中能够体会诗人情感的微妙变化，曾经有"壮士何慷慨，志欲威八荒"（阮籍《咏怀》其五十三）一飞冲天之志，如今却落得"孤鸿号外野"的失志哀鸣，落拓之士的理想破灭了，终日以酒消愁，醉中俯察天地，唯有一鸿最能表迹自己的哀伤之情。阮籍一生被孤独所扰，他的酣醉因为孤独，他的咏叹也因为孤独。文献记载了深情阮籍的三次恸哭，感人至深：

"一：性至孝，母终，正与人围棋，对者求止，籍留与决赌。既而饮酒二斗，举声一号，吐血数升。及将葬，食一蒸肫，饮二斗酒，然后临诀，直言穷矣，举声一号，因又吐血数升，毁瘠骨立，殆致灭性。二：兵家女有才色，未嫁而死。籍不识其父兄，径往哭之，尽哀而还。其外坦荡而内淳至，皆此类也。三：时率意独驾，不由径路，车迹所穷，辄恸哭而反。"

（房玄龄《晋书·阮籍传》）

阮籍恸哭，一是为了至亲亡故而泣血，二是由于芳华陨落甚惋惜，三是源于自己的无路可走深感绝望。恸哭而反映了在"名士少有全者"的时代，有志又失意之士在穷途末路之际，率真地表露了深沉苦闷与悲愤哀怨。阮籍虽有奇才，却也只是一个凡人，有追求却求而不得，有抱负却无处施展，有梦想却无法实现，人生的残缺不圆满催使阮籍悲从中来，失声痛哭。他没有机会在险恶动荡的时局中去施展自己的才华，无计可施只能痛心地面对人生的残酷真相；他一方面有不拘礼法的狂狷，另一方面又是心怀真淳至情的情痴；孤鸿则是诗人精神分裂、内心沉郁的表征，在孤鸿形象中倾注了切己体察的体悟，是作家心灵艺术化的表现。艺术形象不仅有血有肉，而且有情有性，才能够充分引起读者强烈的情感共鸣和审美共鸣。

阮籍对孤鸿的描摹吟咏，是对反面势力冷峻的嘲讽；是对污浊社会不公的痛诉；是一首沉痛幻灭的哀歌，犹如那次震撼心灵的穷途之哭，让我们由衷地对此脆弱却倔强的生命，心生敬畏。

三、久在樊笼里，复得返自然

鸟之生性以自由为趣，无论其高飞还是安栖，都不愿受羁绊，它自然无为的特性，为越名废礼、不媚时媚俗的文人代言自由。陶渊明笔下除了酒、菊等意象随处可见外，鸟的意象也格外引人注目。

陶渊明在少壮之年，心怀大济苍生的高远之志，并不甘心如田间燕雀默默无闻："猛志逸四海，骞翮思远翥"（陶渊明《杂诗》其五），鸿凌空高飞，猛志逸四方，然而鸟误入尘网中东西游走，隐喻了陶渊明因耿直随性，身陷污浊的官场并不自在，心念闲适的田园而辞官归去兮。他不为五斗米向乡里小人折腰，拒绝同流合污，正如白居易对陶渊明的孤高清绝赞赏道："尘垢不污玉，凤鸟不啄腥。"（白居易《访陶公旧宅》）所以他注定如孤鸿那般适性放达，又被世人所遗落，在荒野郊外彷徨独伤心。诗人如鸿，在茫茫天宇，在漫漫长夜，甘于孤寂地苦苦追寻探索："栖栖失群鸟，日暮犹独飞。徘徊无定止，夜夜声转悲。"（陶渊明《饮酒二十首并序》其四）失群鸟流浪辗转、徘徊不定，直至觅得精神的归宿。陶渊明退官后闲居寡欢、顾影独处，跟古今许多伟大的灵魂一样，在极深的寂寞里埋藏着对失意的无奈、对现实的不满、对残缺的忧虑，独自酝酿无尽的空虚与落寞之情。

独飞失群鸟正是孤士寂寞心灵的投影，陶渊明勘破了政治的昏暗、官场的险恶、人心的虚伪，他宁可闲居寡欢、顾影独尽，也不愿违心苟合、心为形役，日暮犹独飞，他的孤独是他复归于朴的自觉选择。然而，长久孤独的飞行不仅会疲倦，天涯憔悴尽，而且心灵更为怅然，它从茫茫天宇转寻可以安栖的旧林："羁鸟恋旧林，池鱼思故渊。"（陶渊明《归园田居》其一）为了保持生命和人格的完整性，回归意识始终是陶渊明一生义无反顾的选择，永归本宅，但并不代表放弃自己的独立性和深刻的孤独感："凯风负我心，戢枻守穷湖。高莽眇无界，夏木独森疏。"（陶渊明《庚子岁五月中从都还阻风于规林二首》其一）面对无垠的时空，个体生命稍纵即逝、漂浮不定，面对"人生无根蒂，飘如陌上尘，分散逐风转，此已非常身。"（陶渊明《杂诗十二首》其一）的惶恐，他只努力抓住最宝贵的本真，持真守静，在见素抱朴中不喜不惧，守望乡关。

"运生会归尽,终古谓之然。世间有松乔,于今定何间?
故老赠余酒,乃言饮得仙。试酌百情远,重觞忽忘天。
天岂去此哉!任真无所先。云鹤有奇翼,八表须臾还。
自我抱兹独,僶俛四十年。形骸久已化,心在复何言。"

(陶渊明《连雨独饮》)

从哀鸣的孤鸿到忘俗的云鹤,鸟的意象的特性发生了质的变化,诗人的心境也超越了原来的忧惧苦闷,不再是孤独彷徨的盘旋,而是忘形忘我地纵浪于大化,体悟独游并放达于大自然的自在,因独悟真意、任真自得,而无比逍遥畅快。

陶渊明是中国古代文人士大夫的精神模范,人们由衷地敬仰他,不仅追慕他文学上难以超越的造诣,而且更倾倒于他洒落的人格魅力。他心性向往自由、热爱自然的可贵可爱:"久在樊笼里,复得返自然。"(陶渊明《归园田居》其一)展露了真隐士的超脱风采,高情千载,故此被多少人引为人生境界的范本:"深愧渊明,欲以晚节师范其万一"(苏轼《与苏辙书》)。褐衣疏食的五柳先生,不为五斗米折腰,而是亲自辛勤躬耕、固穷守拙,体验真隐士的乐趣与孤独。幸运的是这只失群鸟,最终回归了大自然亲切的怀抱,回归,是失群鸟最好的归宿。

"翼翼归鸟,晨去于林。远之八表,近憩云岑。和风不洽,翻翮求心。

顾俦相鸣,景庇清阴。翼翼归鸟,载翔载飞。虽不怀游,见林情依。

遇云颉颃,相鸣而归。遐路诚悠,性爱无遗。翼翼归鸟,驯林徘徊。

岂思天路,欣及旧栖。虽无昔侣,众声每谐。日夕气清,悠然其怀。

翼翼归鸟,戢羽寒条。游不旷林,宿则森标。晨风清兴,好音时交。

矰缴奚施,已卷安劳?"

(陶渊明《归鸟》)

"虽不怀游,见林情依",并不怀想天空的寥廓,只依恋山林之清净。倦飞之鸟归巢的向往是"性爱无遗",顺应自然、回归旧栖,才能欣然自得。从中映射了陶渊明逃禄归耕的愿望,远离车马喧,选择更安宁的止泊之所。

"云无心以出岫,鸟倦飞而知还。"(陶渊明《归去来兮辞并序》)倦飞知还是陶渊明一生的写照,最后他两袖清风,弃官归田,从容回归天性、回归自我。"日入群动急,归鸟趋林鸣。啸傲东窗下,聊复得此生。"(陶渊明《饮酒》其七)在此诗中,有归鸟趋林的喜悦鸣唱,亦不复见心事重重的陶潜,唯有洒脱从容、啸傲东窗的人间真仙。人法道,道法自然,适得天趣,享受闲趣。鸟是陶渊明主观化、情致化的象征,折射出他渴慕自由的超逸品性,以及对返璞归真的生活眷恋。

四、飘飘何所似?天地一沙鸥

杜甫一生都在为忧国忧民、忧生忧己而痛苦,他需要将内心的沉郁通过诗文,以象会意地披露心曲。杜甫早年踌躇满志,有一览众山小的豪情壮志:"荡胸生层云,决眦入归鸟"(杜甫《望岳》)。然而他的仕途并不顺畅,生活甚至拮据到"残杯与冷炙,到处潜悲辛"(杜甫《奉赠韦左丞丈二十二韵》)的落魄之境。当他老病交加,又逢军声动、战血流的动荡时代,山河破碎,满目疮痍,济苍生的宏愿无法实现,杜甫亲身经历了盛世转向大祸的时代灾难,一生困窘触发的尖锐痛感时刻警醒着他省思社会与人生,并永持悲天悯人的仁爱与大悲:

"山巅朱凤声嗷嗷。侧身长顾求其群,翅垂口噤心甚劳。下悯百鸟在罗网,黄雀最小犹难逃,愿分竹实及蝼蚁,尽使鸱枭相怒号。"

(杜甫《朱凤行》)

正如"朱凤""下悯百鸟"的恻隐之心,杜甫拥有着大爱。"穷年忧黎元,叹息肠内热。"(杜甫《奉先咏怀》)面对民不聊生的人间苦难,他对亲朋关怀备至,对寒士肝胆相照,对苍生忧心如焚,无论与人亲疏都赋予真诚与深情,甚至对世间卑微的生命亦平等以待:"盘餐老夫食,分减及溪鱼。"(杜甫《秋野五首》其一)"帘户每宜通乳燕,儿童莫信打慈鸦。"(杜甫《题桃树》)梁启超称杜甫为"情圣",他执着于爱,便执着于恨,多情便难免多虑多忧,对"艰难苦恨"残缺人生的深刻忧虑和顽强抗争,也能产生崇高的美,正如梁启超在《情圣杜甫》中的精彩评论:

"诗是歌的笑的好呀？还是哭的叫的好？换一句话说：诗的任务在赞美自然之美呀？抑在呼诉人生之苦？再换一句话说：我们应该为做诗而做诗呀？抑或应该为人生问题中某项目的而做诗？……依我所见：人生目的不是单调的，美也不是单调的。为爱美而爱美，也可以说为的是人生目的；因为爱美本来是人生目的的一部分。诉人生苦痛，写人生黑暗，也不能不说是美。因为美的作用，不外令自己或别人起快感；痛楚的刺激，也是快感之一。"❶

伟大诗人具有广阔的胸襟，饱经忧患则更能包容和体恤人间一切，不仅与人为善，还施及与物感物。所以，我们不难理解诗人为何苦心孤诣的勾画一草一木、一鸢一鱼，因为他的敏感、细腻，更因为对一切生命皆报以润物细无声的至仁至爱。

"国破山河在，
城春草木深。
感时花溅泪，
恨别鸟惊心。"

（杜甫《春望》）

诗人托物咏志，鸟的声声哀鸣刺痛了诗人历经沧桑的心，忧思难忘。故此，以慈悲和深沉的笔触塑造了孤雁、沙鸥等鸟类意象，作为杜甫百感交集心绪的缩影，为其至情至性的表现。

"孤雁不饮啄，飞鸣声念群。
谁怜一片影，相失万重云。
望尽似犹见，哀多如更闻。
野鸦无意绪，鸣噪自纷纷。"

（杜甫《孤雁》）

这是杜甫的一首咏物诗。开篇点题，孤雁由于失群后仓皇失措、无心啄饮，哀多鸣不绝，然而它原属的雁群早已消失在万里云间。天空中只盘旋着这只惶恐的身影，独鸣无应和，麻木不仁的鸦雀是无法懂得孤雁的落寞。同样遭

---

❶ 梁启超. 少年中国说［M］. 北京：中国画报出版社，2014：85.

遇饥寒交迫，甚至流离失所，作者对孤雁寄有深刻的同情，更有切身同感的哀思：同是天涯沦落人，亲朋离散、知交零落。诗人触物兴哀，激切悲壮。

"夜来万里客，
乱定几年归？
肠断江城雁，
高高正北飞。"

（杜甫《归雁》）

诗人即景抒怀，万里客和断肠雁之间，感同着飘零的命运，交换着漂泊的愁思。

杜甫虽有再使风俗淳的宏伟志向，却没有机会施展才华，心中愤懑不平，泛江遣怀，景凄冷、语壮远、情哀怨，雄浑而沉重，极显老杜深厚功力与真挚的性情：

"细草微风岸，危樯独夜舟。
星垂平野阔，月涌大江流。
名岂文章著，官应老病休。
飘飘何所似？天地一沙鸥。"

（杜甫《旅夜书怀》）

沙鸥具超逸之性，不愿为世所缚，逍遥自在。据《列子·黄帝》记载：

"海上之人有好沤（鸥）鸟者，每旦之海上从沤鸟游，沤鸟之至者，百住而不止。其父曰：'吾闻沤鸟皆从汝游，汝取来吾玩之。'明日之海上，沤鸟舞而不下也。故曰：至言去言，至为无为。齐智之所知，则浅矣。"

宋代沈与求有诗借用了《列子·黄帝》的典故，借喻鸥鸟无为无机心的特质：

"沙觜波生柁脚开，扁舟老去许归来。
风帆一点日边下，雪浪千堆天际回。
城郭荒芜迷旧隐，江山寂寞写余哀。
此心元自无机事，寄语轻鸥莫见猜。"

（沈与求《八月十七日扁舟渡钱塘江》其二）

杜甫尤喜水鸟沙鸥,并多次塑其形象入诗:"白鸥没浩荡,万里谁能驯。"(杜甫《奉赠韦左丞丈二十二韵》)鸥有不拘形迹的天性比衬作者桀骜不驯、不甘屈服的个性;"舍南舍北皆春水,但见群鸥日日来。花径不曾缘客扫,蓬门今始为君开。"(杜甫《客至》)群鸥其乐融融的亲近相伴,隐含了与俗尘相隔的隐逸向往;"狎鸥轻白浪,归雁喜青天。物色兼生意,凄凉忆去年。"(杜甫《倚杖》)"狎鸥"和"归雁"皆自得其乐,生趣盎然,唯独作者的心是凄苦的。恰如天地一沙鸥,所刻画的是一只孤鸥,以沙鸥自比、借景抒情,在星月壮阔的背景下,反衬出天地间冷冷清清的那只孤独沙鸥,与孤苦伶仃独夜舟的诗人的处境何其相似,两者的境遇又皆何等凄苦。全诗"官应老病休"作为诗眼,不仅是失意之叹,而且更具有强烈反讽的意味。

"京洛云山外,音书静不来。
神交作赋客,力尽望乡台。
衰疾江边卧,亲朋日暮回。
白鸥元水宿,何事有余哀。"

(杜甫《云山》)

这首诗仍然是借白鸥寄托乡愁,流落他乡的杜甫,音书万里断,又遇哀鸣的白鸥,彷如诗人寂寞思乡的声声悲叹。

鸥的意象在古代作品中出现频率很高,古人多托寓此物表明自己高洁的心志。

"痴儿了却公家事,快阁东西倚晚晴。
落木千山天远大,澄江一道月分明。
朱弦已为佳人绝,青眼聊因美酒横。
万里归船弄长笛,此心吾与白鸥盟。"

(黄庭坚《登快阁》)

黄庭坚宁心与白鸥盟,道出了不愿蹉跎于官场的决心,在辽远澄静的山水美景相伴下,效仿豪士阮籍的不苟世俗、不畏权贵,乘一叶扁舟、万里归船表明从容投入江海,回归心灵家园的愿望。笔力纵横,意境开阔,盟鸥之心令人感动又感慨。

此心吾与白鸥盟

诗人辗转江湖，沙鸥飘然一身，皆为天地间孤寂的行者。苍茫的空漠感在字里行间、行止盘旋中氤氲而生。"欲问孤鸿向何处，不知天地自悠悠。"（李商隐《夕阳楼》）由鸟飞过的方向，带往思致深远。

五、缥缈孤鸿影，寂寞沙洲冷

大文豪苏轼，才高命蹇，一生都在崎岖辗转、飘忽不定中度过：

"人生到处知何似？应似飞鸿踏雪泥。
泥上偶尔留指爪，鸿飞那复计东西。
老僧已死成新塔，坏壁无由见旧题。
往日崎岖还记否，路长人困蹇驴嘶。"

（苏轼《和子由渑池怀旧》）

人生的轨迹，如雪泥鸿爪般来去无痕。自将荣辱得失刻骨铭心，其实无论穷达瞬间便淹没在无穷无尽的时空里，真是广漠悠悠天地中无人能理解的悲怆。个体的存在不过沧海一粟，曾无法放下的爱恨恩仇终会灰飞烟灭，当我们通达了这一点，就能理解苏轼进退自如、精神突围的价值。

如果说杜甫有心如死灰的彻骨凄凉，其悲啼难抑如夜未央让人绝望；那么苏轼的寂寞虽幽深，却能被他乐观超脱的天性，化解成黎明前的一道曙光，温暖的光辉，故而他能豁然开朗，沧海一声笑，沉浮随浪任逍遥。

"小舟从此逝，江海寄余生"（苏轼《临江仙·夜饮东坡醒复醉》），且看苏轼认他乡作故乡，悲欣沉浮流寄一生。苏轼因饱读诗书、才华超众，首次参加科考便高中，然而天有不测风云：家庭变故、新旧党争、乌台诗案等倒悬之苦接踵而至，苏轼被卷入了猛烈残酷的命运旋涡，经历了一百多天暗无天日的牢狱之灾，在备受精神凌辱的情况下甚至有过服药自尽的念头。当他出狱后，重新回到这个世界，仿佛经历了轮回得以重生，但依然被寂寞和沉痛纠缠。心灰意冷、我独不得出的苏轼来到完全陌生的黄州，他彷徨迷茫，并不知道无常人生的走向，仅有雁过也，正伤心的绵绵幽恨：

"缺月挂疏桐，漏断人初静。谁见幽人独往来，缥缈孤鸿影。
惊起却回头，有恨无人省，拣尽寒枝不肯栖，寂寞沙洲冷。"

（苏轼《卜算子》）

浪迹异乡，正值幽人独往来的伤心时刻，若见鸿影，再听雁鸣，念天地之悠悠，独怆然而涕下，心底会添更深的苍凉。惊起回头不知是孤鸿的寂寞，还是诗人的惶恐，回首的刹那，多少难以名状的思绪骤然涌上心头，广漠天地间，幽人无处诉衷肠，他的愁恨也根本无人能理解与分担，悲来吟或哭，无人知我心的落寞。孤鸿继续迟疑地盘旋，"拣尽寒枝不肯栖"暗喻了与孤鸿一般的幽人不愿与俗世险恶势力妥协的孤高品性。自古以来伟大作品中的孤独情愫，是作家感慨至深、无法释怀的凝忧。斗转星移、沧海桑田幻化不息，更反衬如蚁般卑微的须臾人生，去若朝露晞，常恐时岁尽，更何况祸福无常，由此引发了诗人对沉浮不定命运的无可奈何之感。越是深情之人，越忧思独伤心，其至深的哀感即为孤独感。

然而，苏轼并没有在怨恨中一直沉沦、一味悲戚。濡染佛老的苏轼明白了人生的苦谛是难以逃脱的体验，心情从激切归于平和，懂得了放下烦恼，学会了随缘任达。于是，他善巧地从苦境中抽身而出，甚至傲视苦难，觅得了"浩然气""快哉风"的悠然自得：

"落日绣帘捲，亭下水连空。知君为我，新作窗户湿青红。
长记平山堂上，欹枕江南烟雨，渺渺没孤鸿。认得醉翁语，山色有无中。
一千顷，都镜净，倒碧峰。忽然浪起，掀舞一叶白头翁。

堪笑兰台公子，未解庄生天籁，刚道有雌雄。一点浩然气，千里快哉风。"

（苏轼《水调歌头·黄州快哉亭赠张偓佺》）

诗人远谪山色有无中的黄州，却刻画了与传统灰暗阴郁的悲鸿形象大异其趣的渺渺孤鸿，这是成熟和坚强的蜕变。诗人营造了天籁般的清旷雄奇之境，体现了繁华谢幕后的白首忘机，回首向来萧瑟处，丰盈着轻安恬淡、逍遥惬意的审美趣味。

读者能从苏轼的性情文字里，看到了与众不同的鸿的形象，也洞见了超凡不群的幽人风骨，更让人由衷钦佩深陷厄运的苏轼依然可以坚守节操，保持独立不迁的坚韧人格。东坡对这些意象透彻深入的描摹，且不乏巧妙空灵的哲学底蕴，反映了作者微妙的情思，又浑融了理趣的大智慧。我们涵泳细读他余味无穷的经典，能够聆听孤独者的最超绝的自白。

"缥缈孤鸿影"确实是他"世事一场大梦，人生几度凄凉"（苏轼《西江月·世事一场大梦》）最贴切的写照，即使他深知"雪泥鸿爪"、云散无迹的幻灭空相，他依然认认真真地走过生命的每个阶段。苏轼阅历了无尽的不幸，他又拥有过无比充实的证悟。正如莫砺锋先生对苏轼赞赏道："黄州时期使壮年的苏轼爆发出耀眼的生命火花，岭海时期则创造了余霞满天的万年辉煌，这是中国文化史上的一大奇观。"[1]

"松风梦与故人遇，自驾飞鸿跨九州。"（苏轼《睡起》）苏轼是一位不从流俗、不同凡响的超迈作家，他憧憬着不为尘扰的清净自在，其文章蕴着缥缈禅意和出世意念。

苏轼的精神对封建社会秩序有潜在的冲击性，他又热切地渴望彻底的解脱。穿梭于疾风劲雨、穷且益坚的孤鸿正是苏轼人生态度的具象诠释，它绝处逢生的雄姿和留恋人间的倩影，永远印在了人们的心底。

六、孤村落日残霞，轻烟老树寒鸦

中国古代文学中鸦的意象多少被笼罩了阴晦的色彩，唐代段成式在《酉阳杂俎》中指出乌鸦的不祥之兆："乌鸣地上无好音。"其实，乌鸦也有其可爱的一面，据李时珍《本草纲目·禽三·慈乌》中所载："此鸟初生，母哺六

---

[1] 莫砺锋. 唐诗与宋词 [M]. 南京：南京大学出版社，2016：172.

十日;长则反哺六十日,可谓慈孝矣。北人谓之寒鸦,冬月尤甚也。"寒鸦反哺,乌鸟有慈亲的私情,折射出了犹含人间味儿的情性之美。

"惆怅至日暮,寒鸦啼树林。破阶苔色厚,残壁雨痕深。
命与时不遇,福为祸所侵。空馀行径在,令我叹人吟。"

(护国《怆故人旧居》)

寒鸦是衰微之境的形象注脚。惆怅不仅由于日暮悲生,而且还因寒鸦哀啼、破阶残壁一同营造了败落残缺的氛围。诗人不禁为时命不遇而叹息不已。

"古寺萧条偶宿期,更深霜压竹枝低。长天月影高窗过,疏树寒鸦半夜啼。
池水竭来龙已去,老松枯处鹤犹栖。伤心可惜从前事,寥落朱廊堕粉泥。"

(刘沧《题古寺》)

"古寺枯木图"

寒鸦是往昔情怀的见证之物。正值深秋霜重水竭,古寺里清冷苍凉,寒鸦夜半啼叫,使诗人忆起了前尘旧事,然而随着光阴流逝,人事皆非,回首总让人怅然惋惜。

"兴亡千古繁华梦,诗眼倦天涯。孔林乔木,吴宫蔓草,楚庙寒鸦。

数间茅舍，藏书万卷，投老村家。山中何事，松花酿酒，春水煎茶。"

（张可久《人月圆·山中书事》）

寒鸦是兴废迁化的点睛之笔。千古繁华都会湮没在历史长河中，曾辉煌一时的吴宫楚庙，如今残垣断壁，寒鸦冷栖。唯有村落的乡间闲事寂静又惨淡，世情冷暖日复一日。

"诗客行装少，孤舟一叶轻。寒鸦随日落，秋雁破霜鸣。
山色攒心事，江声咽世情。故乡无百里，酤酒话归程。"

（吴龙翰《晚舟泊长河》）

寒鸦是羁旅幽情的天涯之恨。日落映鸦色，江声呜咽。去国离乡的诗客虽然行装不多，但流落天涯思无穷、心事重，寒鸦孤舟流水，更使乡愁难掩。与"月落乌啼霜满天，江枫渔火对愁眠"（张继《枫桥夜泊》）有异曲同工的情感基调和造境。

"远山，近山，一片青无间。逆流诉上乱石滩，险似连云栈。落日昏鸦，西风归雁，叹崎岖途路难。得闲，且闲，何处无鱼羹饭？"

（徐再思《朝天子·常山江行》）

寒鸦是隐逸出尘的清净心曲。落日昏鸦勾勒出林泉山野间的幽静，表达了作者厌倦纷扰俗事缠身，得闲且闲是安顿心灵的诉求。

"孤村落日残霞，轻烟老树寒鸦。一点飞鸿影下，青山绿水，白草红叶黄花。"

（白朴《天净沙·秋》）

寒鸦添了地老天荒的苍凉画意。白朴此元曲可谓色彩斑斓，有"青山""绿水""白草""红叶""黄花"，而昏暗的寒鸦却最能点缀烘托凄冷的画境、荒寒冷清的意境、哀婉幽深的情境，工筑意味深长的美学感受。冷色分明的寒鸦饶有画意，被众多艺术家妙笔入画，如元人罗稚川、明人周文靖、清人恽南田皆创作过古木寒鸦图。枯木错落的层次感，叠加墨色浑厚点染的寒鸦数点，又穿插了动静相间的节奏感，萧瑟荒寒画意之外自然荡出幽淡古异的诗意，落日烟霞的绵长余味。

"鸦带斜阳归远树。无人听、数声钟暮。日与愁长,心灰香断,月冷竹房扃户。

画扇青山吴苑路。傍怀袖、梦飞不去。忆别西池,红绡盛泪,肠断粉莲啼路。"

(吴文英《夜行船·寓化度寺》)

清旷玄远的意味浑融了日暮鸦色和渺渺钟声,然而这种虚灵之美并没有带走词人满腹的愁绪和朦胧的情思,反而使人沉入了更深婉的怅然当中,凄恻动人。词境苍凉,词情悲怆。

在中西文化典籍中,乌鸦的形象在原始神话、古代原典里并不鲜见。如被后羿射落的太阳便为三足乌鸦的化身;《圣经》中有 11 处描写了乌鸦,其多为不洁之物的象征。乌鸦被赋予了浓烈的神秘色彩。乌鸦又是时间飞逝的载体:"金乌玉兔最无情,驱驰不暂停。"(张抡《阮郎归》其六)"为问金乌头白后,人间流水却回无。"(高蟾《送张道士》)乌鸦所承载的时间性,折射了浮生须臾的生命意识。

"相思南浦古津头。未拿舟。已惊鸥。

柳外归鸦,点点是离愁。

空倚阳关三叠曲,歌不尽,水东流。"

(刘镇《江神子·三月晦日西湖饯春》)

季候性的归鸦见证着秋去春来的光阴流变,以及逝川东流的人生遗憾。流逝的时空感借一物以淋漓尽致的诠释,让人黯然神伤。

由此可见,鸦作为审美意象虽多为残缺惨淡的风格,但因富有神思妙趣的蕴涵,是文人感物吟志的抒发媒介,"物我合一"地彼此映衬、渗透、深化、新变,其隽永深厚的审美趣味值得反复咀嚼。

七、结语

窥意象而运斤。文学作品中鸟之姿态、鸟之品性、鸟之神韵的营构,是作家寓情于物,融理入情的结果,方有了入乎其内、出乎其外的解悟效果。正是由于作家对其与心徘徊、出神入化的描摹,它们乘风翩然归去,它们醉歌翩翩起舞,孤鸿、倦鸟、沙鸥、寒鸦等不仅是残缺心相的审美复现,作家一往情深、饶有新意地不断丰富、不断超越其文化性格,其中蕴含了对世界、对人生的厌倦和怀疑，当然也有希冀与探索，从而力求对残酷世界的艺术反拨，对残缺人生的艺术慰藉，值得欣然得是，还表现了对理想执着追求的艺术成全！

长恨此生非我有，春来何处不归鸿？但愿诗意的飞翔，终能穿透、穿越、超越心灵的困境。

第四节　病酒：残寒欺病酒

中国有着深刻而悠久的诗酒文化，以酒宣情，以酒入诗，皆体现了隽永的中华文明和独特的民族性情。饮酒赋诗、对酒当歌既是一种生活方式，又是生存的选择。尼采认为酒神精神是生命意志的充分表达：

> "那种人们称之为醉的快乐状态，不折不扣是一种高度的强力感……时间感和空间感改变了：天涯海角一览无余，简直像头一次得以尽收眼底：眼光伸展，投向更纷繁、更辽远的事物，器官变得精微，可以明察瞬息；未卜先知，领悟力直达于蛛丝马迹，一种'智力的'敏感；强健，犹如肌肉中的一种支配感，犹如运动的敏捷和快乐，犹如绝技、冒险、无畏、置生死于度外……人生的所有这些高潮时刻互相激励：这一时刻的形象世界和想象世界化作提示满足着另一时刻，就这样，那些原本有理由互不相闻的种种状态终于并生互绕，相互合并。"❶

酒神精神蕴含的非理性、对抗性、狂欢性如同强烈的冲击波，酒神具有谜一般的力量，人一旦中了酒神的魔咒，寻常时空可随醉意随意幻变。审美主体从感官体验，进入精神体验，再在形象世界和想象世界中有产生神思飞扬、超凡激越的审美体验，潜藏深层次的精神与艺术时空。在饮酒、醉酒、颂酒的过程中，人可以暂时摆脱沉重的枷锁、世俗的烦恼，其解缚作用表现在将人的性灵、意志还原于最自在状态，醉意朦胧的时刻，与现实既隔而又不隔，如痴如醉地游走于真幻之间，创化了色彩斑斓、无限魅惑的精神世界。

---

❶ ［德］尼采. 悲剧的诞生 尼采美学文选［M］. 周国平，译. 北京：生活·读书·新知三联书店，1986：350.

一、诗酒铸礼乐

翻开中国文学艺术史,人们会惊喜地发现浓郁的酒香萦绕其间。在中国早期古典经典《诗经》中,约有55篇章涉及了酒的内容,反映了当时的礼乐文化。"乐酒今夕,君子维宴。"(《诗经·頍弁》)美酒以尽宴飨之乐。"陟彼崔嵬,我马虺隤。我姑酌彼金罍,维以不永怀。陟彼高冈,我马玄黄。我姑酌彼兕觥,维以不永伤。"(《周南·卷耳》)学界对这首诗的主题持有不同的看法,是"进贤之志",还是"思念征夫",难以断下结论,但"维以不永怀""维以不永伤"传达出了感伤的色彩,酒在此发挥了对不圆满人生的心理弥足功能。可见,酒具有工具性、社会性、文化性、审美性等特性,总能满足不同人群、不同场合的需求,因此,博大精深的酒文化是先贤祖辈为我们留下的宝贵文化遗产。

再看另一文学经典《楚辞》。"挫糟冻饮,酎清凉些。"(宋玉《招魂》)从语意判断"冻饮"应是清爽解暑的冰酒,以酒悦人。"蕙肴蒸兮兰藉,奠桂酒兮椒浆;扬枹兮拊鼓,疏缓节兮安歌;……五音纷兮繁会,君欣欣兮乐康。"(屈原《九歌》)此处描述了以酒悦神的盛况。奇幻丰富的酒文化是奇崛浪漫楚文化的重要部分,也组成了源远流长的中华民族传统文化。宋代朱翼中的《北山酒经》概括了酒的丰富功能:"大哉酒之于世也,礼天地,事鬼神,射乡之饮,鹿鸣之歌,宾主百拜,左右秩秩。"(朱翼中《北山酒经》)作为一种承载了深邃厚重涵蕴的文化符号,酒在非理性与理性的世界,皆有它的一席之地。酒既是感物抒怀,又是兴发寄托的媒介。

二、德全如酒醉

先古哲人善于格物致知,醉与酒因此也被赋予了深刻的哲学意蕴。可以说,醉酒状态既是一种审美状态,也是一种认知状态,甚至映射了对天地人生的价值省思,庄子便智慧地洞察出"德全如醉"的精妙:

> "夫醉者之坠车,虽疾不死,骨节与人同,而犯害与人异,其神全也。乘也不知也,醉也不知也,死生惊惧不入乎胸中。是故逆物而不慑。彼得全于酒,而犹若是,而况得全于天乎!圣人藏于天,故莫之能伤也。"

(《庄子·达生》)

由醉进入外物与无待的内在精神的绝对自由的体道境界，不仅逆物而不慑，而且连生死也无惧，更无劳神于世间琐事之纷扰，通于大道谓醉者神全。后人对此妙理深以为然："醉中忘万物，一视渊与山。坠车神不惊，庄周非寓言。是乡岂华胥，逸乐不记年。谁能造其域，勿为薄俗传。"（李纲《次韵和渊明饮酒诗二十首》其二）酒为俗物，亦能使人忘俗，所以融通了真俗二谛的酒故有德。醉中形骸已化，心灵解放，在身心的放与游中俯仰自得、任由东西，收放自如地消解了物我之间的冲突，则能飘逸自远。醉酒的迷狂本是一种狂放的精神状态，是对个体内在情绪的充分抒发。很多时候，滥情病酒被视为悖德行为，不符合儒家礼教规范，然而另一种反对礼教的力量却将自身的立场加诸礼教摒弃的事物上，无论众人皆醉我独醒，还是众人皆醒我独醉，其实标举的都是不同流俗的特立独行态度，不与世合，不容于时，在此话语背景下，所谓"酒德"就与平常所谓仁义道德大相径庭，而是指向自由的境界，这种境界恰是来自放达的世界观和人生观：即追求绝对自由，抛弃传统束缚，回归原始生命状态。这也论证了嗜酒如命的李白常以道家伦理来解释描述自身行为的一种理路。

　　再考察酒在佛教文化中的地位，严守清规戒律的修行人对酒本应避而远之，随性洒脱的生活禅者则对酒可亲可敬："莫笑旅人终日醉，吾将大醉与禅通"（方干《赠式上人》）。唐代禅师拾得作诗云："般若酒泠泠，饮多人易醒。余住天台山，凡愚那见形？常游深谷洞，终不逐时情。无思亦无虑，无辱也无荣。"（拾得《般若》）酒若能使人放下残缺处境中的精神包袱，亦可摇身一变为菩提甘露了。

　　尤其是在漫长的历史长河中，不可预料的天灾人祸，无法阻挡的世事动荡，无穷无尽、无边无际的苦难挫痛着人类的身心，人不过微尘，改变不了命运巨轮的运作，不可避免地会陷入身不由己的悲剧性处境中。于是，酒的诞生，成为了排忧消愁的圣液，成为救赎人间忧患的神奇力量，虽然悲楚无法完全消匿，但酒精能冲淡内忧外患所致的煎熬，作为对苦闷的慰藉。"宽心应是酒，遣兴莫过诗。此意陶潜解，吾生后汝期。"（杜甫《可惜》）然而，酒并不能完全消除人的精神焦虑，反而加深了对生命的体味："抽刀断水水更流，举杯消愁愁更愁"（李白《宣州谢朓楼饯别校书叔云》），"酒入愁肠，化作相思泪"（陆游《钗头凤》），酒只是提供了倾吐的契机和宣泄的渠道，正所谓醉翁之意不在酒。酒不仅能助兴、解忧，而且还能给人直面残缺的勇气，正是在酒精作用的催化下,愤世嫉俗者敢于引吭高歌,勇于反抗不自由的且歌且醉。也许只有遍尝了人间酸甜苦辣,方能体会酒的真与醇。

酒是情感和性灵的载体,奇妙且充满了魔力,由于主体性和期待视野的差异,一樽酒便可以催发率性、欢悦、沉醉、恣放、清愁、悲楚等不同寻常的情感与审美体验。在酒里,能遇到知音,亦可遭遇怨敌,文人雅士对酒的态度是复杂的:"但愿长醉不复醒"的爱不释手,或"众人皆醉我独醒"的敬而远之,无论放纵还是节制,皆难逃与酒的深厚微妙的情缘。水为酒之骨,酒为诗之魂。酒在文字中是有灵性的,在不计其数的酒文学中,我们能从中洞察主体的创作动机、心理境界、人生哲学、生存原则、美学追求等,人们求真、寻趣、欲解脱、尚自由的品性渗透其中。对酒的品赏,还能借此挖掘传统文化、艺术精神在酒、诗、思、艺中的融通互摄。

酒还绽放了瑰丽浪漫的光泽。觥筹交错、言笑晏晏之间,兴致也达到顶点。有人生得意须尽欢的豪放畅饮,与好友把酒言欢、共赏山水之乐应酣歌醉舞:

"我游桐君山,霁色天地开。秋水净远瞩,秋山入奇怀。
兹游有夙约,所愿喜不乖。岩岩彼高阁,上有浮云栖。
其下插崟沦,百尺不见泥。同来二三友,斗酒相戏谐。
笑语飞鸟上,醉眼风烟迷。醒时日已堕,明月照我回。"

(滕岑《和陶渊明饮酒诗》其九)

亦有把酒临风的以酒遣怀,更有借酒消愁愁更愁的最难将息。"今朝有酒今朝醉,明日愁来明日愁。"(罗隐《自遣》)当人春风得意的时候,兴致勃发之际,常会高举酒杯歌颂自然、赞美生活,诗酒趁年华,诗酒以自娱。而当人处于逆境当中,失意、沉郁、悲凉等情绪寓于酒中抒怀写意,缺失性的心理体验在酒中得以酝酿、发酵,以致更醇厚,诗酒以自慰。

三、憔悴多病酒

文人雅士多病酒,情深而贪杯。"病酒"有多重涵义:其一,酣饮而醉酒,甚至神志不清的状态。如《晏子春秋·谏上三》所载:"景公饮酒,醒,三日而后发。晏子见曰:'君病酒乎?'公曰:'然。'"其二,因摄酒过度而伤身患病。《史记·魏公子列传》指出:"日夜为乐饮者四岁,竟病酒而卒。"述纵酒的严重后果。元代徐再思作词："昨宵中酒懒扶头，今日看花惟袖手，害酒愁花人问羞。病根由，一半儿因花一半儿酒。"（徐再思《一半儿·病酒》）诗人在醉酒迷花间埋藏了沉重的心事，旧愁新恨酝酿成酒。其三，指难以戒除的酒瘾。形形色色的病酒，也催生了多姿多彩的病酒传奇。

魏晋时期的风流名士尚酒之风极盛，如竹林七贤的集体酣饮则惊世骇俗：

"嵇、阮二生，志存保己。既托其迹，宜慢其形。慢形之具，非酒莫可，故引满终日，陶兀尽年。酒之为用，非可独酌，宜须用侣，然后成欢，刘伶酒性既深，子期又是饮客，山王二公，悦风而至，相与莫逆，把臂高林，徒得其游，故与野泽。衔杯举樽之致，寰中妙趣，固冥然不睹矣。"

（沈约《竹林七贤论》）

这是一场声势浩大的集体狂欢，一场桀骜不驯的反礼教运动，潜藏着超凡脱俗的艺术精神。据鲁迅在《魏晋风度及文与药及酒之关系》一文中介绍，他们饮酒的形态毫不拘泥："衣服也不穿，帽也不戴"，解衣盘礴、唯酒是务的刘伶，最倾心于喝酒，甚至不惜舍命纵酒，将饮酒时的洒脱畅快表现得淋漓尽致。又如，《世说新语》中记载了"刘伶病酒"的故事，颇具意味。

"刘伶病酒，渴甚，从妇求酒。妇捐酒毁器，涕泣谏曰：'君饮太过，非摄生之道，必宜断之！'伶曰：'甚善。我不能自禁，唯当祝鬼神自誓断之耳，便可具酒肉。'妇曰：'敬闻命。'供酒肉于神前，请伶祝誓。伶跪而祝曰：'天生刘伶，以酒为名，一饮一斛，五斗解酲。妇人之言，慎不可听！'便引酒进肉，隗然已醉矣。"

（刘义庆《世说新语·任诞》）

刘伶著有《酒德颂》，大肆颂扬纵酒的妙处，能幕天席地、不拘礼法的刘伶浑身散发着自由的光彩，他不屑沉沦于世俗琐务之中，他以酒避世，一心一意地陶然于醉乡：

"有大人先生者，以天地为一朝，万朝为须臾，日月为扃牖，八荒为庭衢。行无辙迹，居无室庐，幕天席地，纵意所如。止则操卮执觚，动则挈榼提壶，唯酒是务，焉知其余？"

（刘伶《酒德颂》）

嗜酒如命的他全然不顾所谓的摄生之道，不舍得放下手中的酒杯。因为酒于他而言，是宣泄愤懑和减缓痛苦的一剂良药，尤其在动荡的时代，当饮酒成为风尚，这种流行的文化现象承载了对现实的批判和理想的寄寓，借放浪形骸以拉开了与残酷人生的距离，酩酊大醉以忘却世俗的烦恼，狂狷豪放、洒脱不羁的气质在醉中体现得酣畅淋漓，饮酒进肉、隗然已醉正是他超然于残缺的生活乐趣所在。据说他每次参加聚会的时候，总是手不离酒，更为诙谐的是叮嘱随行的童仆必带有一铁锹，如果刘伶醉而丧命，便就地埋之。自古圣贤皆寂寞，唯有饮者留其名。酒中豪杰多是天真、浪漫、痴狂、潇洒之人，他们豪饮狂颠，半醉半醒，甚至离经叛道，最具有放达的"游"的精神，既然人生如梦幻泡影，不如以游戏人生的态度坦然、快意地处世。纷纷扰扰的世界里，许多人决定不了自己的出身，也无法掌握命运的走向。尤其是有文艺造诣、学术特长、人格品位的名士们，在暴政动乱的时代里少有全者，也无法拥有施展才华的舞台，但他们依然可以对酒当歌、优游不迫，觥筹交错而心不为形役，酣饮为常、不与世事，恪守身心的独立与解放。

病酒者风流，病酒者亦寂寞。女词人李清照内心极纤细敏感，早年生活幸福美满，与赵明诚琴瑟和鸣，然而繁华易逝，最是人间留不住，朱颜辞镜花辞树。时局动荡让她接踵遭遇了山河破碎、国破家亡等无常的沉重打击，所以她诗文的风格也随着人生际遇的变化，从率性活泼、多情细腻的轻安飞扬亦无奈转为了惶恐悲凉的沉郁顿挫。早期作品类似"和羞走，倚门回首，却把青梅嗅"（李清照《点绛唇》）的词句温情甜蜜、充满朝气，偶尔相思牵挂也不过一抹淡淡的清愁。晚期作品"冷冷清清、凄凄惨惨戚戚"（李清照《声声慢》）则是无计可消除的悲楚凄怨、孤苦绝望。美好温柔的记忆无法磨灭，沉痛飘零的孤独难以排解，散落的、流失的青春，有谁堪摘？酒朋诗侣不复陪伴，深情与愁肠都化入了杯中的那盏酒。更何况是自称为"险韵诗成，扶头酒醒"（李清照《念奴娇》）的酒量惊人的她，免不了随性贪杯。新来瘦，多因病酒，樽前樽后便留下了许多动人心扉、感人涕泪的醉词。

"常记溪亭日暮，沉醉不知归路兴尽晚回舟，误入藕花深处。
争渡，争渡，惊起一滩鸥鹭。"

（李清照《如梦令》）

这篇游赏之作，写于李清照早年岁月静好的时光。酒之用在于为怡然自得

残缺的美学观照与诗意追问

而助雅兴,沉醉不知归路,或许因为酒酣欢欣,也许对美景赏心悦目而沉醉其中,流连忘返。醉意朦胧中又误入荷花丛中,惊动了安栖其中的鸥鹭。全词笔调轻盈,气象灵动,渲染了一种风流畅饮的陶然逸致。

"昨夜雨疏风骤,浓睡不消残酒,试问卷帘人,却道海棠依旧。知否,知否,应是绿肥红瘦。"

(李清照《如梦令》)

"醉里插花花莫笑"的李清照不仅风情万种,而且更可能由此而感慨万千。绿肥红瘦点出了这首词的伤春主题。伤春的表象下隐藏了少妇满腔的思念和愁怨,彻夜风雨飘零了姹紫嫣红的春天。"酒意诗情谁与共,泪融残粉花钿重"(李清照《蝶恋花》),夫婿遥隔天涯,李清照只能自斟自饮。醉意未消暗喻了愁绪尚浓。

"临高阁。乱山平野烟光薄。烟光薄。栖鸦归后,暮天闻角。断香残酒情怀恶。西风催衬梧桐落。梧桐落。又还秋色,又还寂寞。"

(李清照《忆秦娥》)

后半生的颠沛流离,孤苦境遇使她过着寻寻觅觅、冷冷清清的生活。正伤心、憔悴损的李清照,"三杯两盏淡酒"敌不过晚来风急、黄花堆积的冷清。"断香残酒情怀恶"透露了她独酌的孤寂,愁绪如影随形,挥之不去。春也寥落,秋仍寂寞。滴落的清酒冲不淡浓愁,最难将息。

"天与秋光,转转情伤,探金英知近重阳。薄衣初试,绿蚁新尝,渐一番风,一番雨,一番凉。黄昏院落,凄凄惶惶,酒醒时往事愁肠。那堪永夜,明月空床。闻砧声捣,蛩声细,漏声长。"

(李清照《行香子》)

"绿蚁"比喻新酿酒上漂浮的酒渣,斜风冷雨更添悲凉,欲以新酒洗悲凉,然酒醒后依然要凄凄惶惶地面对永夜空床,百无聊赖,又无法打发寂寞。无人知新酒的滋味是何等苦涩难咽,洗不净愁肠,心已成灰,只能无助、无望地度过漫漫余生,催人泪下。

"风柔日薄春犹早,夹衫乍著心情好。睡起觉微寒,梅花鬓上残,故乡何处是?忘了除非醉,沉水卧时烧,香消酒未消。"

(李清照《菩萨蛮》)

这首词作于词人南渡以后。望断天涯君不归、梦断故国山川的无限苦楚如同沉水香烟氤氲萦绕,唯有借酒消愁一醉方休,国破、家亡、春寒、花落、梦残等满腹心事通通溶入醉意中,然而盎然春光却又撩拨起她的故国之思和怀乡之情,一句"心情好"依然掩不住词人内心呼之的沉重叹息。

"东篱把酒黄昏后,有暗香盈袖。"(李清照《醉花阴》)半夜凉初透,幽淡的暗香与未尽的酒意,都融入爱恨情仇落寞在年华里。解读李清照的一生,怎一个"愁"字了得?长夜如磐,风雨如晦,陪伴她的,或许只有三杯两盏淡酒。

"谁道闲情抛掷久?每到春来,惆怅还依旧。日日花前常病酒,不辞镜里朱颜瘦。河畔青芜堤上柳,为问新愁,何事年年有?独立小桥风满袖,平林新月人归后。"

(冯延巳《鹊踏枝》)

常病酒缘由闲情、春愁、朱颜瘦?文人独自寻芳,无端涌上的惆怅心绪,难以道清的淡淡新愁。即使花前独酌、独立小桥,风吹不散旧愁新恨,孤独感亦挥之不去,惆怅还依旧。"愁心似醉兼如病,欲语还慵。日暮疏钟,双燕归栖画阁中。"(冯延巳《采桑子》)酒酣情浓敌不过人生聚散无常。

四、病酒悟真味

酒精可以使人产生幻觉,但人在醉时亦可能流露最真实、最本真的性情,纯酿既能唤醒最真纯的悲喜,又能冲淡最尖锐的痛楚。把酒问青天,在激情奔涌中张扬自我,甚至在醉意朦胧间寻心问道,探寻生命的终极意义。"浮生岂得长年少,莫惜醉来开口笑。"(晏殊《渔家傲》)人生短促,繁华终落幕,在美酒清歌中保持乐观洒脱的心态,展现旷达从容的姿态。"劝君频入醉乡来,此是无愁无恨处。"(晏几道《玉楼春》)作者认醉乡为精神家园,是一厢情愿的乌托邦期望,清醒以后终须面对醉乡与残世的巨大反差。但醉客依然向往这片可以暂时休憩、安顿心灵的世外桃源。

人生在世,为了逃避无常,为了反抗不公,为了跳脱身不由己的一片狼藉,常游于醉乡。酒对有限性的解缚,陶然沉醉、高蹈风尘象征着身心的自由解放,以致超然物外,最终又为了回归本我:"不觉知有我,安知物为贵?悠悠迷所留,酒中有深味。"(陶渊明《饮酒》其十三)深味除了陶然欢欣的趣味以外,更多的时候,渗透了苦涩、辛辣等愁滋味。这即为残酒在无奈心酸、沉郁凄楚中展现出以悲为美的超越性。"一场愁梦酒醒时，斜阳却照深深院。"（晏殊《踏莎行》）脉脉斜阳伴着愁梦残酒的余味，落入深深庭院，照进了灵魂的深处，清冷又温柔，疏淡又典雅。很多的时候，人会缄默于对苦难的体会，一杯酒就把心事埋入愁肠，也隐秘在岁月里。

再迷狂的沉醉，终会落入寂静的清醒，醉一场恍若梦一场，即使幻化成空，仍难以忘怀。陶渊明对"飘如陌上尘"的人生看得很透彻，他在《五柳先生传》中自诉情志：

"闲静少言，不慕荣利。好读书，不求甚解；每有会意，便欣然忘食。性嗜酒，家贫不能常得。亲旧知其如此，或置酒而招之；造饮辄尽，期在必醉。既醉而退，曾不吝情去留。环堵萧然，不蔽风日；短褐穿结，箪瓢屡空，晏如也。常著文章自娱，颇示己志。忘怀得失，以此自终。"

（陶渊明《五柳先生传》）

虽都身逢乱世，但陶渊明嗜酒不同阮籍、嵇康般慷慨激昂、放浪形骸，他的饮酒咏怀独树一帜，多了几分田园牧歌般的清峻恬淡，饮酒对陶潜而言，是自娱和随性的生活方式，嗜酒的激情忘怀与吟咏的闲静淡泊妙合无间，吟咏之音或是浅酌低唱的微醺，在雾色的流光里忽远忽近。

"畴昔家上京，六载去还归。
今日始复来，恻怆多所悲。
阡陌不移旧，邑屋或时非。
履历周故居，邻老罕复遗。
步步寻往迹，有处特依依。
流幻百年中，寒暑日相推。
常恐大化尽，气力不及衰。
拨置且莫念，一觞聊可挥。"

（陶渊明《还旧居》）

重返故地，触景生情，时空迁化已是物是人非，前尘往事莫提起，愿以一觞清酒洗净愁肠。在我看来，陶潜的可爱与伟大之处莫过于忍辱，解绶去职后，甘贫贱以辞荣，历经苦难依然能任真从容的"固穷"，饮酒虽不能成仙，亦无法脱贫，更不能真正使诗人在世事中忘情。却为陶潜注入了许多坚韧的勇气和出尘的清气，于是他浑身散发着静穆又高致的真诚。我醉欲眠卿且去，陶潜的饮酒遗风却历来被后人称颂和效仿。殊不知饮酒可仿，病酒中清致的天真和冲淡难持。

南宋词人吴文英的病酒之作则哀感顽艳，"病"得不可自拔而长恨绵绵，"病"得情真意切又身不由己。

"残寒正欺病酒，掩沉香绣户。燕来晚、飞入西城，似说春事迟暮。画船载、清明过却，晴烟冉冉吴宫树。念羁情、游荡随风，化为轻絮。

十载西湖，傍柳系马，趁娇尘软雾。溯红渐招入仙溪，锦儿偷寄幽素，倚银屏、春宽梦窄，断红湿、歌纨金缕。暝堤空，轻把斜阳，总还鸥鹭。

幽兰旋老，杜若还生，水乡尚寄旅。别后访、六桥无信，事往花委，瘗玉埋香，几番风雨。长波妒盼，遥山羞黛，渔灯分影春江宿。记当时、短楫桃根渡，青楼仿佛，临分败壁题诗，泪墨惨淡尘土。危亭望极，草色天涯，叹鬓侵半苎。暗点检、离痕欢唾，尚染鲛绡，嚲凤迷归，破鸾慵舞。殷勤待写，书中长恨，蓝霞辽海沉过雁。漫相思、弹入哀筝柱。伤心千里江南，怨曲重招，断魂在否？"

（吴文英《莺啼序》）

从伤春托出了离情，由病酒对照梦窄，当往事旧梦烟消云散，醉客不免伤今感昔：当时短楫桃根渡，如今垂泪伤春心。断魂怨曲漫相思，又敌不过病酒凋朱颜。一杯残酒能牵动多少悲欢离合的往事，又有多少耐人寻味的幽情弹入哀筝柱。所以，病酒多以感伤沉郁、黯然销魂的情调为主。由于饯别饮酒早已成为约定俗成的酒事，早在《诗经》中就描述了以酒道别的习俗："韩侯出祖，出宿于屠，显父饯之，清酒百壶。"（《诗经》）此处以酒饯别，未见凄凄戚戚的别情惨淡；"他日再相逢，清风动天地"（贯休《古离别》）亦未为不可。自古多情伤离别，离别、告别、永别的酒意最能触动百转千回的愁怀，"劝君更进一杯酒，西出阳关无故人"（王维《送元二使安西》），这是与友人的告别；"今宵酒醒何处，杨柳岸，晓风残月"（柳永《雨霖铃》），这是与情人的分别，离愁别绪斟满酒杯。"晴烟漠漠柳毵毵，不那离情酒半酣。更把玉鞭云外指,断肠春色在江南。"(韦庄《古别离》)春色浓郁,离情萧索,飘零流离的断肠苦楚,依依杨柳的惜别情,酒半酣载不过千里相思,醉来心事难消磨。一壶浊酒尽余欢,今宵别梦寒。

误落尘网中,世事艰难,命运不公等愁绪,确非一杯酒就能一笔勾销。但被礼治文化约束的社会,不少人不得不隐藏自己的真情实感,不得不收敛自己的本真天性,然而一斛酒便可点铁成金,将被囚禁的、扭曲的心灵归置赤子般的天真、精诚的原点:"唯有醉时真,空洞了无疑,去去当奚道,世俗久相欺。"(苏轼《和陶饮酒》之十二)。人处于醉的状态时最自在自适,没有伪饰,无须矫情。人生的真谛在一杯复一杯中自然流淌而出,酒中真味被点化,醉为醒时语,在醉言中分明是现实的残酷,也是世俗的荒唐,恰是对真相、真知、真情、真境清清楚楚的惊世醒梦,深沉的醉;同时又是深刻的醒,沉醉聊自遣,痛饮真吾师,醉悟人间是是非非,又醉忘荣辱沉沉浮浮。醉复醒、醒复醉、在半醉半醒的状态中彰显诗人气质,品味诗意情怀,人生往往在细细斟饮中了悟,唤醒心头潜藏的别一番滋味和别一番领悟。

"故人赏我趣,挈壶相与至。班荆坐松下,数斟已复醉。父老杂乱言,觞酌失行次。不觉知有我,安知物为贵。悠悠迷所留,酒中有深味。"(陶渊明《饮酒》十四)无论凡夫俗子、乡间市井,还是英雄豪杰、风流名士,多少人一生以酒为伴,在酒文化的古今承接、中西融通的过程中,甚至病酒、残酒亦可挥发出淑世淑人的文化情怀。酒不仅是可品可酌的杯中圣物,更是可感可悟的心灵意象,以慧心妙语书写醉意人生,甚至因酒酣而不可名状,对游于象外的醉态、醉意、醉文的起承转合,超出了有限的物性本身,向往隽永玄远的无限性,因而浸润了耐人寻味的哲思。纵使沉醉的时候,似醉非醉,性灵是自觉的,心智是清醒的,唤醒了对天地、人生、诗性的追问。无论把酒临欢,还是醉以忘忧都只是情绪的暂息释怀,病酒中的大醉甚至能对生死不喜不惧,运生会归尽,人生能复几,纵浪大化中。在这个意义上的诗酒唱和、诗酒交融,使得酒意象不仅在于酒自身,更联结政治、联结人生、联结世事万千,诗人与酒客在诗性视野中已然成为完美的结合体,以酒会友,借酒抒怀,因酒作文,化酒为诗,醉一杯诗意,在中国古典诗文体系里,酒已经成为不可或缺的文学意象和文化元素,而浓郁香醇的酒香也注入文人墨客的灵魂深处。中国式的酒神精神会通了尼采所谓自由的、充满生命强力的"酒神精神"即介入酒而达于如痴如醉的迷狂,恍兮惚兮的沉湎,这种状态正是诗性情感喷薄涌动的前兆，醉者零落的醉语与诗客飞扬的神思暗涌融通，使得这种沉醉状态能跨越时间和地域而达到精神互通，酒逢知己千杯少，因此醉中独醒的屈原与月下独酌的李白能够在交错时空中性灵遇合，把酒问青天的苏轼与其弟苏辙隔千里能够应和酬唱的原因所在。艺术的冲动得以畅快地释放，诗情如酒，酒意如诗，再以一樽酒，重与细论文！

五、诗情融酒魂

酒文化有声有色，酒礼酒俗有滋有味。射覆酒令、花枝酒筹等应是中国古人、独富风雅情趣的酒文化，尤其是会稽山阴兰亭下的曲水流觞、饮酒赋诗，雅集的数十位风流名士，不仅情欢酒足，而且还尽了诗兴雅兴，这场觥筹交错的艺术盛宴，成了值得品赏回味的审美典范，成了道不尽的千古佳话，让今人隔着遥远的时空依然倾慕、向往。然而表象上的痛饮狂欢，经过文人一再沉吟细思兀然发现其底蕴里藏着深切悲情，曲水之曲和流觞的流，所流淌出人生长恨的意味："共惜流年留不得，且环流水醉流杯。无情红艳年年盛，不恨凋零却恨开。"（杜牧《和严恽秀才落花》）这首诗是杜牧唱和严恽的："春光冉冉归何处，更向花前把一杯。尽日问花花不语，为谁零落为谁开。"（严恽《落花》）两位诗人都因把酒寻芳而有所悟：花开花谢无情无常，流觞流进似水流年。今朝相聚沉醉吟咏，他日零落天涯难重逢。从"不恨凋零却恨开"道出了对于美好事物难以常驻，作者通过繁华易落对幻相与真相的体认，当歌惜美景，纵酒怜芳菲，表达了对世事忧患、青春易逝的哀婉感慨。

此外，不少文士虽不胜酒力，却依然把盏为乐，他们爱酒有节，不追求一醉方休，而享受浅酌微醺的情趣。大文豪苏轼不仅会自己酿酒，佳酿常呈鲜亮的玉色，清香萦绕。酿酒者必然深知严而猛、酒醇而丰的浓烈，却仍能"纵心与事往，所遇无复疑。偶得酒中趣，空杯亦常持"（苏轼《和陶饮酒二十首》），在意不在酒隐含了别致的意味，犹如琴中趣何劳弦上音，比纵酒后的烂醉如泥更胜一筹。且看他在《宝绘堂记》中所论："君子可以寓意于物，而不可留意于物，寓意于物，虽微物足以为乐，虽尤物不足以为病，留意于物，虽微物足以为病，虽尤物不足以为乐。"❶ 留意是有执的表现，成为了精神自由发挥的障碍。寓意则无执着心，听止于耳，心止于符，醉止于酒，不应住色

---

❶ （宋）苏轼. 孔凡礼点校：宝绘堂记［A］. 苏轼文集［C］. 北京：中华书局，1986：356.

生心，虚而待物，不为物所累，体现了超然物外的清旷。东坡沉浮于江湖险浪中身不由己，大起大落使他醒复醉：

"夜饮东坡醒复醉，归来仿佛三更。家童鼻息已雷鸣。敲门都不应，倚杖听江声。

长恨此身非我有，何时忘却营营。夜阑风静縠纹平。小舟从此逝，江海寄余生。"

（苏轼《临江仙》）

在营营中出生入死，在醉醒间沉吟不已，在荣辱里也无风雨也无晴，历经劫难的他，面对苦难人生和如梦人间，时而歌吟，时而沉默，一樽还酹江月。

日月掷人去，有志不获骋，人生的残缺需要酒来宽慰，饮酒不得足的人生也是残缺的。所以残酒具有深刻的悲剧精神，又淋漓尽致地舒展了悲壮美感。酒意人生是日常生活审美化，个体自由意志的写意奔放的体现，诗酒书写是真情率性的点睛之笔，诗借酒文采斐然，酒借诗醇香四溢，由酒映照出的性灵和神韵结合生活艺术化、艺术生活化的再创作，在酒的风流、风情、风尘里品尝让人心醉神迷的美感和刻骨铭心的悲怆。周作人一语道破了酒的真正价值所在："中国的生活的苦痛，在文艺上只引起两种影响，一是赏玩，一是怨恨。"❶世事悠悠，无论悲喜爱恨，都能融酒发酵为深情共鸣。落拓的与超脱的矛盾困惑亦能在一醉中得到和解。"少年多病怯杯觞，老去方知此味长。万斛羁愁都似雪，一壶春酒若为汤。"（苏轼《次韵乐著作送酒》）醉眼方觉天宽，病酒有泛观沧溟、拓开诗思等柳暗花明的潜能，以酒洗尘襟怀廓然，醉时拈笔既是物我两忘的写意，又是天人和同的风神，醉意参入诗味，则让人回味无穷。

"秋鸿一何乐，空际乘风飞。秋虫一何忧，壁间终夜悲。

忧乐本何有，力尽两无依。物生逐所遇，久行不知归。

少年气难回，老者百事衰。聊复沃以酒，永与狂心违。"

（苏辙《次韵子瞻和渊明饮酒二十首》其一）

在时空变幻莫测、纷扰无常的乱世里，因百事衰，则酒里便多含愁带恨，"久行不知归"的半梦半酣仿佛迷失了方向。本何有、两无依，忧乐兴衰都在酒中消融，又添了空幻无为的色彩。

---

❶ 周作人. 艺术与生活 [M]. 上海：上海文艺出版社，1999：73.

饮者和诗者皆为天地之心，心醉而神摇，但如果能勘破红尘浮世的荣辱得失而"道味"，平凡中亦能摇曳出神理神韵，沧海一粟的卑微生命在一瓢饮里，不堪其忧、不改其乐。琼浆玉液散发的艺术性和审美性又风姿绰约，天地间的风物多能与酒发生亲密的交流："玉壶系青丝，沽酒来何迟。山花向我笑，正好衔杯时。晚酌东窗下，流莺复在兹。春风与醉客，今日乃相宜。"（李白《待酒不至》）在这里，玉壶、山花、流莺、春风构成了摇曳多姿的清丽胜境，一切有韵致的风物经过诗心的点化，复被感化的醉客摄入心灵的醉乡："使我有名全是酒，从他作病且忘忧。诗无定律君应将，醉有真乡我可侯。"（苏轼《次韵王定国得晋卿酒相留夜饮》）陶渊明的菊花酒、李白的月光酒、苏轼的真一酒，酿之以物，又化之于之物，更能放之于物，除了对温醇的眷恋，更流露了生命的情怀、性灵的高蹈和诗性的理想。醇酒的辛辣、病酒的苦涩、醉客的超然，一切众生实相又无相，冥冥而似道，得意忘味的沉醉，自有幽深任远、无往不复的追寻与回归。

观照残世，玩味诗酒。既有酒入衷肠的形而下生理体验，更应有形而上的精神延伸和审美感悟，透过一觞一咏勘破穷达："春来酒味浓，举酒对春丛。一酌千忧散，三杯万事空。放歌乘美景，醉舞向东风。寄语尊前客，生涯任转蓬。"（贾至《对酒曲二首》）病酒也风流，一酌千忧散，借此对残缺的忘却，随缘，还有超越。

第五节　残梦：绿窗残梦迷

梦是一个非常独特的意象，梦境往往是支离破碎的，具有碎片化、意识流的跳跃性，以及时空拼接的非理性。梦是窥见幽情深绪的一扇窗子，梦既是潜意识的精神世界和自我的情感世界的象征，还能作为微妙的诗意世界与深刻的哲思世界的隐喻。

梦恍兮惚兮："解了诸法如幻、如焰、如水中月、如虚空、如响、如犍闼婆城、如梦、如影、如镜中像、如化。"（《摩诃般若波罗蜜经》），无常世界总以迷离幻化的方式示现。梦缘何残缺？由于无常之梦的构成元素混沌无序，即使一晌贪欢的绮丽美梦也脆弱易醒，梦醒后只余下无穷的回味和遗憾；如若是悲伤、恐惧、苦闷等非善之梦，"夜光犹淡远，梦味渐分明"（张问陶《船山诗草·春日晨起》），"残梦断，酒醒孤馆，夜长无味"（柳永《满江红·万恨千愁》），孤馆梦回，残梦依稀，则悲难禁。残梦透射出了主体内心的抑郁不安、叹息怅惋、情绪萧索，甚至是忧怨已深："月落星稀天欲明，孤灯未灭梦难成。披衣更向门前望，不忿朝来鹊喜声。"（李端《闺情》）故此，美梦短暂，圆梦难成，残梦缠绕，皆为残缺之梦。

梦远乎近乎！梦境中的时空可以灵活地伸缩变幻，梦醒过后并未戛然而止："梦觉、透窗风一线，寒灯吹息"（柳永《浪淘沙·梦觉》），觉来寻思残梦，残梦是梦境时空意犹未尽的延续，它在不同时空置换游移，有更多随意创造和时空开拓的可能性。梦虽可以追溯，却往往不能重返，梦醒无痕源于梦的轻盈，肝肠寸断是梦烙下的沉痛。梦醒时分终要复归现实，然而，梦幻与现实之间并非有绝对的界限，它们之间可交集、重叠、错落、腾挪，乃至于彼此超越。

入梦出梦也？残梦既根植于心灵土壤，又穿插于入梦和出梦的空隙，发挥着起承转合的作用，并在这一承一转一合之间，触发了惊奇生动、丰厚深远的审美体验。或曰浮生若梦，有时候我们在梦中似曾找到了前世今生的影子；或曰前尘若梦，有时候我们亦可通过残梦追忆旧时往事；或曰梦觉神通，有时候梦幻与真如许只有一步之遥罢了。

梦是能洞见秘密的一条幽深隧道，不仅醉心于对梦境的迷离与真实之间的穿梭，甚至通过艺术重构，将清寂的残梦升华至不同寻常的美学世界。残梦重塑和丰富着人类对世界、对人生的认识，所以，接下来笔者将从探析"残梦"特殊的诗性结构出发，以期发掘梦境塑造的审美潜质与多重隐喻，窥探多维时空构建中的文化创意。

一、回忆之门

昨夜星辰不可摘，今日残梦犹可追。记忆深处的意念流转与梦的幽微杳渺有着异质同构的关系。以梦的残留之迹为起点，浮长川而忘返，思绵绵而不尽，追忆如烟似梦的悠悠岁月，从中找回失去的时空。进入残梦之门，时间向度指向或近或远的过去，仿佛一场故地重游。然而，梦不仅简单地重现过去，亦可能因为理性和非理性时空的叠加跨越，以及想象的再加工重新赋予记忆新的景象。残梦仍可在淡淡感伤中，作为思乡怀人的心理补偿。造梦人以蒙太奇的手法将现实、梦幻、回忆等切割、扭曲、颠倒、糅合，再造了一个似曾相识、似幻非幻的世界。

柔情似水,佳期如梦。"今夜里,厌厌离绪难消遣。强来就枕,灯残漏水,合相思眼,分明梦见如花面。依旧是,旧庭院。"(欧阳修《踏莎行慢》)梦中与佳人相会的场景,依旧是记忆中的旧庭院,说明了这份离情深意引发的愁绪难以排遣,如影入梦,只道是物是人非,旧游如梦。昨梦与前尘交叠,然而昨梦毕竟不是前尘,只是光阴的一道掠影。待寒灯吹熄、惊山鸟啼,无奈如梦如烟更化作梦断魂消。

白居易在《梦裴相公》一诗中道出了天人两隔,唯有梦魂通:

"五年生死隔,一夕魂梦通。梦中如往日,同直金銮宫。
髣髴金紫色,分明冰玉容。勤勤相眷意,亦与平生同。
既寤知是梦,悯然情未终。追想当时事,何殊昨夜中。
自我学心法,万缘成一空。今朝为君子,流涕一沾胸。"

(白居易《梦裴相公》)

无论往日情、当时事皆万缘成空,梦中相逢却因情未放下,再忆残梦泪沾襟。

苏轼《江城子》悼念亡妻的梦融入了伤逝之憾,更是凄然动情:"夜来幽梦忽还乡。小轩窗,正梳妆。相顾无言,惟有泪千行。"王弗已经离世十年了,苏轼无须刻意去想起,心中总会不经意的浮起爱妻的音容。假如在一个特别的时空(幽梦)里相逢,苏轼随着时光渐渐衰老,白发如霜,而王弗在轩窗旁对着镜子精心整饰妆容,红颜依旧、光彩照人,如何不让苏轼心动、辛酸?阴阳异路,十年了,苏轼已走过漫漫人生的很长一段,而生活在另一个世界(梦境、冥界)的亡妻可能历时不久,天人相隔,即使重逢也是岁月斑驳里的红颜映白发,更何况佳会难重,泛黄旧梦一场空。佳人仿佛在侧的幻影稍纵即逝,幽梦中惊醒,苏轼意识到自己依然在无处话凄凉的千里孤坟,在明月夜、短松岗的苍凉现实时空,人生的况味于年年断肠处发酵,此恨绵绵无绝期。通过回忆的梦境和惨淡的现实之间交错,全词在纵横驰骋的场景变化中体现时空大跨度跳跃,灵魂和肉体虽不同节奏,深情和思念亦能穿越时空阻隔,心神可以重逢交会。"明月夜,短松冈",然而断了的梦魂,迢迢难再寻。

"行殿幽兰悲夜火,故都乔木泣秋风。国家不幸诗家幸,赋到沧桑句便工。"(赵翼《题元遗山诗》)文人常借残梦感叹黍离之悲。当故国不堪回首明月中，志士满腔壮志豪情成虚空，英雄无路只能怅望风雨飘摇的江山："梦中原，挥老泪，遍南州元龙湖海豪气，百尺卧高楼。短发霜黏两鬓，清夜盆倾一雨，喜听鸣沟。犹有壮心在，付与百川流。"（张元干《水调歌头·举手钓鳌客》）梦里虽心系家国，现实中却一筹莫展、报国无门，可怜白发生，梦中尽是悲切与悲愤。当社稷江山凋零，繁华落幕，梦忆只能是远客思乡的无望喟叹，明代文人张岱暗追前事，其所著的《陶庵梦忆》《西湖梦寻》以江南游记的方式，娓娓道出自己的心迹。以"梦"命名，既有小品文轻灵翩跹的美感，又交错着对历史沧桑的深沉思考："梦所故有，其梦也真。"通过昔日繁华、今日衰微的时代比照，过眼皆空，总成一梦，表达了故国梦重游的百味杂陈。对失去美好的忆梦和寻梦充满了现实批判的意味，是对梦断山川的悲哀与对世事兴废的感慨。《陶庵梦忆》序中道出了梦中之痴："然犹忆非真，自啮其臂曰：'莫是梦否？'一梦耳，惟恐其非梦，又惟恐其是梦，其为痴人则一也。余今大梦将寤，犹事雕虫。"❶烟水迷离，将渐行渐远的旧梦与对光景风月的浅斟低唱结合，其情韵隽永充满艺术感染力。

从来往事都如梦，一旦坠入残梦忆旧的深渊，梦中絮语也会让人怅然若失。告别往日让人目眩神迷的美梦，再也握不住那些久远的、破碎的遗梦，仿佛寂寥天地间孤独者无望的徘徊与追寻，伤逝总使人唏嘘不已。但是残梦毕竟为尘封的隐痛打开了一道门。

借梦追忆逝水年华，待繁华落尽，过往的欢欣恍若隔世，人生长恨水长东，此恨何时休？重拾旧梦的努力是对残梦的依依难舍，在曲径通幽的梦中弥偿沧桑现实所留下的遗憾。即使残梦如同长歌当哭的挽歌，也招不回曾经。残梦，让我们重温了旧时年华，也辜负了来日方长。因为，残梦是时光逆行的假象。拾梦，是一场苍白的徒劳。

二、真幻之间

梦不是绝对的虚无，而是亦幻亦真，反映了艺术的真实、心灵的真实，常隐含了现实中的精神愿望和探索，表达了真情的强烈渴求，这些都能视为梦的"无用之用"。梦与现实是相互依存，如影随形的关系。梦幻微妙写意地拼接

---

❶ （明）张岱. 陶庵梦忆 西湖寻梦 [M]. 谷春侠, 张立敏, 注析. 郑州: 中州古籍出版社, 2012: 24.

着真境、真情、真意，是真的朦胧魅影。"假作真时真亦假，无为有处有还无。"（曹雪芹《红楼梦》）梦是真假的互摄互文，既捉摸不定，又真实可感，自有一番真幻摇曳的趣味。人间情愫，皆在暮旦梦觉之间。

梦与真之间并非泾渭分明的关系，试以观照山水为喻："看山是山，看水是水"，我们往往疑梦为真，错把他乡认故乡；"看山不是山，看水不是水"，黄粱一梦不过戏梦人生；"看山还是山，看水还是水"，梦是真的镜子，庄周便为蝴蝶。梦是真实的隐形，梦是心理时空的暗示和感召。梦还是对现实时空的隐退或超越，缥缈梦境的时空流转、交叠、变形打破了物理时空成规束缚无所不有，随着潜意识天马行空、腾跃千秋，梦中时空节奏跳跃不定，梦醒时分无迹可寻："梦里明明有六趣，觉后空空无大千"（玄觉《永嘉证道歌》），如同无常不可捉摸，所以人们常有"世事如梦""浮生若梦"的喟叹。

梦偶尔征兆了真相。《韩非子·外储说右上》中记载："昭侯闻堂豁公之言，自此之后，欲发天下之大事，未尝不独寝，恐梦言而使人知其谋也。"[1]这段话表明了人在梦中会不经意地吐露真言。梦甚至有超验性，梦中之事亦可能预演和征兆着未来。因为梦有一定的预见性，可预瞻未来和展望远景，古代占梦的传统曾盛极一时，以梦占吉凶并非天方夜谭，人们常以梦作为线索，试图判断事情发展的趋势，古老的荷马史诗《奥德修纪》中描述了梦境虚实二门：

"梦总是复杂难解的，并不是所有的梦都会实现。幻梦之境有两个门，一个是牛角的，另一个是象牙的。通过锯断象牙的门出现的梦是假象，它反映的事物是不会实现的。通过磨光牛角的门出现的梦，都是确实的，不管是什么人梦见的。"[2]

象牙门和牛角门的比喻形象而有趣，又增添了梦扑朔迷离的奇幻色彩。人们在解梦释梦时会将信将疑。因为梦不是绝对的荒谬不经，它超现实，又基于现实，身世多如梦役。又因白日所思，夜有所梦，长梦梦寐是"白日梦"的残痕延宕，是心绪意想的再次造访。残梦的时空指向既可以朝前，又可往后，它可以灵活地穿梭于梦幻与现实之间。

梦是探触真情的试金石。《牡丹亭》中的少女春梦因在现实中受礼教所缚

---

[1] （战国）韩非. 韩非子［M］. 陈秉才，译注. 北京：中华书局，2007：189.
[2] ［古希腊］荷马. 奥德修纪［M］. 杨宪益，译. 北京：中国工人出版社，1995：231.

而无法畅快淋漓的继续，本质上是不圆满的残梦，故有一种悲情的基调。而当杜丽娘沉醉于美满幽香深处，散落的花瓣将她唤醒，拉回现实的困境。"梦中之情，何必非真?!"以梦为真，虚实相间、时空交错的组合是独特的艺术创造。

"梦回莺啭，乱煞年光遍。人立小庭深院。炷尽沉烟，抛残绣线，恁今春关情似去年？晓来望断梅关，肃妆残。你侧著宜春髻子恰凭阑。剪不断，理还乱，闷无端。已吩咐催花莺燕借春看。"

（汤显祖《牡丹亭》）

旧庭深院

梦是真实心境的幻影，是心灵向往的性灵乐园。"一生爱好自然"的杜丽娘却被现实处境所扰，似真亦幻的梦境是她爱情世界的真情之影。汤显祖以人鬼绝恋、时空超越的巧妙戏剧结构表达了残梦与有缺境形成的映衬关系。在梦中，至情至性者可以不顾一切，逾越一切，然而惊梦的一瞬，恍然醒悟，现实依旧残酷和悲凉。残梦常意味着梦想的失落，梦幻潜伏人生自是有情痴的心愿，天下岂少梦中人耶？

梦境与实境魂魄相系，梦有镜花水月的幻美，又有真趣盎然的韵味。此岸与彼岸仅一水之隔，且又沟通无限。梦幻与真如相异不相隔，"欲访浮云起灭因，无缘却见梦中身"（苏轼《吊天竺海月辩师三首》其三），苏轼遭遇了现世沉浮，常以梦中身、梦里身、梦幻身自喻身如虚空，不如祸福两忘："梦幻去来，谁少谁多？弹指太息，浮云几何？"（苏轼《和陶停云四首》其四）东坡欲以空观涤荡尘世烦恼与残梦旧痕。然而，即使能勘破人生真相，深情之人也难脱尘根，人生的梦幻感依然无法排遣："四十七年真一梦，天涯流落泪横斜。"（苏轼《天竺寺》）修习佛理的苏轼自然能理解：身如虚空，须臾如梦，梦落空性。佛教对梦幻、真如、空性之间的关系有着独到的理解：梦境能传神地显现亦真亦幻的空幻之美。梦境本指产生于梦寐中的场景，其心法时空开始活跃，梦境中的空幻之相随时随处生灭，来无影、去无踪，不过心中业所现，然梦中人往往信以为真、执幻为有，梦醒方知梦中无，离幻得空。即使在人清醒之时，因色法时空捉摸不定，也会有身处梦境的感觉，见闻犹如梦中事。梦蝶的庄周渴求从迷离恍惚的梦境中体认生命的本质：

"梦饮酒者，旦而哭泣；梦哭泣者，旦而田猎。方其梦也，不知其梦也。梦之中又占其梦焉，觉而后知其梦也。且有大觉而后知此其大梦也，而愚者自以为觉，窃窃然知之。君乎，牧乎，固哉！丘也与女，梦也；谓女梦，亦梦也。"❶

人们在梦里梦外醉意浓、悲情重，或醉或哭，无论圣人还是愚者都身不由己，难逃梦寐之惑和大觉之殇。梦与觉难分难舍，梦即觉，觉即梦，大梦谁先觉？世上多有不圆满："世事一场大梦，人生几度秋凉。夜来风叶已鸣廊，看取眉头鬓上。酒贱常愁客少，月明多被云妨。中秋谁与共孤光，把盏凄然北望。"（苏轼《西江月》）人生的大梦中嵌入了无数零杂的碎梦、残梦，梦觉交错的空间，真幻互参饶有禅味，人生的况味也弥散于半梦半醒的间隙里，一樽还酹江月。

梦或与现实大相径庭，或似曾相识，正是既游离又亲近的距离感摇曳出了灵动多姿的美感。

三、心灵之殇

梦是人类精神和情感的投射，是广阔心灵空间的一片"自留地"，它幽约曲折地表现着主体心灵的韵动。而且梦具有强烈的主观性，当艺术思维、心灵体验、潜意识流动交织之时，读者可从中窥探作者的心迹，或是魂牵梦绕的相思之苦，或是有志未成的人生感慨，又或是难以辨明的梦中呓语。梦境叙事是

---

❶ 郭庆藩辑，王孝鱼，整理. 庄子集解［M］. 北京：中华书局，1961：104.

文学的重要主题之一：一方面，可以采用倒叙、顺叙、插叙、预叙的方式巧妙设计梦境、借境抒情，是表达幻想的舞台；另一方面，画梦之笔的轻重缓急可自在把握，即使对梦境的轻描淡写，也往往无法掩盖刻骨铭心的深情，这种举重若轻的方式，将人生的况味、情感的滋味、艺术的韵味，皆以才情之笔在梦中淡淡勾勒，厚重与轻安之间张弛着相得益彰的节奏。

残梦，心灵之殇的独抒性灵，是生命不可承受之轻，又有对心灵渴望的短暂满足。现实的身不由己，在残梦中被一再咀嚼，仿佛无法挣脱的囚牢。然而，残梦借助文学恣意泼墨的重构，创造出了超然的浪漫，塑造了诗性的审美情趣。

宋玉有《高唐赋》，其先写楚王与神女的欢情交合，而后其《神女赋》却叙写神女婉拒楚王："神独亨而未结兮，魂荧荧以无端。含然诺其不分兮，扬音而哀叹！薄怒以自持兮，曾不可乎犯干。"楚王因被辞却而失望不已、黯然神伤："徊肠伤气，颠倒失据，黯然而瞑，忽不知处。情独私怀，谁者可语？惆怅垂涕，求之至曙。"失之交臂的感情当然让人扼腕叹息。宋玉这两篇梦幻之作，拉开了幽会未成的怅然与梦寄相思的绵延的文学主题的序幕。魏晋傅玄的《青青河边草篇》诗云："感物怀思心，梦想发中情。梦君如鸳鸯，比翼云间翔。既觉寂无见，旷如参与商。梦君结同心，比翼游北林。既觉寂无见，旷如商与参。"因思成梦，情人在甜蜜的梦中是同林比翼双飞鸟，梦醒后回到与君依然遥隔天涯的残酷现实，"寂无见"点出了梦碎后寂寞的黯然销魂。宋代吴文英的《梦窗词集》收录了不少追忆悼亡、伤今感昔的词作，所诉残梦低回缠绵、绵丽深警。"得意东风去棹，怎怜会重离轻。云零。梦绕浮觞，流水畔、叙幽情。"（吴文英《木兰花·慢几临流送远》）绕浮觞之梦透露了幽情愁绪。"孤梦到，海上玑宫，玉冷深窗户。遥指人间，隔江烟火，漠漠水洪摇暮。看茸断矶残钓，替却珠歌雪舞。吟未了，去匆匆，清晓一阑烟雨。"（吴文英《喜迁莺·烟空白鹭》）烟雨孤梦倾吐了离情之苦。从这些诗词中，可以想见词人因离情、梦殇、相思等沉郁凄苦的百端滋味涌上心头、蹙在眉间。

古之伤心人晏几道尤擅描述前尘昨梦："绿杨芳草长亭路，年少抛人容易去。楼头残梦五更钟，花底离愁三月雨。无情不似多情苦，一寸还成千万缕。天涯地角有穷时，只有相思无尽处。"（晏几道《玉楼春·春恨》）自长亭一别，多情常被无情恼，相思难遣，主人公梦醒于五更，夜未央，天未亮，残梦挥之不去，而千丝万缕的离愁缠绕着飘零的花片雨丝，离恨闺怨、残梦依约、烟雨迷蒙缠绵交织,写出了绵绵无尽的寂寞与迢迢不断的幽情。再如,"翠叶藏莺,朱帘隔燕,炉香静逐游丝转。一场愁梦酒醒时,斜阳却照深深院。"(晏几道《踏莎行·小径红稀》)。藏莺、隔燕暗喻了难见佳人的踪影,香烟丝丝缕缕缭绕中,孤独者醉酒入梦,又被愁梦惊醒时,已是脉脉余晖落入了深深庭院,全词流露了寂静情调。"画鸭懒熏香,绣茵犹展旧鸳鸯,不似同衾愁易晓。空床,细剔银灯怨漏长。几夜月波凉,梦魂随月到兰房,残睡觉来人又远。难忘,便是无情也断肠。"(晏几道《南乡子·画鸭懒熏香》) 主人公独自蜷缩在鸳鸯被里却孤枕难眠、空床辗转,夜深月凉,恍惚中入梦得与情人短暂相逢,不曾想美丽的团圆只是昙花一现,梦醒人又远,梦远人不归!词人不仅抒发了对幻灭的喟叹,梦痕里还藏着动人遐思的凄凉意。

才情兼胜的女词人李清照却遭遇了国破家亡、身世飘零的沉重打击,梦里是熟悉又陌生的长安,醉中是易逝的春光,醒来是孤苦伶仃的伤心人:

"永夜恹恹欢意少,空梦长安,认取长安道。为报今年春色好,花光月影宜想照。随意杯盘虽草草,酒美梅酸,恰称人怀抱。醉莫插花花莫笑,可怜春似人将老。"

(李清照《蝶恋花》)

年华似水,逝川无情。文人骚客细腻敏锐的心灵常因空幻无常而感慨万分。大悲之作《红楼梦》以真幻空间交叠置换结构通篇,以宝玉多次梦游"太虚幻境"为脉络,因出于人间、顿入幻域的空间转换。作者并非以简单世俗的眼光去构造大观园的情欲、物欲世界,他将一把辛酸泪糅合入空色、梦幻、真假的满纸荒唐言中。作者借梦的幻灭传达空谛,遍披华林的悲凉之雾:从家庭的败落、爱情的破灭、人生的衰亡,无不辛酸地借梦的穿插与点睛,揭示佛教空幻意识和色空观念,荒冢一堆草没了、到头来一场空、人生没有不散宴席、落了片白茫茫大地真干净是不可逃脱的生住异灭的必然规律,浮云散后的幻灭。小说开卷便交代了梦在全篇的枢纽地位:

"因曾历过一番梦幻之后,故将真事隐去,而借通灵之说,撰此《石头记》一书也。…此书中凡用'梦''幻'等字,是提醒阅者眼目,亦是此书立意本旨。"[1]

---

[1] (清)曹雪芹,高鹗. 红楼梦[M]. 北京:中华书局,2005:1.

以梦的起伏隐现贯穿于前世今生的叙事中，小说始于以梦的方式交代了"木石前盟"的宿世姻缘，甘露之恩难逃红尘劫难，终于"春梦随云散，飞花逐水流"❶的爱情悲剧，林黛玉现实的苦吟和梦中的悲鸣都无法力挽狂澜，在"病潇湘痴魂惊噩梦"不久香消玉殒，标志着有情人终成眷属的梦想彻底破灭。虽如此残梦让人扼腕叹息，情深意切又让人赏悦。"本来同一梦，休笑世人痴。"❷《红楼梦》之所以能成为伟大的艺术精品，是因为它是性灵奥府的见证。

"四月十七，正是去年今日，别君时。忍泪佯低面，含羞半敛眉。不知魂已断，空有梦相随。觉来知是梦，不胜悲。"

（韦庄《女冠子》）

"昨夜夜半，枕上分明梦见。语多时，依旧桃花面，频低柳叶眉。半羞还半喜，欲去又依依。觉来知是梦，不胜悲。"

（韦庄《女冠子》）

四月十七日这个不同寻常的日子里，住着一个"相见时难别亦难"的动人故事，梦里藏着魂牵梦绕的相思，梦中分明复见面若桃花的佳人，却转眼幻影成空。梦的历程隐显着心灵曲折变化的轨迹。

四、自由之境

残梦的延宕，充实了意蕴的容量，绵延了审美的可能。这个"可能世界"可繁衍出层出不穷的新意和生机：

"既然真实的世界只是一个实现了的'可能的世界'，那么一定还有许许多多'可能的世界'以其他形式存在着。神话、传说和梦境中存在着'可能的世界'，物理学中的'反世界'以及乘坐超光速飞船驶入过去和未来，也属于'可能的世界'。这些世界都未实现，但彼此又有不同：有的永远不能实现，有的差一点实现，有的有可能在未来实现。"❸

由于反逻辑的可能性带来的神秘感和陌生化，使得折损的残梦也可以引人

---

❶ （清）曹雪芹，高鹗. 红楼梦［M］. 北京：中华书局，2005：31.
❷ （清）曹雪芹，高鹗. 红楼梦［M］. 北京：中华书局，2005：943.
❸ 傅修延. 讲故事的奥秘——文学叙述论［M］. 南昌：百花洲文艺出版社，1993：23.

入胜。残梦不是封闭性的,劝君频入梦乡来,去释放和发现无限敞开的广涵空间。

梦虽残,它处于梦境那一瞬,毕竟冲破了时空阻隔、生死界限,在审美情境中获得超越。残梦蕴含了深厚的审美潜质,或迷离含蓄,或优游灵动,或惊心动魄,或幽深奇诡,不同的梦幻模式契入了各异的立意构思,残梦文化在悲情意调中无限地延伸了神思飞扬的文化创意。"我是梦中传彩笔,欲书花叶寄朝云。"(李商隐《牡丹》)艺术家驰骋想象以彩笔画梦,托意于梦,铺陈了不可思议的神思妙理。残梦并非无路可走的困境,在光怪陆离的梦境里,我们却能照见现实,自觉或非自觉地确证自我,甚至能精心构建一个美轮美奂的理想世界。在幽暗深邃的梦深处,游刃有余地觅得灵感,进入耐人寻味的诗意王国。

缘起性空,甚至当残梦都悄然遁去,它的归宿依然是空,空则无待、无累,才通向自在的自由。一枕黄粱、南柯一梦的富贵无常,以美梦的幻灭警醒世人,浮生一度不过梦境一场,不必为浮名小利劳神烦心。电石火光的刹那,万物幻化无穷,梦也即生即灭。"一切法性皆虚妄见,如梦如焰,菩萨观诸有情,如幻师观所幻事,如观水中月,观镜中像,观色蕉心。"❶ 石中火,梦中身,一切诸法都如梦如幻。梦总是流转着空幻观。

即使被痛苦裹挟,我们不会、也不愿丧失做梦的自由。当人生失意、无路可走之时,文人骚客常以醉生梦死来排解内心忧积。失意之人往往由醉入梦,甚至梦醒复醉,但愿长醉不愿复醒是因为梦和酒又都有着神奇的功能,即短暂麻痹内心痛楚和释放本能自由,然而这种短暂的慰藉都无法持久,所以梦和酒本质上都是残缺的。如酒中仙李白唱道:"三杯通大道,一斗合自然。但得醉中趣,勿为醒者传。"(李白《月下独酌四首·天若不爱酒》)梦里不知身是客,在醉乡和梦境中寻找避难所,醉言梦语中吐露出对现实的不满和逃避,以及对自由的期冀。此外,还有以醉意和残梦麻醉心中相思之苦:"吴天雁晓云飞后。百感情怀顿疏酒,彩扇何时翻翠袖。歌边拌取,醉魂和梦,化作梅边瘦。"(吴文英《青玉案·新腔一唱双金斗》)梦中了了醉中醒,在笙歌醉梦间打发寂寞的时光。然而,黄粱梦、金杯酒,转眼都成空,旧欢只在梦里,欲哭无泪,苍凉的生活依然继续:"梦后楼台高锁,酒醒帘幕低垂。"(晏几道《临江仙》)但在超达者的世界,醉眼里飞花烂漫,梦觉后巫山春色依旧,醉和梦

---

❶ 维摩诘经[M]. 赖永海,高永旺,译. 北京:中华书局,2003:11.

仿佛未全苏醒，在追忆的余味里犹存。

"夜来沉醉卸妆迟，梅萼插残枝。酒醒熏破春睡，梦远不成归。人悄悄，月依依，翠帘垂。更挼残蕊，更捻馀香，更得些时。"

(李清照《诉衷情》)

沉醉梦远皆因无限相思而起，残梦难消只能独斟自酌，永夜厌厌欢意少，莫道不消魂。当酒阑梦断，只能长恨嗟叹。

即使是青灯孤梦，荒野遗梦，雨夜惊梦等弥漫着悲怆之美的残梦，如果能放达从容，随顺命运，也许它能化作荷风清梦、云水闲梦、林泉幽梦等轻安之境的重构。在梦的灰飞烟灭之处，东方将白，谁说这只是一片残梦？

梦是诗禅的上乘素材，梦具有不可名言、无法彻见、不能径达等各种不确定性，只能通过审美直觉思维去参悟，悟的程度则反映了主体佛学修养的深浅："视生如在梦，梦里实是闹，忽觉万事休，还同睡时悟。智者会悟梦，迷人信梦闹。会梦如两般，一悟无别悟。富贵与贫贱，更亦无别路。"(本净《来往如梦偈》)因梦缥缈恍惚，浑化无痕，但主体仍能通过忆梦追溯梦境的残留："几程星月在，犹带梦魂行"(齐己《江行早发》)，复述梦中的体验："梦中归见西陵雪，渺渺茫茫行路绝。"(皎然《述梦》)梦可残留在记忆里，亦可残留在字里行间，它可写又不可写，与意味无穷、虚实相生的诗性智慧最为贴近。以诗性处理和禅意点拨的方式，最终解放了残梦的局限性。

梦有浓郁的宗教意味，它常是现世苦闷内心郁积的象征。然而苦难、缺憾亦有蒙福的可能。原始、神秘、超自然的力量冥冥中甚至凿出了救赎的通道。

"我若说，我的床必安慰我，我的榻必解释我的苦情；你就用梦惊骇我，用异象恐吓我；甚至我宁肯噎死、宁肯死亡，胜似留我这一身的骨头。"(《约伯记》七：12~15)[1]

世界无边尘绕绕，众生无尽业茫茫，爱河无底浪滔滔。世界无穷无尽，梦亦无边无际，万物皆无尽意。漂泊于无涯苦海的众生，以梦为筏，觉梦以后的悟空，是神灵暗示了通向彼岸世界的方向。如同在梦里凿一口井，造出山洞里的光。所以人们对梦充满了敬畏，又不由自主地渴求梦的启示。当代有一位已

---

[1] [英]安东尼·史蒂文斯. 私人梦史 = PRIVEATE MYTHS: DREAMS AND DREAMING [M]. 薛绚，译. 海口：海南出版社，2015：24.

超百岁高龄的老和尚,将自己的法号由"觉醒"改为"梦参"。曾经蒙冤入狱三十余年,身心受尽磨难,却从未退失菩提心。他的梦转载了他的心路历程:少年做梦出家,故走向佛门;梦中受地藏菩萨指引;又因迷悟梦中求法等。梦中纵横交错的因缘成就了梦参和尚的智慧,他曾意味深长地认为:世人不必一味执着梦的真假,佛说如梦幻泡影,但是梦又很真,梦参的参意味着想达到觉醒。那么,众生的梦何时能醒?真真假假、认真非真,认假非假,非真非假,观梦自在。

现代艺术为梦的塑造增添了许多新鲜元素和文化想象。赖川声创作的《如梦之梦》,融入了佛教绕塔和曼陀罗的思想,以环形的剧场设计,象征着迷一样的"连环梦",叙述、表演、观赏三个层次的主体在同一自由沟通、自由转换的舞台,迷与梦、寤与寐之间的对接和间离,形成了错落的层次感与灵动的节奏感,既充满了扑朔迷离的奇幻色彩,又启发观众从谜一样的梦境中苏醒,从幻觉残梦中跳脱出来,又带着一丝回味继续人生行旅,以探求自己人生的虚实真假。医生娓娓道来自己的故事,病人如同天方夜谭的梦呓,顾香兰的时空跨越性扮演,不同场景和画面交错重叠,虚实结合的方式独具匠心。赖川声有意地将佛教元素融入剧场,如以一盏烛光将人从昏昧的残梦带入光明的开悟,佛性智性的宗教意味和生命智慧将残梦、死亡都变得意味深长。由梦境搭建了非同寻常的艺术体验、共鸣,启迪了回味无穷的生命共感和自由哲思。

"闲把浮生细思算。百岁光阴,梦里销除半。"(杜安世《凤栖梧》)残梦,是浮生苦短的残缺缩影,潜伏了太多的悲怆,同时,寥廓缥缈的梦乡里又蕴含了无穷的审美潜质。如能勘破红尘、看淡世情,残梦便可能逆转为自由的美学境界。

首先,世上的悲欢离合,情感的复杂细腻,妙悟的深致灵动,都是身心中难言的独喻之微,以一枕梦来轻轻拈出,游丝般的梦质感是轻盈迷离的,却负载了沉重的心事和厚重的思绪。"枕上不堪残梦断,壁蛩窗月夜悠悠"(李中《秋夕书怀》)是梦里的凄清和梦外的忧戚相靡相荡,"自在飞花轻似梦,无边丝雨细如愁"(秦观《浣溪沙·漠漠轻寒上小楼》)是入梦的清欢和出梦的闲愁抑扬开合,形成了层次错落的美感体验。人间的情深意长游移在梦的宛转曲折间,梦里沉醉,梦断亦销魂,梦是性情宣泄的一道狭深幽径,又是透视文人诗心的一面镜子。

其次,残梦虚幻的造境,真情实意的写境,再融入虚幻朦胧的写意,以及寤寐沉思的哲思，通过妙艺独运，将情景意理的交融构成了无声无息又有声有色的化境，美人如花隔云端，犹如空中音、水中月的梦境互摄了心境、实相，是象外象、景外景，在形象之外是深幽的意味。纷呈意象、不同时空跳跃转换的组合，在意味飘忽、意境空灵的神思飞扬中强化了隐喻性，营造似花非花、亦幻亦真的美学效果，并存在着意域再生的许多可能。"春夜阑，更漏促，金烬暗挑残烛。惊梦断，锦屏深，两乡明月心。"（牛峤《更漏子·春夜阑》）深屏中的幽人惊梦，夜未央，明月照两地相思，既有现实悲情的体验，又有梦境未诉的彷徨，幽约、婉约故而能启动审美想象的空间，恰因梦挣脱了质实的拘束，诗意才能自由穿梭其中。难能可贵的是，梦亦是追求理性真知的一种曲折的方式，它超越了理性的限度，在非理性世界里自由地表达、演绎和旋转，无比生动，又无比动人。

再次，残梦虽然本质都是残缺非圆满的形式或内容，但残梦的主题由于作家命意不同，因人而异，富有多元化和创造力。

（1）天涯羁旅、梦断故国家园：失意的李后主在梦里寄存了多少不舍和嗟叹："闲梦远，南国正芳春。船上管弦江面绿，满城飞絮混轻尘，忙杀看花人。多少恨，昨夜梦魂中。还似旧时游上苑，车如流水马如龙，花月正春风。"（李煜《望江南》）花好风轻，旧时游上苑，梦里一切安好。不料梦醒后，无限江山不复归，身陷囹圄的他只能叹息林花谢了春红太匆匆的残酷现实。半生富贵与半生蹉跎交织在梦中。"回首天涯归梦，几魂飞西浦，泪洒东洲。故国山川，故园心眼。还似王粲登楼。最怜他、秦鬟妆镜，好江山、何事此时游。为唤狂吟老监，共赋销忧。"（周密《一萼红·登蓬莱阁有感》）浪迹天涯，却魂梦心系故国江山，心中的忧愁郁积充斥着漂泊之梦，沉醉、深梦、狂吟的悲壮有感人至深的力量。"山一程，水一程，身向榆关那畔行，夜深千帐灯；风一更，雪一更，聒碎乡心梦不成，故园无此声。"（纳兰性德《长相思·山一程》）

（2）柔情似水、佳期如梦的情长梦短：温暖甜蜜、热烈缠绵、暧昧宛转的相思梦使人难以忘怀，虽然两地闲愁的距离并未因此缩短，但是梦可以作为吐露真情诉说衷肠的心曲："梦觉春衾，江南依旧远。回纹锦字暗剪。谩寄与、也应归晚。要问相思，天涯犹自短。"（晏几道《清商怨·庭花香信尚浅》）情长梦短，相思梦断。有岁华轻别、前缘难复的寻梦："沉思暗，几许无凭事。菊靥开残秋少味，闲却画阑风意。梦云归处难寻，微凉暗入香襟。犹恨那回庭院，依前月浅灯深。"（晏几道《清平乐·沈思暗记》）飘忽的短梦更衬托了绵渺的长情，恰因不对称的比例，方有长相思的震撼力，摧心肝而感人至深。

（3）浮生如梦，世事漫随流水：文人多感慨无常尘世的仓皇一梦："电转雷惊，自叹浮生，四十二年。试思量往事，虚无似梦，悲欢万状，合散如烟。苦海无边，爱河无底，流浪看成百漏船。何人解，问无常火里，铁打身坚。须臾便是华颠。好收拾形体归自然。又何须着意，求田问舍，生须宦达，死要名传。寿夭穷通，是非荣辱，此事由来都在天。从今去，任东西南北，作个飞仙。"（陆游《大圣乐词》）陆游在理想破灭以后，看透了世事沧桑，读懂了人生苦难，往事都似梦般虚无，与其纠缠，不如旷达，从今只求任南北东西的放翁！当然，其中也流露了梦残破后的苦楚与彻悟。

（4）天涯倦客的悟空之梦："天涯倦客，山中归路，望断故园心眼。燕子楼空，佳人何在空锁楼中燕。古今如梦，何曾梦觉，但有旧欢新怨。异时对，黄楼夜景，为余浩叹。"（苏轼《永遇乐·明月如霜》）词中借古今如梦表达了色即是空的空幻观，这是走遍人间的苏轼梦觉以后的浩叹。苦恨东流水，厌弃了尘寰，苦情哀愁悲歌错落在梦间，妄念又在悟空的梦中得以涤荡。梦的缥缈、梦的幻化、梦的无痕都与佛教的空观有许多微妙的共性和关联。梦归根是以"有我""有执"才能生成，而佛教所谓的空又是从"有我"到"无我"的超越过程，是空性在梦境中从遮蔽到释放的转化和印证。

（5）理想破灭、人生失意的隐逸之梦：中国的文人或士大夫有着独立的人格意志，"用之则行，舍之则藏"（《论语》）的观念根深蒂固，一旦壮志难酬，他们不愿心为形役，只求出入自在随意，所以古代文人多怀有"桃源情结"："青山浓翠，绿水渊环；草树光辉，鸟兽肥润。但有人家所在，园池整洁，檐宇森齐。何止苟美苟完，且是兴仁兴让。街衢平直，男女分行。但是田野相逢，老少交头一揖。"（汤显祖《南柯记》）这是汤显祖笔下的理想家园——南柯郡。此处岁月静好，人们仁让和谐，虽为作家虚幻的乌托邦想象，却让人神往。梦中可适彼桃源乐土，流连忘返，亦却不足为外人道也。"当时只记入山深，青溪几曲到云林。春来遍是桃花水，不辨仙源何处寻？"（王维《桃源记》）桃源既是逃避残境的梦中仙源，而当重返现实，欲回无桨，又只能临水隐约眺望，甚至无迹可寻了。尤其是古人一旦理想幻灭或者仕途遇挫，多殊途同归地选择"乘桴浮于海"或"悠然见南山"的隐逸之路，闲云野鹤的梦契合了无拘无束渴望自由的心境。更何况是道不行的动荡年代，与其"穷年忧黎元，叹息肠内热"，满心的忧国忧民，不如远离纷扰，流水人家、渔樵江湖。进退自如也是人生智慧的体现："钟鼎山林都是梦，人间宠辱休惊。只消闲处过平生。酒杯秋吸露，诗句夜裁冰。"（辛弃疾《临江仙·钟鼎山林都是梦》）浮世喧嚣，那就远离尘嚣，从逆境转身向闲处，也许正是钟鼎、轩冕的美梦不复，荣辱不惊才能有闲情欣赏风月之美、田园之趣、诗情之韵。形成了残梦吟咏的幻影氤氲与牧歌情调，从中寻得自由的归宿。

最后，残梦特别契合中国的传统文化思维，尤其是道家的无为论、佛教的空幻观。人在残梦中体味的无常与幻灭感其实离真实存在之境并不遥远，所以残梦是真空妙有的化身。"真空"警示着世间繁华不过昙花一现，"妙有"又意味着美在即色寓空中未曾逊色。如陆游在金戈铁马的理想破灭后，一旦接触了佛法，就被这种超脱的哲学深深吸引，研习经律，深受佛学熏陶，他在《跋晓师显应录》言："《法华》之为书，天不足以喻其大，海不足以喻其深。利根之士，一经目，一历耳，自不能舍。"对大乘佛教经典《法华经》的高度评价和爱不释手，并自号"放翁"为表"平昔乐方外，固与功名疏"（陆游《白发》）的遁世入空、不拘礼法的心志。他的《破阵子·看破空花尘世》与豪放风格迥异，轻逸洒脱、情趣盎然："看破空花尘世，放轻昨梦浮名。蜡屐登山真率饮，筇杖穿林自在行。身闲心太平。料峭余寒犹力，廉纤细雨初晴。苔纸闲题溪上句，菱唱遥闻烟外声。与君同醉醒。"这首词上片开门见山地表达了对"空花尘世"和"昨梦浮名"的淡泊，对"真率饮"和"自在行"的向往，通过"登山""穿林"的物理空间自在赏游，表达"身闲心太平"身心调畅的心理空间自由轻安。下片交代了具体的时空中惬意逍遥，写诗听声与知己畅饮，风雅闲适且无忧无虑。一朝入土，尘世的空花与梦中的浮名终成云烟，不必纠缠，不可执着。不见人间荣辱，不议人间醉醒，只将同醉醒的风趣存放在细雨初晴、苔纸闲句、菱唱遥闻的轻安淡远的妙趣之上。故此，梦催发了诗情与禅味。

无论是梦中的片刻欢悦、缠绵幽约，抑或是悲恸难禁、伤情无限，甚至是无从言说的隐秘，都是内心潜伏的情感，无处安放的思念，无法排解的忧虑，难以道清的空虚，千头万绪纷呈其中，剪不断理还乱，内心的暗涌流出了残梦，梦呓结合绮丽的物语、空濛的景语，催生了让人目眩神迷的梦文学，同时铸造了丰厚又活络的梦文化。梦文化契合中国人写意的诗性智慧，梦有尽而意无穷的深幽隐约的含蓄和无限发散的张扬。在梦里，我们并不能绝对解脱，但是它无为又无所不为，却能迁想妙得地超越于灵动的艺术思维和超验世界。所以，残梦的格局并不狭窄，而恰恰是通脱放达的，它可以自由挥洒情致，可以无所不能地表现。因此，写梦成为了最幻化多姿的文学形式之一，而读梦所收获的美感也是绵延不尽的。因为梦境的虚涵特质，所以生命意识、时空意识、审美意识在梦境里蕴含了无限意构、无尽兴发的可能。

美在梦中可以被肢解，也可能被成全，或终被催化出惝恍幽微的奇妙魅力。梦虽残缺，却更能表达对挚情的依恋与生命自由的畅往，梦是真假交接的变相，仿佛一场非理性和理性之间的博弈。因此消解了残缺的衰颓，增添了感悟的感染力和省思的思想力，构成了纤细婉约、慷慨悲壮、热烈率性、深刻曲折、怪诞惊奇等形形色色、丰富多彩的美学特质，提供了不同视角的审美享受和超验的时空拓展。写梦之作调逸而情深，言婉而思微。"花落子规啼，绿窗残梦迷。"（温庭筠《菩萨蛮》）消逝的残梦如同零落的花瓣，唯有香如故。虽然梦的发生不由人的意志决定，但残梦也催生了造梦的机缘。艺术家正是精心打造梦境的造梦人。苏轼《梦斋铭》："人有牧羊而寝者，因羊而念马，因马而念车，因车而念盖，遂梦曲盖鼓吹，身为王公。夫牧羊之与王公亦远矣，想之所因，岂足怪乎！"即使凡人之梦也并不一定庸常，心游万仞，以梦为马，随处可见的笔思，其想象和愿力是生命意志力的体现。

青年诗人席玉强以诗意的语言描写了梦的救赎性：

"试着在梦里练习奔跑
练习钻木取火
等骆驼把太阳背下山
把艾草折成翅膀
逃离夜的诱惑
试着在梦里凿一口井
造出山洞里的光
等骆驼返回家园
就藏起星空
亮出虚妄的沙海
有时，需要在梦里
完成一次跋涉

残缺的美学观照与诗意追问

> 打一场战争，在镇门关立一块
> 碑帖
> 写上那些走失的名字
> 有时，要用一场梦救赎另一场梦
> 救赎灵魂的奔波之苦……"

（席玉强《夜行镇门关有感》）

人们在梦里奔跑，也许可以在暗夜的尽头，残梦的深处，凿出光，以救赎灵魂的奔波之苦！

第六节 苦吟：清愁入苦吟

婆娑世界本质上是悲情世界，无处不遍周着残境缺迹、孤影幽情，在凄苦的基调和清冷的色调中，遭受磨难的诗人会以苦吟的方式用心良苦地营造吟苦的文学世界。苦吟的蕴含丰富而深厚：其一，苦吟的方式。文人对自己的创作苦心经营，对每一字句都反复推敲，他们精益求精地追求诗歌"语不惊人死不休"的效果，殚精竭虑的写作甚至成为一种癖好。"二句三年得，一吟双泪流"（贾岛《题诗后》）反映了勤勉的写作状态。其二，苦吟的内容。非单纯地追求僻字险韵的造语新奇，由于文人多遭遇凄苦，心境孤苦，意境苍凉，诗中烙刻了强烈的个体意识，作者因失意的人生和苦楚的诗心烘托出了吟苦的主题和残缺的意蕴，亦求造意上的独辟蹊径。其三，"吟"随着抑扬顿挫的韵律深情地吟诵，涵泳把玩之间流淌出音韵与情韵的婉转低回之美。苦吟不同于一般的吟诵，作家有意识地注入了沉郁的主体情感和严谨的写作精神，包括了对形式与内容层面的字句、音韵、情感等的锤炼，淋漓尽致地渲染了清冷之境与残败之感。

一、苦吟的因缘

（一）时代世情

乱世之音怨以怒。世间风雨飘摇，社会贫富悬殊，尊卑矛盾重重，这些都为作家的人生笼罩了凄风苦雨的阴霾。尤其是出身寒微的文人，即使有才华，志不得伸，难有机会出人头地。地位卑微的个人理想与统治集团的盛气凌人产生了巨大的冲突，对命运的安排无能为力，甚至遭受"脱枯挂寒枝，弃如一唾微。一步一步乞，半片半片衣。"（孟郊《送淡公》其一十二）的落魄。恰因如此，为诗歌创作奠定了颇具震撼性的批判视角与感染力的审美张力：

"古之为诗者，必有独至之性，旁出之情，偏诣之学，轮囷逼塞偃蹇排奡。人不能解而己不自喻者，然后其人始能为诗，而为之必工。是故软美圆熟，周详谨愿，荣华富厚，世俗之所叹美也，而诗人以为笑；凌厉荒忽、敖僻清狂、悲忧穷蹇，世俗之所询姗也，而诗人以为美。人之所趋，诗人之所畏；人之所憎，诗人之所爱。人誉而诗人以为忧，人怒而诗人以为喜。故曰：'诗穷而后工。'诗之必穷，而穷人之必工，其理然也。"❶

（钱谦益《牧斋初学集》卷三十二）

文章憎命达、愁苦之音易好是对温柔敦厚诗教的逆反，穷故有了无所顾忌吐真言、不平则鸣的勇气，激切与哀怨都被穷而后工地畅快吐露。

一代有一代之文学。唐代是诗歌繁荣的时代，不同派别、风格的诗人辈出，佳作频现。闻一多先生对当时的文坛做了精辟的点评：

"这像是元和长庆间诗坛动态中的三个较有力的新趋势。这边老年的孟郊，正哼着他那沙涩而带芒刺感的五古，恶毒的咒骂世道人心，夹在咒骂声中的，是卢仝、刘叉的'插科打诨'和韩愈的洪亮的嗓音，向佛老挑衅。那边元稹、张籍、王建等，在白居易的改良社会的大纛下，用律动的乐府调子，对社会泣诉着他们那各阶层中病态的小悲剧。同时远远的，在古老的禅房或一个小县的廨署里，贾岛、姚合领着一群青年人做诗，为各人自己的出路，也为着癖好，做一种阴暗情调的五言律诗。"❷

在古老的禅房或狭小的廨署里闭门觅句、笔耕不辍，苦吟诗人钩章棘句地抒发了沉郁的诗意喟叹。他们全身心投入的推敲行为和苦情之作，受到了时人

---

❶ （清）钱谦益. 牧斋初学集（卷三十二）·冯定远诗序［A］. 胡经之. 中国古典美学丛编（中册）［C］. 北京：中华书局，1988：363.

❷ 闻一多. 唐诗杂论［M］. 沈阳：万卷出版公司，2015：79.

的瞩目。苦吟诗人代表作家贾岛的诗则受到了不少人的追捧：

"李洞,字才江,雍洲人,诸王之孙也。家贫,吟极苦,至废寝食。酷慕贾长江,遂铜写岛像,戴之巾中,常持数珠念贾岛佛,一日千遍。人有喜岛者,洞必手录岛诗赠之,叮咛再四曰：此无异佛经,归焚香拜之。其仰慕一何如此之切也。"❶

李洞出身亦贫寒,并且科举考场频频失利。也许是出于同命相怜,又因他天性勤勉,李洞极其仰慕贾岛,不仅塑了一尊贾岛铜像,奉为神佛日夜膜拜,对贾岛的诗亦视为无上权威的佛经焚香拜之,还有意效仿贾岛诗作,长于锤炼字句,诗风亦险怪冷峻。"药杵声中捣残梦,茶铛影里煮孤灯。"(李洞《赠曹郎中崇贤所居》)此诗的意象组合十分奇峭,彰显新意。他有的诗作纵横捭阖、恢宏清壮："开门风雪顶,上彻困飞禽。猿戏青冥里,人行紫阁阴。腊泉冰下出,夜磬月中寻。尽欲居岩室,如何不住心。"(李洞《题云际寺》)此篇与众多萧索孤寂的咏寺诗迥然异趣。在雄奇开阔的诗境中渲染了动中出静,浪漫脱俗,禅趣盎然的特点,浅浅的幽情依然萦绕。

不仅唐代苦吟诗人沉溺于感伤诗境,宋代不少文人亦效法了苦吟之风,强调雕琢打磨的必要性。如"江西诗派"代表作家陈师道,他的诗词创作多精致洗练且颇具深意,他毫不避讳地承认这是"此生精力尽于诗,末岁心存力已疲"(陈师道《绝句》)的锻炼求工之果。他闭门造句而有"吟榻"的习惯,即心中一旦萌生了佳句,则急忙回家卧榻,蒙在被子里专心致志地写诗,直至拈出全篇,才钻出被窝。然后他把新作贴于墙壁,坐卧之间不忘反复琢磨,昼夜不息、笔耕不辍地修改完善；如果最终都无法满意,则断然将诗稿弃之,他的创作必经日锻月炼的锤炼之功,一字不敢草率含糊。"揭之壁间,坐卧哦咏,有窜易至月十日乃定,有终不如意者,则弃去之。"(见徐度《却扫编》卷中)他的家人平时亦不敢惊扰他专心写作,甚至抱着孩童远离以让出清净创作空间。

作家将身世之恨融入了世情之悲中,以清冷色调敷写了兴亡动荡、人间忧患、命运无情等残败之象。

---

❶ (元)辛文房.唐才子传[M].郑州：中州古籍出版社,1987：408.

（二）感情基调

文如其人，文章的风格多由诗人的气质所塑、性情所染。据史料记载，孟郊的性格十分孤僻、与众寡合。正是孤高的脾性，使得他能更充分地返观自己内心的波澜，不违心地表达心声。

"晓饮一杯酒，踏雪过清溪。
波澜冻为刀，剚割凫与鹭。
宿羽皆剪弃，血声沉沙泥。
独立欲何语，默念心酸嘶。
冻血莫作春，作春生不齐。
冻血莫作花，作花发孀啼。
幽幽棘针村，冻死难耕犁。"

（孟郊《寒溪》其三）

独立默念者即为诗人的化身，他感受着刺骨的悲凉和浓烈的悲怆，所有的物色皆染上了血色的惨淡，一字一血泪，如泣如诉，令人不忍卒读。

又因大化流行、物理隆衰，诗人推荡磨砺其中，因有所触、故有所感，心扬造化，促成了诗人在波涛起伏中激扬鸣咽，其心曲隐微则不吐不快。各种五味杂陈、百感交集都化作了声声叹息。"夜学晓未休，苦吟神鬼愁。如何不自闻，心与身为仇。"（孟郊《夜感自遣》）"心与身为仇"是指呕心沥血的写作，指因为创作的迫切、焦虑、刻苦和痴狂导致了身心高度紧张的状态。

正是此类"人间病态"给作家心理予以极大的重创，这种幻灭感流连于字里行间。所以，苦吟之作刻下了鲜明的时代烙印，又映射了独特性灵的艺术个性。所谓个性即主体心灵的象征，是先天生性、天赋和后天经历、习养等诸多因素综合构成的禀赋性格。"性癖艺亦独，十年作诗章。"（姚合《从军行》）诗人性格中孤僻、孤傲、狂狷、过于耿直等不合时宜的因素，使得他们与普通世人无法相容相知，却跟气质相投的诗人之间彼此惺惺相惜、相互酬唱，由于文学活动的频繁互动，苦心孤诣的诗人们在创作风格上也趋同于奇谲瘦硬，造语清奇艰涩，从而形成了相似美学追求的文学集团。苏轼评价"郊寒岛瘦"，指"诗囚"孟郊、"诗奴"贾岛俩人的曲折命运相近，具有同是天涯沦落人的心有灵犀，都努力地精心刻镂苦语以求工，诗风多为清寒寂落，共同追求悲慨沉郁之调，诗人的苦涩之吟又让读者心神悸动。

二、苦吟的主题

不少有志的文人雅士会希望自己的文章能成为"经国之大业，不朽之盛事"，但真正能实现此宏伟抱负的人为之甚少，不可望文字达，则只能因文字穷，使诗文成为穷途落拓的残缺典型。以贾岛为例，曾经出家为僧，骨子里深受佛教苦谛观的影响，深知人生无常、苦海无涯，所以悲观消极的观念一直伴随其终老。贾岛对好诗佳句的渴慕，"千疮求半偈"一如苦行僧求佛法真谛的真诚迫切愿力。他忘我且忘机地沉浸在诗文的乐与忧中，不乏"只在此山中，云深不知处"（贾岛《寻隐者不遇》），"独行潭底影，数息树边身"（贾岛《送无可上人》）等超尘脱俗之作，远离尘世的隐者的恍惚隐现、行无定踪的洒落自在，在其诗作中氤氲了扑朔迷离的禅味与清幽深杳的情味，形成了贾岛诗的韵味不同于其他一派愁云惨淡苦吟之作：

> "他目前那时代——一个人走上了末路的荒凉，荒凉、寂寞、空虚，一切罩在一层铅灰色调中的时代，在某种意义上与他早年记忆中的情调是调和，甚至一致的。惟其这时代的一般情调，基于他早年的经验，可说是先天的与他不但面熟，而且知心，所以他对于时代，不至如孟郊那样愤恨，或白居易那样悲伤，反之，他却能立于一种超然地位，藉此温寻他的记忆，端详它，摩挲它，仿佛一件失而复得的心爱的什物样。早年的经验使他在那荒凉得几乎狞恶的'时代相'前面，不变色，也不伤心，只感着一种亲切、融洽而已。"[1]

正是由于禅味的调和，习禅修道的贾岛之诗绝非冰冷刺骨，而是温寻摩挲记忆，添了一份温情，即使荒凉也绝非死寂一片，飘入一丝清凉。没有了声嘶力竭的哀鸣，而对俗世波澜多了寂而常照的静观。身处贫贱忧患，依然保持清新自然的淡泊闲远之美，难能可贵。清寂的情调使玩之者无穷、味之者无厌。

贾岛还俗以后应举落第、仕途坎坷，一生落魄，所以他只能将自己无法施展于建功立业上的才华，全心投入文学创作，将落拓失意移情于字里行间："碌碌复碌碌，百年双转毂。志士终夜心，良马白日足。俱为不等闲，谁是知

---

[1] 闻一多. 唐诗杂论[M]. 北京：北京出版社，2014：97-98.

音目。眼中两行泪，曾吊三献玉。"（贾岛《古意》）三献玉是出自《韩非子》的典故："春秋楚人卞和得璞玉，献之厉王，王以为诳，刖其左足；复献武王，又刖其右足；后献文王，王理璞，果得玉，名之曰和氏璧。"楚人和氏诚心奉上好之玉，却被指为是普通陋石，和氏非常伤心，甚至泣泪为血，直至文王慧眼发现了这块宝玉。贾岛以此典故影射自己怀才不遇和屡屡碰壁的遭遇。贾岛诚挚书写自己的心灵历程，虽然让人读之感慨唏嘘，又能使人体味其中绵绵情致。

苦吟诗人每逢时运不济时，他们意在针砭批判。现实的阴影便复投于文字上，诗歌因此被笼罩了晦暗、阴冷、惨淡、凌冽、仄逼的氛围，复现了心理状态和情感特征，诗人颓放的思想都被融入了惨败、枯瘦的格调营造中，心有戚戚方以诗自遣。

"秋气悲万物，惊风振长道。登高有所思，寒雨伤百草。
平生有亲爱，零落不相保。五情今已伤，安得自能老。"

（孟郊《感怀》其二）

诗歌以悲秋起笔，由登高引思，再将"寒雨"拟人化，不仅伤百草，还触动了诗人的伤情，人生在世不称意却无所安栖、无可依靠，本有喜怒哀乐怨等复杂的情感，如今都被世间的零落所刺痛，却无能为力，只能在痛苦的默默承受中枯老。

天地悠悠，过客匆匆，漂泊不定与离愁别绪是文学的永恒母题。唐代另一位著名苦吟诗人姚合，创作了大量送别主题的诗歌："寻山屐费齿，书石笔无锋。果熟猿偷乱，花繁鸟语重。"（姚合《送王澹》）"马上过秋色，舟中到锦川。峡猿啼夜雨，蜀鸟噪晨烟。"（姚合《送友人游蜀》）"懒作住山人，贫家日赁身。书多笔渐重，睡少枕长新。野客狂无过，诗仙瘦始真。秋风千里去，谁与我相亲。"（姚合《别贾岛》），多情自古伤别离，无论是离别不舍还是别后追忆，有遗憾、有悲怨、怆恨，还有期望、劝慰、祝福等五味杂陈，内心情感几经波折，诗人极力渲染离情的真切与深切，感叹聚散无常，分合无期。路途崎岖险阻、遥远缥缈是心灵旅程的象征，而人生之旅步履蹒跚，是难逢知己的孤独。

去意徘徊，别语愁难听。作家对多情伤别、缘断梦碎的心理状态进行了细致入微的透视，还注重勾画烘托送别场面情景的野逸清瘦的意境，尤其是对途中清幽孤峭的意象塑造别具匠心，对常规意象重新打造、变形，对情景别出心裁的营造剪裁，不落陈俗老套的窠臼，让人在意想不到的阅读体验中获得惊奇的审美效果。

身心俱疲的心灵仿佛苦海中的一叶扁舟，风雨飘摇，难以抵达彼岸。"病多怜骨瘦，吟苦笑穷身"（翁卷《秋日闲居呈赵端行》）形销骨立多病身又遭穷途险路，字字血泪，吟苦诉苦自成了宣泄郁积苦闷的方式之一。通过艺术将精神的苦楚进行了有效心理转移，既有穷愁潦倒的透骨悲凉，又有自嗟自叹的自我慰藉，又有沧海桑田的生命体悟。千疮百孔的心灵在追问诗情之途，与赤诚诗心久别重逢，实现了审美的解脱。

三、苦吟的艺术

苦吟诗人以饱满激切的感情贯注于文学创作与诗艺提升，可谓呕心沥血惊魂。他们在自己的艺术天地里徘徊、沉醉，常常因思而不得失意怅然，又会为苦心经营后的称心如意而喜出望外，他们亦悲亦喜地袒露着自己的精神，苦中有乐地全盘托出自己的精心、苦心和诗心，甚至画地为牢成为"天高地厚一诗囚"，他们的眼光聚焦于天地细微之处，忧人成苦吟，达人为高歌，由细腻心灵捕捉和塑造的意象多为不起眼之物，既能发现世间物华的独特，又怜惜渺小凡物的衰飒，蝉、虫、猿、草、石、苔、萍、书、药等最琐细寻常之物入了诗人的法眼，幽微之物、苍凉之景、凄苦之情妙合无垠，圆融相因地交感于英灵玉响，重新焕发灵性的微光。这种写法十分独特，化轻为重、化重为轻、疏密相承之间张弛着作者灵心妙笔的跳跃转合："生闻西窗琴，冻折两三弦"（贾岛《朝饥》），"萤从枯树出，蛩入破阶藏"（贾岛《寄胡遇》），"苦吟堕饥蝉，巧咏发轻簧"（赵师秀《官田之集翁聘君失期陈伯寿赋诗率尔次韵》），力求达到生新尖巧的美学效果。

诗人多具有触目菩提的智慧，以及炼意精妙的造诣。正是对微渺琐细的用心观照和传神咏叹，既寄托了自己的身世之叹，又发现了凡物的可爱、可贵与可惜之处，故能与造物同其妙。此幽寻苦索的过程仿佛漫长的渐悟，有时候煞费苦心、捻断数须亦竟日觅不得，甚至两句三年才得，这对诗人的身心都是极大的煎熬与考验；然而有时正好遇到了作诗的天机，待时而发、缘情体物，便可豁然开朗，佳句自然流出的刹那顿悟。不仅与情景适会，甚至如有神助，仿佛神灵附体或灵感涌现而妙笔生花。后者诗味的畅快获得，表面看来冲口信笔,不似夜吟晓不休、诗思太苦的苦吟,其实归根结底是不乏平日的积累锻炼之功,思维路断尽处,忽有所悟,心中早已积攒了诗才诗情,灵气触处多,才有刹那间电石火光的美感诞生。

然而,学者对搜尽枯肠的苦吟之作仍持有不少批判意见,认为过于破碎急促、间架太窄,凝滞了尖酸的酸馅气:

"武功诗语僻意浅,大有伧气,惟一二新异之句,时有可采,然究非正声也。(司空图)固是苦吟有悟,亦由骨韵本清。姚武功搜尽枯肠,终是酸馅气。武功诗欲求诡僻,故多琐屑之景,以避前人蹊径。佳处虽有,而小样处太多。'武功派'所以不佳,正坐着力都在没紧要处。若盛唐大家却在紧要处用力,其象外传神,空中烘托之笔,亦必与本位秘响潜通,神光离合,必不是抛落正意,另自刻画小景。"[1]

古人对姚合(姚武功)批评十分犀利,指出其故意求奇求新,却容易落入"碎屑景"的狭小和"没紧要处"的局限,探其根源在于在"小样处"用力过猛,多有伧气,伧气即粗鄙浅俗的风格,伧气与平实的文风不同,平实多为率真自然,毫无雕琢的痕迹,而伧气则流于平庸浅显、纤碎害道,因不具备俯仰天地的超迈胸襟,则缺乏了神光离合的大气象,刻画小景则难以玲珑灵动。

此外,苦吟诗歌多有病态羸弱的特点。由于诗人深受身体病苦和心理创伤的双重压迫,又因生活穷愁雪上加霜,备受煎熬的身心笼罩了苦寒困厄的苍凉。当身如槁木、心如死灰,促使他们对世界的感受变得更敏锐更纤弱,在逆境和危机中潜藏了深刻的绝望,偏执、孤僻的性情进一步加剧了诗歌的悲情残意,酿造了万念俱灰的吟苦。吟苦不仅使人憔悴:"秋风百露沾人衣,壮心凋落夺颜色"(孟郊《出门行》)。"扬州蒸毒似燀汤,客病清枯鬓欲霜。"(卢仝《客淮南病》)诗人眼中的万物也多被剥夺了生机,生命的活力被病态消磨殆尽:

"不寐亦不语,片月秋稍举。

---

[1] 陈伯海主编.张寅彭,黄刚编撰.唐诗论评类编(增订本)(下)[M].上海:上海古籍出版社,2015:1300.

孤鸿忆霜群，独鹤叫云侣。

怨彼浮花心，飘飘无定所。

高张系绰帆，远过梅根渚。

回织别离字，机声有酸楚。"

(孟郊《离思》)

  孤鸿和独鹤清晰地镌刻着孤独的意味，孤独常常是一切病态的心源与症结所在，孤独会激起恐惧、狂躁、悲愤、怨恨、绝望等一切精神分裂的可能，孤独的信号会游走于意识与潜意识之间，吞食人的正常情绪。孟郊这首诗中的意象仿佛染上了落寞的情绪，尤为凄苦，折射和映衬着诗人的心力交瘁的状态："冷露滴梦破，峭风梳骨寒。席上印病文，肠中转愁盘。"（孟郊《秋怀十五首》之二）。由于刻骨铭心的痛感会不断敲打着作家的神经，所以作家往往热衷于病态的塑造，并对病因深层掘进，不废哀音。病态的悲吟总是低沉忧闷的，孤寂酸楚而催人泪下。病态意象是苦闷的象征，哀怨之调强化了作品的阴郁色彩，又深化了主题的批判性，并在情感尺度指向了悲情意味。

  诗人对苦闷的探索，造成积忧成疾。贾岛一生褐衣蔬食，长久被病魔缠身，曾"一卧三四旬，数书唯独君"（贾岛《卧疾走笔酬韩愈书问》）大病不起，生活极其拮据。大文豪韩愈对贾岛有知遇之恩，且对贾岛关怀备至，不仅在精神上殷切地关心贾岛，在经济上也支援过贾岛，在贾岛心中与"唯独君"的友谊难以割舍，可谓有情有识的患难莫逆之交。尽管如此，贾岛依然感叹孤独无助难以根除："泪落故山远，病来春草长。知音逢岂易，孤棹负三湘。"（贾岛《下第》）晚景则更寒酸凄凉："经年抱疾谁来问，野鸟相过啄木频。"（贾岛《咏怀》）孟郊对贾岛的困顿感同身受：

"长安秋声乾，木叶相号悲。瘦僧卧冰凌，嘲咏含金痍。

金痍非战痕，峭病方在兹。诗骨耸东野，诗涛涌退之。

有时踉跄行，人惊鹤阿师。可惜李杜死，不见此狂痴。"

(孟郊《戏赠无本》)

  身体上的痛疾衰弱也许有痊愈的机会，而由于病态的社会造成了人的心理、精神层面的病态凄凉往往无药可救，外部环境的风刀霜剑严相逼，主体理想的失落导致了与纷扰俗世的疏离，岁月在蹉跎流逝，人在苟延残喘，进一步恶化了贫病交加的苦楚，他们的文学创作力却没有丝毫衰竭："一日不作诗，心源如废井。笔砚为辘轳，吟咏作縻绠。朝来重汲引，依旧得清泠。"（贾岛《戏赠友人》）在徘徊吟哦的表情达意中，酝酿着诗文凄风苦雨的格调和清寒悲怆的美学风格，丰盈着奇僻幽深的艺术性。音响一何悲，其感化之力使人垂涕。

愁思之音最能反映恻隐之心与引起怜悯之情，病态书写与创伤文学的传统故而能从古延续至今。作家的笔端涵容了对世态的批判锋芒，伟大的鲁迅先生铁肩担道义，总能切中时弊地揭露和批判中国人根深蒂固的病态，深感精神层面的惯性愚昧、麻木不仁是时人病入膏肓的顽疾，他对人世的冷漠和残酷看得极其透彻，也深刻体会到了生命的脆弱和个体的无奈，怒其不争又哀其不幸：

"我便觉得医学并非一件紧要事，凡是愚弱的国民，即使体格如何健壮、如何茁壮，也只能做毫无意义的示众的材料和看客，病死多少是不必以为不幸的。所以我们的第一要著，是在改变他们的精神，而善于改变精神的是，我那时以为当然要推文艺，于是想提倡文艺运动了。"

（鲁迅《呐喊·自序》）

鲁迅一针见血地指出了病症的要害在于精神患病的不幸，而文艺的力量是改善精神疾病的一剂良药。这种力量的源泉可追溯于历史悠久的中国古典文学，不可否认古代苦吟诗人在病态的展示过程中，也在试图探索治愈患疾和淬炼心灵的方法，他们隐隐感觉到了文学宣泄所释放痛苦、甚至是继续沉沦的快感。尤其当病态成为普遍存在的症候，成为时代弊病的折射，成为洞彻灵魂的一面镜子，它既具有残缺性、毁灭性，又流露着虚弱的美感。所以，作家未曾回避对病态的刻画，甚至充满热忱地挖掘疾病隐喻的深刻内涵，作家创作的渴求和责任感促使了他们倾尽心思去寻找疗化内心、平衡情感的良方，从而责无旁贷地铸造诗意的灵感。在遍体鳞伤的伤痕上，又是安放病态伤情的自省地、疗养地，怊怅述情、沉吟铺辞成为了灵魂救赎的可能。

四、苦吟的弊病

苦吟作家虽然主观意愿上求精求工，但常因过于纠缠拘泥于某一字句，则未能佳篇必现，难以情切辞达，"虽镂心钵肾，刻意雕琢，而取径太狭，终不免破碎尖酸之病。"（《四库全书总目》卷一六二《芳兰轩集》提要）由于受拘于刻意雕琢的束缚性，诗学视野未免逼仄，艰涩有碍真情流露，缺乏一气呵

残缺的美学观照与诗意追问

成的浑然天成，破碎尖酸则成为了苦吟文章最大的弊病。

王夫之认为推敲揣摩是妄想的表现：

"'僧敲月下门'，只是妄想揣摩，如说他人梦，纵令形容酷似，何尝毫发关心？知然者，以其沉吟'推敲'二字，就他作想也。若即景会心，则或推或敲，必居其一，因景因情，自然灵妙，何劳拟议哉？'长河落日圆'，初无定景。'隔水问樵夫'，初非想得。则禅家所谓现量也。"

（王夫之《姜斋诗话》卷二）

王夫之借用禅家现量观鞭辟入里地点出了"推敲"的妄失。诗有妙悟偶得之，非关理也。句会飘然得，天机自然成。佛学中量的概念，来源于印度因明学，指意识观念的本身与形成。比量要凭据逻辑理路的分析思量，往往壅塞有隔。现量是不参思维推理、不作分别比较的现实量知、纯粹感觉："能缘行相，不动不摇，自唯照境，不筹不度，离分别心，照符前境，明局自体，故名现量。"❶

现量指对日用寻常目击道存，在平夷处尚可见工夫，自然舒展本色天然的清诗，这种当下直觉地观照同时又是一种审美体验的方式，故而现量亦是重要的美学范畴。在自性清净中寻妙，即景会心、任心是道地将妙道不加雕饰地任情吐纳，经过随波逐浪的时空脉络随物赋形，流露现量中的自然英旨，以自然天性的时空原貌和自然而然的时空顺随两种方式，无拘无束、随性自在对应着文无拘忌、直寻真美的清新。

创作应该犹如禅家现量的一超直入，即景会心不做他想，不以苦思力索、心底不藏机巧，清虚便利的"闲吟""清吟"才能灵妙忘情，明代的都穆也强调了在常言和闲吟中率性地等闲拈出亦超然："学诗浑似学参禅，不悟真乖枉百年。切莫呕心并剔肺，须知妙语出天然。"❷ 毫无矫饰、无可造作为最上乘。一经思量推理，有了分别执着，任何的矫饰都会失真，不如尊重审美直觉，重视审美的当下性、直接性，诗心与万物相通相感的一瞬间体悟，才能见山还是山、见水还是水。无奈苦吟诗人欲以标新立异，却常常白费心力。因为苦吟要

---

❶ 因明入正理论疏.《大正新修大藏经》（第44册）[M].
❷ （明）都穆.学诗诗[A].郭绍虞.中国历代文论选（第二册）[C].上海：上海古籍出版社，2001：349.

挖空心思，创作的过程顾虑重重，则挂碍重重，内心不得澄怀虚静，言未穷而意已竭，诗句自然无法通透，无法清明。所以，字斟句酌的苦吟催生了精致之作，偶也妨碍了无滞无碍的境界，确为事实。

此外，苦吟之作难得浑然流畅还只是形式之弊，更让读者觉得遗憾得是，如贾岛等诗人因为在语言形式上用力过度，导致了内容的逼仄空虚，新意创意欠缺，激情寡薄。或者过多酬唱应答之作，主题的单一、风格的单调，也限制了诗人的风流快咏的才情尽显。

所以，"苦吟派"作品除了流于伧气，匠气也很重。由于过于炼字造句，雕琢之力、刻镂之工、斧凿之迹突兀，难免有矫饰造作。人间烟火味夹杂在佶屈聱牙的字里行间，难有清空悠远的逸格。沥血苦吟所勾勒之象往往生硬苍白，朴素亲切的力量少了，天然纯真的诗味淡了，匠气平庸之作难以激起心灵的颤栗，呆滞矫情终会使读者生厌。一味地在雕虫小技上下功夫，只会舍本逐末，诗境则难以开拓和深化。

苏轼针对孟郊诗的过于狭促曾提出尖刻的批评：

"夜读孟郊诗，细字如牛毛。寒灯照昏花，佳处时一遭。
孤芳擢荒秽，苦语馀诗骚。水清石凿凿，湍激不受篙。
初如食小鱼，所得不偿劳。又似煮蟛蜞，竟日持空螯。
要当斗僧清，未足当韩豪。人生如朝露，日夜火消膏。
何苦将两耳，听此寒虫号。不如且置之，饮我玉色醪。"

（苏轼《读孟郊诗》其一）

苏轼一方面对苦语承继了诗骚的言志抒怀的传统余风给予中肯的评价；另一方面毫不留情地讥讽诗人的过于琐细，难逢佳处。语言过于清浅鄙俗，难以打动读者。"又似煮蟛蜞，竟日持空螯。"形象地点破孟郊诗歌缺乏丰腴厚重的底蕴，诗风亦不足韩愈那样豪迈雄壮。

五、苦吟的影响

但凡考察文学流变的过程，一切文学现象都应放回元文化当中，结合时代美学风尚和作者生平经历来综合评估，才能得出相对公正的评价。功夫深处独心知，作家在凄风苦雨的摧折下苦苦挣扎，依然能惟妙惟肖地刻画众生相，从寻常里探索出奇崛，大悲与禅通，透露甘苦的人生真味。为了寻求心灵的解脱，敏感多悟的文人普遍皈依了诗门，他们既有消极失望的情绪，又有创化诗境的决心，惨淡经营亦不乏感人心魄的精品。另外，苦吟诗人重视比物讽刺的价值，通过对物的切磋刻镂映射动荡的时代危局、真幻的生命底蕴，以及深切的精神病态，对苦吟诗作的"解码"，使读者有机会领略别样时空的风云沉浮。

苦吟诗人和吟苦之作，所铸造的情感意象共感于生命物象，诗从肺腑出，饱含深情、流露真诚地感物吟志，诗苦动天地而引人注目，展现了一种平凡又不寻常的生命境界。由于众生都漂泊于苦海之上，每个人都有难以释怀的忧愁和无法圆满的遗憾，不分高贵卑微都能感同身受的幽微又灿烂之境，使人叹息而深许之。苦吟诗人对于苦难残缺是爱恨交加、悲欣相续，在诗性的一觞一咏中，流转迂回着惋惜与喜悦，恨诗歌带来了的心力之苦，却爱它激发的性灵之歌。因此，吟苦之作不局限于黯淡衰飒的格调，尚有奇崛、激峭、清冷、沉郁、寂静等多姿多彩的风格，缘情感物能出新意，嗟叹咏歌善感人心。

苦吟诗人中偶有命达者，但多为才高位卑的寒士，《唐才子传》中记载周繇："家贫，生理索莫，只苦篇韵，俯有思，仰有咏，深造阃域，时号为'诗禅'。"人不能选择命运，但是可以自由地选择吟咏的方向。既然无路可走，诗歌便是苦吟诗人的宿命，他们往往甘于清贫、隐忍寂寞，安于卑末的、无益于富贵通达的写作，不求声名大噪，只求问心无愧。他们对写诗热忱与刻苦程度，非常人能及。

多少人蝇营狗苟地追求浮世里的繁华，沉沦于乌烟瘴气中不可自拔，而苦吟诗人安贫乐道、对艺术孜孜不倦地锐意追求的精神，衣带渐宽终不悔，为伊消得人憔悴，对诗歌全身心地忘我倾注与执着，为人所钦佩。反顾世事，他们动情地观物，寂静地观心，把玩着自成风格的诗学策略：虽彷徨周旋、忧思难忘，却依然珍爱一切自然风物；虽流连于凄切衰败之象，却能提炼其艺术元素，结构穿幽透深的诗性空间；虽无法从残缺中涅槃，仍勇敢接受炼狱的考验，复活于苦心孤诣而颇见功力的诗歌实践，凸显诗歌精切的表现力与丰富的感染力。

此外，苦吟除了强调"苦"外，还注重"吟"，"吟"贯穿于学诗、作诗、赏诗始终。吟即在反复吟咏、涵泳至臻的作诗和改诗的过程。苦吟累日，他日取读，依然发现瑕疵百出，只能继续修改，精雕细琢，直至脱胎换骨。一声一声地悲吟，一寸一寸地感悟，坚持对艺术一丝不苟的态度，其间搜奇抉思虽有曲折，然终有自得之趣。

"小律诗虽末技,工之不造微。不足以名家。故唐人皆尽一生之业为之,至于字字皆炼,得之甚难。但患观者灭裂,则不见其工,故不唯为之难,知音亦鲜。设有苦心得之者,未必为人所知。若字字是,皆无瑕可指。语意亦淡丽,但细论无功,景意纵全,一读便尽,更无可讽味。此类最易为人激赏,乃诗之《折杨》《黄华》也。譬若三馆楷书作字,不可谓不精不丽;求其佳处,到死无一笔,此病最难为医也。"

(魏庆之《诗人玉屑》)

其实,苦吟之风不仅盛行于唐代文人,而且时人与后代文人亦有所承袭。甚至是勘破红尘,又识得人间如火宅的诗僧,充满恻隐慈悲之心而热衷于苦吟。"断壁分垂影,流泉入苦吟。悽凉离别后,闻此更伤心。"(皎然《啼猿送客》)离情流入了苦吟中,凄凉更惹心酸。"天悲朝雨色,岳哭夜猿声。不是心偏苦,应关自古情。"(归仁《题贾岛吟诗台》)人心郁结了太多的苦楚,天若有情天亦老。"吟向霜蟾下,终须鬼神哀。"(贯休《咏吟》)也是道出了苦吟感天动地的悲怆。

甚至是清末的高僧敬安,号"八指头陀",少年时父母双亡,他独自孤苦成长,曾经看到白桃花在风雨摧折下飘零,顿悟世间大苦而出家为僧,燃指剜肉一心向佛。"渺渺身何往,萧萧鬓已斑。乱云生树密,秋雨闭门闲。有爱都妨道,无心更买山。只愁孤笠影,乞食到人间。"(释敬安《暮秋书怀》)若执着于爱憎之情,人生始终被惆怅于得失所误。敬安热爱作诗,他的诗亦是经认真思索感悟的苦吟而得,却淡化了惨烈嗟叹的嗔恨,流淌着清空的出尘禅味:"紫云最高处,飞锡共登临。秋老山容瘦,天寒木叶深。西风孤鸿唳,流水道人心。坐久林塘晚,寥寥钟梵音。"(释敬安《暮秋偕诸子登衡阳紫云峰》)作者在诗中匠心独运地设计了秋老山瘦,天寒木枯,孤鸿悲唳等残缺意象,诗境亦十分萧散苍凉,曲终笔锋徒然转到了寥寥钟梵音,暮霭里缥缈而至地钟声仿佛隔断了尘世的烦恼,坐久诸缘息的"枯木禅",流水泠然使人心清净。"一觉繁华梦,性留淡泊身。意中微有雪,花外欲无春。冷入孤禅境,清如遗世人。却从烟水际,独自养其真。"(释敬安《白梅诗》)白梅孤傲清冷,却澹泊无欲,仿佛诗人超然心境的写照,世人称其"白梅和尚"。由此可见,诗僧的苦吟多自有高格,是寂而常照、照而常寂的妙悟所然,隽永有味。

"万事不关心,终朝但苦吟"(许棠《言怀》)是文人对人生理想的宣言,当写诗成为生命中不可或缺的头等大事,"笔落惊风雨,诗成泣鬼神",为写诗殚精竭虑是为艺术,品味生存百味更是为人生,诗人悲复笑、吟苦生凉风,在苦吟之外多了闲吟的趣味,收获了苦尽甘来的诗艺满足,证悟着诗人自我价值和美学理想。诗人对每一字句的切磋打磨,不仅体现了精工吟咏的心血,也反映了他们对艺术臻境的追求,这些努力一定程度地促进了诗艺的发展。而当审美主体能够以心度心地涵泳、以情度情地移情,也许才能体会其中妙不可言的深湛之思。

第七节 哀悼:此恨何时已

生死事大,世间其他不过闲事,对生命的终极关怀尤能引人深思。"悲哉人道异,一谢永销亡"(沈约《悼亡诗》),阴阳相隔也是人类需要面对的最痛苦的宿命。人的性命如逝川不复还,"翳然乘化去,终天不复形"(陶渊明《悲从弟仲德》),音容笑貌不复再现,永别故人,人们或歇斯底里,或鼓盆而歌,或长歌当哭,以各自的方式表达心中挥之不去的彻骨悲凉和永远的怀念。其实,由于已故之人的身份不同,追悼者的情感融合了情、德、仁、忠、义等多方面的元素,是伦理纲常与社会秩序的共同反映。哀悼除了抒发对灰飞烟灭的悼念之外,更多的寄存了对真情飘逝、往事如烟、生命摇落之沉重生命体验的无限感慨。一度思卿一怆然,此恨绵绵无绝期。尼采言:"一切文学,余爱以血书者。"天涯哭此时,让我们一同聆听如泣如诉、凄婉动人的悲歌,品味哀悼之情深意切的残缺美。

悼亡的传统古已有之,我国第一部诗歌总集《诗经》则有记载。

"葛生蒙楚,蔹蔓于野。予美亡此,谁与?独处?
葛生蒙棘,蔹蔓于域。予美亡此,谁与?独息?
角枕粲兮,锦衾烂兮。予美亡此,谁与?独旦?
夏之日,冬之夜。百岁之后,归于其居。
冬之夜,夏之日。百岁之后,归于其室。"

(《国风·唐风·葛生》)

葛生为藤本植物,蔓延山野,以此物起兴,一唱三叹地表达绵绵未尽的思念。丈夫死后,真是寤寐思服,独行独息皆无味,日夜流转、春去秋来地熬过漫长的余生,直到百岁之后死同穴,才能重逢于黄泉,再续未了前缘。

"绿兮衣兮，绿衣黄裹。心之忧矣，曷维其已！

绿兮衣兮，绿衣黄裳。心之忧矣，曷维其亡！

绿兮丝兮，女所治兮。我思古人，俾无訧兮！

絺兮绤兮，凄其以风。我思古人，实获我心！"

（《国风·邶风·绿衣》）

闻一多认为这是一首"感旧"的作品。绿色本身象征着蓬勃的生命力，人生苦短，然而当丈夫轻轻地摩挲着爱妻的遗物（绿衣）之时，青春不再，斯人已远，只能轻轻叹息，以兮字吟出了百转愁肠、万般思念，令人动容。曾经相濡以沫、患难与共的古人（妻子）独留下我一人在凄风悲凉的人间，妻子曾经体贴入微的相伴相惜"实获我心"。睹物思人，类似"绿衣"这种镌刻着思忆的意象，不仅呈于象、感于目，而且更能契会于心，唐代牛希济以饱含眷恋的笔触描摹物象以述情："语已多，情未了，回首犹重道：记得绿罗裙，处处怜芳草。"（牛希济《生查子·春山烟欲收》）绿萝裙可以视为延续了"绿衣"的意象，托物以言情。

最早明确以"悼亡诗"命名的诗作，出自有才情的美才子潘岳之手，用以纪念他和亡妻杨氏相守二十余年的伉俪情深。

"荏苒冬春谢，寒暑忽流易。

之子归穷泉，重壤永幽隔。

私怀谁克从，淹留亦何益。

黾勉恭朝命，回心反初役。

望庐思其人，入室想所历。

帏屏无仿佛，翰墨有馀迹。

流芳未及歇，遗挂犹在壁。

怅恍如或存，回遑忡惊惕。

如彼翰林鸟，双栖一朝只。

如彼游川鱼，比目中路析。

春风缘隙来，晨溜承檐滴。

寝息何时忘，沉忧日盈积。

庶几有时衰，庄缶犹可击。"

（潘岳《悼亡诗三首》其一）

"皎皎窗中月，照我室南端。
清商应秋至，溽暑随节阑。
凛凛凉风升，始觉夏衾单。
岂曰无重纩，谁与同岁寒。
岁寒无与同，朗月何胧胧。
展转盻枕席，长簟竟床空。
床空委清尘，室虚来悲风。
独无李氏灵，髣髴覩尔容。
抚衿长叹息，不觉涕沾胸。
沾胸安能已，悲怀从中起。
寝兴目存形，遗音犹在耳。
上惭东门吴，下愧蒙庄子。
赋诗欲言志，此志难具纪。
命也可奈何，长戚自令鄙。"

(潘岳《悼亡诗三首》其二)

"曜灵运天机，四节代迁逝。
凄凄朝露凝，烈烈夕风厉。
奈何悼淑俪，仪容永潜翳。
念此如昨日，谁知已卒岁。
改服从朝政，哀心寄私制。
茵帱张故房，朔望临尔祭。
尔祭讵几时，朔望忽复尽。
衾裳一毁撤，千载不复引。
亹亹朞月周，戚戚弥相愍。
悲怀感物来，泣涕应情陨。
驾言陟东阜，望坟思纡轸。
徘徊墟墓间，欲去复不忍。
徘徊不忍去，徙倚步踟蹰。
落叶委埏侧，枯荄带坟隅。
孤魂独茕茕，安知灵与无。

> 投心遵朝命，挥涕强就车。
> 谁谓帝宫远，路极悲有余。"

（潘岳《悼亡诗三首》其三）

诗人在这组悼亡组诗一气呵成地倾吐了痛惜之情。"如彼翰林鸟，双栖一朝只。如彼游川鱼，比目中路析。"潘岳曾经与妻同心同德、形影不离，而今茕茕独立、孑然一身。望庐思人、见物感怀，流芳尚在，佳人已逝。独倚空床，悲风劲吹，作者摧心断肠地连连叹息，泪沾衣襟。失魂落魄地徘徊在妻子的墓前，感今怀昔，作者非常恰切地道出了"回惶忡惊惕"的感受，表达了惶恐失措、无可奈何、遗憾追思等百味杂陈的复杂心绪。虽然不少人批判潘岳"性轻躁、趋世利"的人格作风，但是他的悼亡诗确实是真挚情感的痛彻心扉地表露，对妻子的怀念深切，日夜未息，忧心盈积。

"庶几有时衰，庄缶犹可击"折射出了庄子式的生命意识：命也无奈何，自有天理，不应忧生，不必惧死，应该顺应天理运化，顺其自然。然而时过境迁了，诗人本来期望可以拥有像庄子一样鼓盆而歌的超达从容，因始终未能忘怀丧妻之痛，而沉湎于几于绝望的悲吟。

潘岳确实善于哀诔之作，在他现存的八十余首诗中，哀悼类文章几乎占了半壁江山，哀悼对象不止于爱妻，还包括亡故的皇室贵族、亲朋好友等，传达出作者慨叹痛惜生命无常的无尽哀思。

> "惟元康二年春三月壬寅，弱子生。夏五月，予之长安。壬寅，次于新安千秋亭。甲辰而弱子夭，越翼日乙巳，瘗于亭东。感嬴博之哀，乃伤之曰：奈何兮弱子，邈弃尔兮丘林。还眺兮坟瘗，草莽莽兮木森森。伊逮世之遐胄，逮祖考之永延。咨吾家之不嗣，羌一适之未甄。仰崇堂之遗构，若无津而涉川。叶落永离，覆水不收；赤子何辜，罪我之由。"

（潘岳《伤弱子辞》）

潘岳奔赴长安，在长途跋涉中幼子夭折，葬于异乡。诗人痛失爱子，悲从中来，由叶落永离、覆水不收，以喻对死者"一往何时还，千载不复生"（潘岳《思子诗》）不能自持的沉痛。

最亲近的妻儿的相继去世，给予了他沉重的打击，情至不能自主时，他驰情怀悲地表达其伤逝凄楚的心境，真挚动人。清代诗论家陈祚明对潘岳的死别道情之作予以极高的评价：

"安仁情深之子，每一涉笔，淋漓倾注，宛转侧折，旁写曲诉，刺刺不能自休。夫诗以道情，未有情深而语不佳者。"

(陈祚明《采菽堂古诗选》)

潘岳的悼念，情感淋漓尽致，笔法深宛入微，情深且语佳，即情艺兼美。虽然有早于潘岳的悼亡性质的作品，但自他"名篇定制"始，确切以"悼亡"为题的诗风日趋成熟定型，奠基了悼亡诗在文学史上的特殊地位。

"寿诗、挽诗、悼亡诗，惟悼亡诗最古潘岳、孙楚皆有《悼亡诗》载入《文选》《南史》：宋文帝时，袁皇后崩，上令颜延之为哀策，上自益'抚存悼亡，感今怀昔'八字，此'悼亡'之名所始也。《崔祖思传》：齐武帝何美人死，帝过其墓，自为悼亡诗，使崔元祖和之，则起于齐梁也。"

(赵翼《陔余丛考》卷二四)

历代文人纷纷推崇效仿，使得感今怀昔的悼祭模式得以历久流传。

一、曾经沧海难为水，除却巫山不是云

诗人元稹年少丧父，家贫如洗，他天性聪慧且发愤图强，官至宰相，却因触犯权贵，陷入政治漩涡深受排挤而被贬谪。多舛的命运促成了诗人对人间冷暖最真切精微的体验。他对民间疾苦感同身受，对至亲之爱的感怀珍视。

元稹与妻子韦丛情笃意深，他们七年的婚姻虽短暂而刻骨。韦丛自从嫁与元稹，一直在多舛命运中饱受煎熬，生有五个孩子，却只有一个女儿存活。她作为丧子的母亲一定悲痛欲绝，但依然隐忍坚强地生活，不悔于色，不戚于言。面对家庭接二连三的变故，亲人相继的离世，元稹感慨万千，唯有寄情于众多悼亡之作以释心中苦闷："悼亡诗满旧屏风"（元稹《答友封见赠》），多凄婉至极，饱含了诗人的思念之苦。

"呜呼！叙官阀，志德行，具哀词，陈荐奠，皆生者之事也，於死者何有哉？然而死者为不知也，故圣人有无知之论。呜呼！死而有知，岂夫人而不知予之心乎？尚何言哉？且曰人必有死，死何足悲，死且不悲，则寿夭贵贱，缞麻哭泣，茕尔遗稚，惸然鳏夫，皆死之末

也，又何悲焉。况夫人之生也，选甘而味，借光而衣，顺耳而声，便心而使，亲戚骄其意，父兄可其求，将二十年矣，非女子之幸耶？逮归於我，始知贱贫，食亦不饱，衣亦不温，然而不悔於色，不戚於言，他人以我为拙，夫人以我为尊。置生涯於瀇落，夫人以我为适道；捐昼夜於朋宴，夫人以我为狎贤，隐於幸中之言。呜呼！成我者朋友，恕我者夫人，有夫如此其感也，非夫人之仁耶？呜呼嘘欷，恨亦有之。始予为吏，得禄甚微，以日前之戚戚，每相缓以前期，纵斯言之可践，奈夫人之已而。况携手於千里，忽分形而独飞，昔惨凄於少别，今永逝与终离，将何以解予怀之万恨。故前此而言曰，死犹不悲。呜呼哀哉，惟神尚飨。"

（元稹《祭亡妻韦氏文》）

这篇悼文言语直切，情真质朴，作为名门闺秀的韦丛，不慕虚荣屈身下嫁元稹，并没有享受富贵奢华的生活，甚至因元稹仅得微薄之禄，而食不饱、衣不温，虽然贫贱，韦丛却从无悔色、不尤不怨，心甘情愿与元稹相濡以沫、举案齐眉，生活虽清苦却甜蜜，反映了韦丛高尚勤勉的妇德。不幸的是，贤惠之妻二十七岁正值芳华，却因病去世，曾经双宿双飞，如今独存惨凄，元稹万恨难解。从携手到永别，诗人对夫妻曾经的恩爱无限留恋，又作《遣悲怀》三首，真诚地直写其事，直抒其情，声泪俱下地痛诉内心的苦涩落寞。

"谢公最小偏怜女，嫁与黔娄百事乖。顾我无衣搜画箧，泥他沽酒拔金钗。

野蔬充膳甘长藿，落叶添薪仰古槐。今日俸钱过十万，与君营奠复营斋。"

（元稹《遣悲怀》其一）

"昔日戏言身后意，今朝皆到眼前来。衣裳已施行看尽，针线犹存未忍开。

尚想旧情怜婢仆，也曾因梦送钱财。诚知此恨人人有，贫贱夫妻百事哀。"

（元稹《遣悲怀》其二）

"闲坐悲君亦自悲，百年都是几多时。邓攸无子寻知命，潘岳悼亡犹费词。

同穴窅冥何所望，他生缘会更难期。唯将终夜长开眼，报答平生未展眉。"

（元稹《遣悲怀》其二）

元稹回忆贤淑的妻子生前对己温柔体贴，将妻子的生前之恩和寻常家事娓娓道来，日常穿衣吃饭，无微不至地周细照顾，野蔬充膳、落叶添薪的清贫相守。"检得旧书三四纸，高低阔狭粗成行。自言并食寻常事，唯念山深驿路长。"（元稹《六年春遣怀八首》其二）类似的前尘往事总是不经意间轻叩作者柔软的心扉，当元稹无意间翻开亡妻曾经亲书的家信，尽管贤妻事不顺遂、食不果腹，未曾因穷潦倒而有丝毫抱怨，只是时刻牵挂奔波在驿路上丈夫的安危。"邓攸无子寻知命"暗示元稹与韦氏之间的五个孩子命中寿短福薄，贫贱夫妻百事哀，如此坎坷的命运让人深感心酸。患难夫妻共历艰辛，如今元稹俸禄充足了，生活质量得到了极大改善，而韦丛却已无福消受。"昔日戏言身后意，今朝皆到眼前来。"是对百事哀的无常人生的意外和无奈。"衣裳已施行看尽，针线犹存未忍开"明明已经睹物思人，却道"未忍看"，表现出诗人极其复杂的心情，缘分已断，追思难断，又不忍直面残酷的丧妻现实，却依然心存感念。北宋文人贺铸经历了"梧桐半死清霜后，头白鸳鸯失伴飞"（贺铸《鹧鸪天·半死桐》），失伴飞的他与元稹有着相似的心境，触景生情、无限惆怅："空床卧听南窗雨，谁复挑灯夜补衣。"（贺铸《鹧鸪天·重过阊门万事非》）出于补偿心切，元稹欲以多怜惜妻子的奴婢以解对妻子未能报恩的抱憾，甚至梦中送钱予妻，以转移、冲淡、弥补自己对妻子未报旧恩的愧疚之情，然而，这种转移显然是苍白无力的徒劳。此去经年，因思成梦："行吟坐叹知何极？影绝魂销动隔年。今夜商山馆中梦，分明同在后堂前。"（元稹《感梦》）魂牵梦绕的痴情与无计可消除的悲情，才下眉头，又上心头。他生未卜此生休，未知将来能否死后同穴或者他生缘会，这些期待的实现遥遥无期，别梦悠悠，此生遗憾终难了却。这三首诗让人体会到了他们夫妻之间点滴生活琐事中牵系着的浓浓温情恩情，随同诗人在追忆与追悔中感受其无法释怀的哀痛欲绝，催人泪下。陈寅恪在《元白诗笺证稿》视元稹的悼亡诗为古今绝唱：

"微之天才也。文笔极详繁切至之能事。既能于非正式男女间关系如与莺莺之因缘，详尽言之于会真诗传，则亦可推之于正式男女关

系如韦氏者，抒其情，写其事，缠绵哀感，遂成古今悼亡诗一体之绝唱。"❶

陈寅恪点明了元稹关于男女情爱的书写是其艺术特长，不仅自成风格，而且又具有典范性的价值。男女之间的情缘和故事是世俗的人间常情，无论穷达贤愚，生死别离皆是人生的必然组成部分，对日常生活的细致刻画和悠悠往事的深情追忆，缠绵哀感，可感可泣。情到深处，自有佳句千古流传："曾经沧海难为水，除却巫山不是云。取次花丛懒回顾，半缘修道半缘君。"（元稹《离思五首》其四）诗中借用了楚襄王与巫山神女热恋，神女离开时说自己"旦为朝云，暮为行雨"行踪不定，最终前缘消尽。元稹以此表达爱人离开后的心灰意冷之情。

元稹的悼亡作品常以平常话语细述寻常琐事，从细处着笔、专事白描，越是平凡的灼灼真情，越能让人体会亲近动情之处，至真至浓别具感染力，淳厚素朴方能恒久，故能引起读者的感动共鸣。

二、此恨不可穷，悲泪空流枕

贫贱夫妻能够共历风雨、惺惺相惜，是难能可贵的人间至情，北宋梅尧臣不但具有卓越的诗才，而且还有同甘共苦的妻子，当妻子去世后，梅尧臣恳请好友欧阳修为妻子撰写墓志铭：

"然谢氏怡然处之，治其家，有常法。其饮食器皿，虽不及丰侈，而必精以旨；其衣无故新，而浣濯缝纫必洁以完；所至官舍虽庳陋，而庭宇洒扫必肃以严；其平居语言容止，必怡以和。吾穷于世久矣，其出而幸与贤士大夫游而乐，入则见吾妻之怡怡而忘其忧，使吾不以富贵贫贱累其心者，抑吾妻之助也。吾尝与士大夫语，谢氏多从户屏窃听之，间则尽能商榷其人才能贤否，及时事之得失，皆有条理。"

（欧阳修《南阳县君谢氏墓志铭》）

墓志铭所载并无虚言，谢氏的确持家有方、怡和有礼，不仅是贤妻，而且

---

❶ 陈寅恪，陈美延编. 陈寅恪集·元白诗笺证稿[M]. 北京：生活·读书·新知三联书店，2001：103.

亦为良友。虽未能鸳鸯同白首，但休戚与共的往事历历在目，梅尧臣对谢氏相守之恩刻骨铭心，他用深情的笔墨写道：

"自尔归我家，未尝厌贫窭。夜缝每至子，朝饭辄过午。
十日九食齑，一日惋有脯。东西十八年，相与同甘苦。
本期百岁恩，岂料一夕去。尚念临终时，拊我不能语。
此身今虽存，竟当共为土。"

（梅尧臣《怀悲》）

梅尧臣的发妻谢氏是一位安贫乐道、贤惠美丽的女子，然而却不能相伴终生，他的"本期百岁恩，岂料一夕去"与元稹的"昔日戏言身后意，今朝皆到眼前来"都表达了对"爱别离"的猝不及防与无可奈何，梅尧臣也有如下悼亡三首以纪念他的"糟糠之妻"。

"结发为夫妇，于今十七年。相看犹不足，何况是长捐。
我鬓已多白，此身宁久全。终当与同穴，未死泪涟涟。"

（梅尧臣《悼亡三首》其一）

"每出身如梦，逢人强意多。归来仍寂寞，欲语向谁何。
窗冷孤萤入，宵长一雁过。世间无最苦，精爽此销磨。"

（梅尧臣《悼亡三首》其二）

"从来有修短，岂敢问苍天。见尽人间妇，无如美且贤。
譬令愚者寿，何不假其年。忍此连城宝，沉埋向九泉。"

（梅尧臣《悼亡三首》其三）

这三首悼亡诗与元稹的悼亡诗如出一辙，对妻子的赞叹、爱恋、缅怀之情皆溢于言表，情人眼里出西施，"相看犹不足"，他觉得谢氏的美是百看不厌，但爱妻长捐后，美且贤的回忆永远定格在了旧日时光里，梅尧臣的悲戚、寂寞之痛，日夜煎熬、消磨着他柔软的心灵，伤时泪满膺。

由于诗人思念之切，形容枯槁、恍惚终日，久别唯有梦中会，梦境是心碎至深的幻相：

"闭目光不扬，梦睹良亦审。
既非由目光，所见定何禀。
白日杳无朕，冥遇尝在寝。

第四章 残缺美的诗意表征

此恨不可穷,悲泪空流枕。"

(梅尧臣《梦睹》)

"忽来梦我,于水之左,不语而坐。

忽来梦余,于山之隅,不语而居。

水果水乎,不见其逝。山果山乎,不见其途。尔果尔乎,不见其徂。

觉而无物,泣涕涟如,是欤非欤。"

(梅尧臣《来梦》)

梦中冥遇,似梦非梦,似真犹幻,爱妻梦里伴左右,可是梦毕竟飘忽不定,梦中倩影稍纵即逝。诗人梦醒后又被无情的现实击碎,及至寤空垂泪。

即使梅尧臣续弦再娶刁氏,心中对谢氏依然念念不忘:

"生哀百十载,死苦千万春。

何为千万春,厚地不复晨。

我非忘情者,梦故不梦新。

宛若昔之日,言语寻常亲。

及寤动悲肠,痛逆如刮鳞。"

(梅尧臣《梦感》)

梅尧臣虽然有年轻貌美的少妻在侧,心底却无法安放对前妻旧情,"梦故不梦新"仿佛是对冥者执着的承诺,又是内心矛盾的表露,每当故人入梦,则肝肠寸断,悲恨未曾休。时常还会重返亡妻所在之处,风物依旧、梦断香销、悲恸难禁:

"甲申七月七,未明至三沟。先妻南阳君,奄化向行舟。

魂去寂无迹,追之固无由。此苦极天地,心膂肠如抽。

泣尽泪不续,岸草风飕飕。枬僵尚疑生,大呼声裂喉。

柂师为我叹,挽卒为我愁。戊子夏再过,感昔涕交流。

恐伤新人心,强制揩双眸。未及归旅榇,悲恨何时休。"

(梅尧臣《五月二十四日过高邮三沟》)

诗人挚烈的情感喷薄而出,抒发了感天动地的深切怀念与悲情:"此苦极天地,心膂肠如抽。"声嘶力竭的痛哭亦难以唤醒故人:"枬僵尚疑生,大呼声裂喉。"人面已新、心潮难平。感念旧情涕泪横流，又担心会引起新人伤心，不得不又复吞声忍泪。

无情的命运使梅尧臣伤痕累累，痛不欲生。丧妻丧子皆是泣血之痛，让梅尧臣几近精神崩溃，世人莫知其哀，他只能洒泪和墨、凝血成诗：

"天既丧我妻，又复丧我子。
两眼虽未枯，片心将欲死。
雨落入地中，珠沉入海底。
赴海可见珠，掘地可见水。
唯人归泉下，万古知已矣。
拊膺当问谁，憔悴鉴中鬼。"

（梅尧臣《书哀》）

以"雨落"与"珠沉"喻万物也许终有再见之机，而亲人永别，已无重逢之日。捶胸痛哭、憔悴折损，镜中的自己已经形神枯槁，悲不自胜。

"舟行次符离，我子死阿十。
临之但惊迷，至伤反无泣。
欸定始怀念，内若汤火集。
前时丧尔母，追恨尚无及。
迩来朝哭妻，泪落襟袖湿。
又复夜哭子，痛并肝肠入。
吾将仰问天，此理岂所执。
我惟两男子，夺一何太急。
春鸟独蔓延，哺巢首戢戢。"

（梅尧臣《丧子》）

前时刚丧妻，舟行途中，儿子竟然病逝。接踵而至的劫难让梅尧臣五内俱崩，却欲哭无泪。哪堪白发人送黑发人，梅尧臣遍览了人生的残酷，咀嚼人生的酸涩，苦不堪言！

纵观梅尧臣风雨凄苦的一生，虽然两位妻子都很贤淑，夫妻彼此恩爱甚笃。但是命运总是不断地捉弄他，丧妻、丧子、丧女的深哀巨痛无尽地折磨着梅尧臣，所感切肤之痛尤甚于常人。欧阳修称梅尧臣的作品为"穷者之诗"，是经历磨难和身处困境所吐露的真言，沉重的忧思感愤贯穿于穷而诗工中。

作家唯有积攒着诚意深情，方能质朴地直歌其事，无须矫饰也动人，自然流露率意平淡的美感，真味悠长，又不失言外之韵。梅尧臣既能铺写日常，又蕴含蓄意味，南宋魏庆之所载："圣俞金针诗格云：诗有内外意，内意欲尽其理，外意欲尽其象，内外意含蓄，方入诗格。"（魏庆之《诗人玉屑》）点出了梅尧臣清润灵动、真挚精微的风格，情致隽永。

一生憔悴为诗忙的梅尧臣，将肝胆欲碎哀恸铸入了诗魂，如今读来，无以名状的悲切，感人备至使人涕零如雨。

三、惟有潜离与暗别，彼此甘心无后期

诗王白居易的内心世界敏感而脆弱，他虽忧极心劳却能别创新词，一吟悲一事，一度思卿一怆然，真诚倾诉所遇所感所恨："事物牵于外，情理动于内，随感遇而形于叹咏者。"（白居易《与元九书》）具有怀旧感伤色彩的作品，不同于针砭时弊、锋芒毕露的现实讽喻作品，它们朴素无华而又不乏幽情缠绵、清丽流畅的文风与款款深情融合，长于情深意切，凄美动人。

诗者，根情。动人的爱情却总是难以终其圆满，花落缘浅只随光阴老去。不甘、不忍、遗憾等复杂情思、万分苦闷，都全部融入了诗人的浅吟低唱中。

"花非花，雾非雾。夜半来，天明去。
来如春梦几多时？去似朝云无觅处。"

（白居易《花非花》）

春梦飘逝无觅处，但一朝惊艳于芳华，便始终刻骨铭心，值得倾其一生去追忆回味。白居易年少时就爱上了貌若天仙、温柔可人的农家女湘灵，然而由于身份门第的悬殊，即便两情相悦也无缘共结连理。

分离酿成的殷切牵挂与苦涩思念，总是如影随形。遥想着远方的情人，无言独上西楼，也在凭阑忧切、痴痴守望，难免泣不成声：

"泪眼凌寒冻不流，每经高处即回头。
遥知别后西楼上，应凭阑干独自愁。"

（白居易《寄湘灵》）

诗人善于从他处着笔，天遥地远相思相悲，不得相见只能揣摩对方的情态，将心比心地表己之思量。"俱作独眠人"，料想着情人在清冷的寒夜也会孤枕难眠，透露自己的寂寞不堪，巧妙地道破了一种相思、两处闲愁的多情之苦。

"艳质无由见，寒衾不可亲。何堪最长夜，俱作独眠人。"

(白居易《冬至夜怀湘灵》)

面对"生别离"的诀别，白居易痛心地写下了"无后期"的绝望：

"不得哭，潜别离，

不得语，暗相思。两心之外无人知。

深笼夜锁独栖鸟，利剑春断连理枝。

河水虽浊有清日，乌头虽黑有白时。

惟有潜离与暗别，彼此甘心无后期。"

(白居易《潜别离》)

河水有清之日，乌头有白之时，而有情人未成眷属，注定是无言的结局。执手相看泪眼，无语凝咽，寂寂散去。今朝一别，后会无期。纵有千言万语更与何人说。至深至沉的感情都只能"潜"入记忆里，风花雪月从此缄默，忧从中来无断绝，情到深处只能浅唱一首首寂寞心曲。

朝夕厮守成泡影，即使湘灵孑然一身、苦苦守候也枉然，花自飘零水自流，千里烟波遥无期。白居易迫于世俗压力，只能迎娶门当户对的杨氏为妻。

不敢奢望再续前缘，切肤之痛从未平息，尤其在风雨凄迷之夜则心痛愈烈：

"我有所念人，隔在远远乡。

我有所感事，结在深深肠。

乡远去不得，无日不瞻望。

肠深解不得，无夕不思量。

况此残灯夜，独宿在空堂。

秋天殊未晓，风雨正苍苍。

不学头陀法，前心安可忘。"

(白居易《夜雨》)

"天不遂人愿，无法长相守，唯有长相忆。思悠悠、恨悠悠，终其一生、孤独一生。"

"身与心俱病，容将力共衰。老来多健忘，唯不忘相思。"

(白居易《偶作寄朗之》)

第四章　残缺美的诗意表征 ◆

白居易难以抹去心底的创伤，无处话凄凉。他大多数的感伤诗文，很可能源于对似水柔情的伤逝之情。

"七月七日长生殿，在天愿作比翼鸟，
天长地久有时尽，夜半无人私语时。
在地愿为连理枝，此恨绵绵无绝期。"

（白居易《长恨歌》）

作家在《长恨歌》中讲述了唐明皇与杨贵妃荡气回肠的爱情故事，实际上倾吐了自己思华年的绵绵遗恨。当此情已不可待，相去万余里、各在一天涯的生别离，一字一泪是啼血而鸣的悲悼。

"惆怅时节晚，两情千里同。
离忧不散处，庭树正秋风。
燕影动归翼，蕙香销故丛。
佳期与芳岁，牢落两成空。"

（白居易《感秋寄远》）

思君令人老，历经人间沧桑的诗人，始终没有放下两情零落的千古遗恨。

"别来老大苦修道，炼得离心成死灰。
平生忆念消磨尽，昨夜因何入梦来。"

（白居易《梦旧》）

白居易为了排遣苦情，而学习头陀法，苦练修道欲求剥离执念，却始终不能忘情曾经的燕莺呢喃、红袖添香，当旧情入梦，又会再度陷入沉沦，也能引起读者的遐思与联想。香山居士一生都没有逃脱情劫的心灵磨难。

"请再看
再看我一眼
在风中，在雨中
再回头凝视一次
我今宵的容颜

请你将此刻
牢牢地记住，只如

— 149 —

残缺的美学观照与诗意追问

　　此刻之后，一转身
　　你我便成陌路

　　悲莫悲兮，生别离
　　而在他年，在
　　无法预知的重逢里
　　我将再也不能
　　再也不能，再
　　如今夜这般的美丽"

（席慕容《生别离》）

　　一转身已成陌路，悲莫悲兮生别离的苦楚，其实只有如人饮水，冷暖自知。但诗人能情真意婉、深入浅出地表现心灵颤动的感觉。人非草木，孰能无情，后人细细品读和体味白居易的缘情之悼，会泪眼相照地呼应着那份尘缘的悲辛。

四、千里孤坟，无处话凄凉

　　大文豪苏轼走过了荆棘丛生的一生，幸运的是在他不同的人生阶段，总有一位贤且美的女子与他相知相伴。然而红颜薄命，他生命中的三个女子轻轻来，又匆匆走，使他终生都在追忆与缅怀，哭而铭之。

　　"十年生死两茫茫，不思量，自难忘。千里孤坟，无处话凄凉。纵使相逢应不识，尘满面，鬓如霜。
　　夜来幽梦忽还乡，小轩窗，正梳妆。相顾无言，惟有泪千行。料得年年肠断处，明月夜，短松冈。"

（苏轼《江城子·江城子》）

　　第一任妻子王弗逝世十年了，无须刻意想起，自是难忘，情深意笃的苏轼依然以沉重的哀情忆念亡妻。此中当有动人心魂的震撼力："有声当彻天，有泪当彻泉。"（陈师道《妾薄命》）从无处话凄凉的阴阳两隔，转至幽梦还乡，再回到千里孤坟所在的短松冈，起承转合自然纯熟，时空体验又富有新意。现实、梦幻、记忆之间错落穿越，亡妻若隐若现，红颜依旧，而我却风尘仆仆而憔悴落魄，纵使相逢不相识，无言以对，唯有泪眼婆娑。这是一首感天动地的悼亡绝唱，无论是情感的分量，还是时空搭建的层次，在思想性和艺术性上皆充满了感染力。

王闰之是苏轼的第二任妻子，当时乖命蹇的苏东坡正遭遇"乌台诗案"而生死难卜之时，王闰之心甘情愿地与苏轼共度患难。当王闰之卒于京师之时，苏轼深感有负恩妻，泪尽魂断，心酸地写下祭文：

维元祐八年，岁次癸酉，八月丙午朔，初二日丁未，具位苏轼谨以家馔酒果，致奠于亡妻同安郡君王氏二十七娘亡灵：

呜呼！昔通义君，没不待年。嗣为兄弟，莫如君贤。妇职既修，母仪甚敦。三子如一，爱出于天。从我南行，菽水欣然。汤沐两郡，喜不见颜。我日归哉，行返丘同。曾不少须，弃我而先。孰迎我门？谁馈我田？已矣奈何！泪尽目干。旅殡围门，我实少恩。唯有共穴，尚蹈此言。呜呼哀哉！

(苏轼《祭亡妻同安郡君文》)

王闰之温柔贤淑、勤俭厚道，对王弗的遗子苏迈视同己出，对苏轼照顾得无微不至。苏轼因为纳朝云为妾而曾冷落王闰之，"我实少恩"比照"莫如君贤"，凸显了王弗的仁爱善良和通情达理。苏轼带着忏悔和爱意许诺死后同丘，使人感泣。王闰之虽故去，但苏轼仍对她生前的慈悲温婉念念不忘：

"泛泛东风初破五。江柳微黄，万万千千缕。

佳气郁葱来绣户，当年江上生奇女。

一盏寿觞谁与举。三个明珠，膝上王文度。

放尽穷鳞看圉圉，天公为下曼陀雨。"

(苏轼《蝶恋花·同君生日放鱼取金光明经救鱼事》)

这首词记录了王闰之生前放生行善，对孩子百般宠爱，苏轼称其为"奇女"，既有对老妻的赞叹，又及悲君亡的怀念。

苏轼有幸结伴三位贤惠女子，但他最为钟爱和难以割舍的应是王朝云。他在"水光潋滟晴方好，山色空蒙雨亦奇"的西湖与"淡妆浓抹总相宜"的朝云萍水相逢，却一见倾心。善解人意的朝云也最能懂苏轼、体恤苏轼，苏轼对才情出众的朝云也是怜爱有加、欣赏有加，为她写下了大量缱绻浪漫的诗词。

"世谓乐天有鬻骆马放杨柳枝词，嘉其主老病，不忍去也。然梦得有诗云：春尽絮飞留不住，随风好去落谁家。乐天亦云：病与乐天相伴住，春随樊子一时归。则是樊素竟去也。予家有数妾，四五年相继辞去，独朝云者，随予南迁。因读乐天集，戏作此诗。朝云姓王氏，钱唐人。尝有子曰干儿，未期而夭云。

不似杨枝别乐天，恰如通德伴伶玄。

阿奴络秀不同老，天女维摩总解禅。

经卷药炉新活计，舞衫歌扇旧因缘。

丹成逐我三山去，不作巫阳云雨仙。"

（苏轼《朝云诗》）

并将白居易的典故引入诗中：白居易有一位善于唱歌的家妓叫樊素，却在白居易年老体衰的时候辞别。但是朝云至死都陪伴在苏轼身边，夫唱妇随，尽己之力宽慰深陷困境的苏轼，"经卷药炉新活计，舞衫歌扇旧因缘"道出了体弱多病的朝云对苏轼有情有义、不离不弃。

朝云无怨无悔地追随苏轼漂泊天涯，甚至流转至偏远的岭南，生活艰辛、历尽曲折，未曾离弃。不幸得是，枝上柳绵吹又少，柔弱红颜再次抱疾而终，天涯芳草零落。

"玉骨那愁瘴雾，冰姿自有仙风。海仙时遣探芳丛，倒挂绿毛么凤。

素面翻嫌粉涴，洗妆不褪唇红。高情已逐晓云空，不与梨花同梦。

（苏轼《西江月·梅花》）

以清婉娇美的梅花譬喻朝云的玉骨仙姿，全词不像其他悼亡词多着力显示沉痛，这首词举重若轻地书写美丽消逝之时，苏轼亦有逐晓云空之愿，充满了轻安空灵的诗意韵味。因为，朝云在他心中不是世间的俗脂艳粉，而是善美巧慧的——天女维摩。

"白发苍颜，正是维摩境界。空方丈、散花何碍。朱唇箸点，更髻鬟生彩。

这些个，千生万生只在。好事心肠，著人情态。闲窗下、敛云凝黛。

明朝端午，待学纫兰为佩。寻一首好诗，要书裙带。"

（苏轼《殢人娇·赠朝云》）

"好事心肠，著人情态"，敛云凝黛的绝代佳人，在苏轼心中如此美好，彼此相依的日子充满了情趣默契。苏轼越是难以忘怀，对朝云之死越是无法释怀。失去至亲的苏轼，深深自责因为迁于炎荒之地，妻儿万里相随，才会病疫而亡。

"千佛之后，二圣为尊。号曰楼至如来，又曰师子吼佛。以薄伽梵力，为执金刚身。护化诸方，大济群品。为悯海隅之有罪，久住河源之栖禅。屡显神通，以警愚浊。今兹别院，实在丰湖。像设具严，威灵如在。轼以罪责，迁于炎荒。有侍妾王朝云，一生辛勤，万里随从。遭时之疫，遘病而亡。念其忍死之言，欲托栖禅之下。故营幽室，以掩微躯。方负浼渎精蓝之愆，又虞惊触神祇之罪。而既葬三日，风雨之余，灵迹五踪，道路皆见。是知佛慈之广大，不择众生之细微。敢荐丹诚，躬修法会。伏愿山中一草一木，皆被佛光；今夜少香少花，遍周法界。湖山安吉，坟墓永坚。接引亡魂，早生净土。不论幽显，凡在见闻。俱证无上之菩提，永脱三界之火宅。"

（苏轼《惠州荐朝云疏》）

苏轼觉得有愧于一生辛勤、万里随从的朝云，祈愿佛力加持能使朝云早生无苦无染的净土，永脱苦难。实际上，也是苏轼欲借佛法的超脱精神冲淡苦恼和救治心病，以求清心安宁。

因朝云临终前诵念《金刚经》以叹无常："一切有为法，如梦幻泡影，如露亦如电，应作如是观。"苏轼为纪念朝云修建了"六如亭"，亲笔写下墓志铭：

"东坡先生侍妾曰朝云，字子霞，姓王氏，钱塘人。敏而好义，事先生二十有三年，忠敬若一。绍圣三年七月壬辰卒于惠州，年三十四。八月庚申，葬之丰湖之上。栖禅山寺之东南。生子遁，未期而夭。盖常从比丘尼学佛法，亦粗识大意。且死，诵《金刚经》四句偈以绝。铭曰：浮屠是瞻，伽蓝是依，如汝宿心，惟佛止归。"

（苏轼《朝云墓志铭》）

朝云曾为苏轼生下一子，眉眼形貌与苏轼神似，苏轼对其甚是怜爱：

"人皆养子望聪明，我被聪明误一生。
唯愿孩儿愚且鲁，无灾无难到公卿。"

（苏轼《洗儿戏作》）

残缺的美学观照与诗意追问

无灾无难的美好心愿未能实现，由于路途奔波辗转，难耐暑热，举家重病之下，小儿不幸夭折。苏轼悲恸万分、老泪纵横：

"去岁九月二十七日，在黄州，生子遁，小名干儿，颀然颖异。至今年七月二十八日，病亡于金陵，作二诗哭之，其一：

吾年四十九，羁旅失幼子。幼子真吾儿，眉角生已似。
未期观所好，蹒跚逐书史。摇头却梨栗，似识非分耻。
吾老常鲜欢，赖此一笑喜。忽然遭夺去，恶业我累尔。
衣薪那免俗，变灭须臾耳。归来怀抱空，老泪如泻水。"

（苏轼）

其二：

"我泪犹可拭，日远当日忘。母哭不可闻，欲与汝俱亡。
故衣尚县架，涨乳已流床。感此欲忘生，一卧终日僵。
中年忝闻道，梦幻讲已详。储药如丘山，临病更求方。
仍将恩爱刃，割此衰老肠。知迷欲自反，一恸送余伤。"

（苏轼）

朝云作为干儿的亲生母亲，羁旅失幼子，痛不欲生，苏轼如实地记录了朝云当时涨乳流床、终日卧僵的悲痛之状。美丽善良的朝云不幸地体会了人生多厄多难，遍体鳞伤、心绪如灰，于是虔心习佛识禅欲排遣内心苦楚，一生几许伤心事，不向空门何处销。红尘痴情一弹指，人生梦幻一场空。

人去梦空，晓云消散无影。从今往后，苏轼只能独自经受人生几度新凉。

"绍圣元年十一月，戏作《朝云》诗。三年七月五日，朝云病亡于惠州，葬之栖禅寺松林中东南，直大圣塔。予既铭其墓，且和前诗以自解。朝云始不识字，晚忽学书，粗有楷法。盖尝从泗上比丘尼义冲学佛，亦略闻大义，且死，诵《金刚经》四句偈而绝。

苗而不秀岂其天，不使童乌与我玄。
驻景恨无千岁药，赠行惟有小乘禅。
伤心一念偿前债，弹指三生断后缘。
归卧竹根无远近，夜灯勤礼塔中仙。"

（苏轼《悼朝云》）

命运对朝云是不公的，如此有慧根善缘的女子，却遭受了丧子的切肤之痛，如今她自己也病故，苏轼觉得与她的三生缘已断尽，风月多情被消磨，他唯有日夜礼佛祈求亡魂能得以超度。

虽然尘缘深重，由于修行人苏轼具有佛性涵养，修持了"外轻内顺"的定力，才能"静而达"地看待生命终结和祸福苦乐。通透的生命证悟，在他的悼亡之作，表现为：平和又蕴起伏，清晰又带朦胧。虽然真情勃郁，但并没有刻意、肆意泛滥，而是把持得收放自如，我们既能感受到作者的沉痛，又仿佛触摸到近似温和的优雅和深长的意味。如采用的虚实叠映的词法悼念王弗，又如小见大地描摹琐事：写王闰之生前放生等寻常，再如在墓志铭中对至爱的朝云仅以"忠敬如一"誉之，说明对于歌妓出身的朝云不仅有爱，而且还有尊重。以温柔敦厚的笔调掩埋了深入骨髓的千古恨，轻描淡写地化为清旷、静穆之美，淡而见远才能历久不衰。苏轼不落俗情的节制和冲淡，孤独与隐忍里流露了格高韵远的气质。苏轼旷古烁今的才华与缠绵感伤的情殇，让人对他的离歌感喟能经久不忘。

五、一枝折得，人间天上，没个人堪寄

虽然皆为"抚存悼亡，感今怀昔"之作，但男性与女性的悼亡风格有着性别与气质导致的风格差异。悼妻诗与悼夫诗存在微妙的区别。男子悼妻多豪放悲壮，女子悼夫则更沉郁哀怨。在古代家庭婚姻关系中，女子多处于夫唱妇随的"从夫"地位，所以悼亡诗篇中会有意标举丈夫生前的功德，与凸显丈夫对己的关爱体恤。而从女性视角，直面和抒发丧偶之痛时，很难克制感情的强度，脆弱无依的悲痛倾泻淋漓，甚至沉溺于伤感中难以自拔；因女性多具敏感纤弱的天性，她们更容易为情所困，当其愁绪萦绕心头，又弥漫无边，情致缠绵、寸裂柔肠的断肠曲，在温情、柔情、伤情的交织中，流连着情切婉转的美学特质。虽然女性作家的悼夫之作存在一定共性，但她们不可磨灭的个性印迹却烙印其中，贯穿着各自的悲辛，风格自成。女性作家的悼亡作品即便为数不多，却哀情离恨格外引人注目，感人至深。

较早的悼亡诗，出自南朝卫敬瑜妻子王氏（王玉京）之手。

"墓前一株柏，连根复并枝。妾心能感木，颓城可足奇。"

（王玉京《连理》）

"昔年无偶去，今春犹独归。故人恩既重，不忍复双飞。"

（王玉京《孤燕》）

据史料记载,卫敬瑜死后,王氏截耳置盘,立誓不复嫁。在天愿作比翼鸟,在地愿为连理枝,以上两首诗都表现了王氏忠贞不渝的心意。

唐代裴羽仙,其丈夫裴悦征战沙场,裴羽仙因对天涯之外的丈夫牵肠挂肚,终日以泪洗面。贤惠体贴的裴羽仙为丈夫缝制寒衣,勤寄书信:

"深闺乍冷鉴开奁,玉箸微微湿红颊。一阵霜风杀柳条,浓烟半夜成黄叶。

垂垂白练明如雪,独下闲阶转凄切。祇知抱杵捣秋砧,不觉高楼已无月。

时闻寒雁声相唤,纱窗只有灯相伴。几展齐纨又懒裁,离肠恐逐金刀断。

细想仪形执牙尺,回刀剪破澄江色。愁捻银针信手缝,惆怅无人试宽窄。

时时举袖匀红泪,红笺谩有千行字。书中不尽心中事,一片殷勤寄边使。"

(裴羽仙《寄夫征衣》)

然而丈夫终未见归,音信断绝,裴羽仙绝望地写下了哭夫诗:

"风卷平沙日欲曛,狼烟遥认犬羊群。李陵一战无归日,望断胡天哭塞云。"

(裴羽仙《哭夫二首》其一)

"良人平昔逐蕃浑,力战轻行出塞门。从此不归成万古,空留贱妾怨黄昏。"

(裴羽仙《哭夫二首》其二)

从对良人"望断"的热切盼望,转至得知"不归"后的深深失望。诗末以"空留贱妾怨黄昏"表达了难以释怀的哀思,由"哭塞云"而"怨黄昏"揭示了征战对美满家庭的破坏,割裂了有情人的缘分,诗风悲壮沉郁。

古代女子对于感情的态度多为一往情深、生死不渝,在诗词创作方面,巾帼也不让须眉,最有才华的女词人李清照为我们留下了许多脍炙人口的经典。她与情投意合的赵明诚的婚姻闻名于世,他们曾经享受过热烈甜蜜的爱情:

第四章 残缺美的诗意表征

"卖花担上,买得一枝春欲放。泪染轻匀,犹带彤霞晓露痕。
怕郎猜道,奴面不如花面好。云鬓斜簪,徒要教郎比并看。"

(李清照《减字花木兰》)

"徒要教郎比并看"表现了李清照沉浸在爱河时的娇憨柔情,世俗从不匮乏爱,总是匮乏圆满。赵明诚因劳累成疾,突然撒手人寰,和谐幸福的婚姻戛然而止。当爱人转身永逝,李清照独处的冷冷清清,回忆起当初赌书泼茶的寻常:

"余性偶强记,每饭罢,坐归来堂烹茶,指堆积书史,言某事在某书某卷第几页第几行,以中否角胜负,为饮茶先后。中即举杯大笑,致茶倾覆怀中,反不得饮而起。"

(李清照《金石录后序》)

词人以这段记录细致地重温了夫妻之间诗茶相随、情趣盎然的生活场景,静美的岁月如同沁人心脾的茶香萦绕唇齿之间,让人陶醉,更使人留恋。可惜此情已成追忆,难免愁怀难遣而惨惨戚戚。只能如泣如诉地将至情至性发于笔端,触动诗情。

"十五年前花月底,想从曾赋赏花诗。
今看花月浑相似,安得情怀似昔时!"

(李清照《偶成》)

即使花好月圆年年似,与爱人同赏共吟的旧梦不再圆,"昔时"只是物是人非之叹,似水年华无法逆流。从今往后,旧梦杳渺、孤苦无依已成定局。余生,仍要独自蹉跎于无数个清冷的日日夜夜,终日凝眉、孤枕难眠:

"藤床纸帐朝眠起,说不尽无佳思。沈香断续玉炉寒,伴我情怀如水,笛声三弄,梅心惊破,多少春情意。
小风疏雨萧萧地,又催下千行泪,吹箫人去玉楼空,肠断与谁同倚,一枝折得,人间天上,没个人堪寄。"

(李清照《孤雁儿》)

无佳思只因心底那抹寒凉如水,一寸相思一寸灰,满怀痴情已成空。不知谁家的笛声如此幽怨,惊醒了沉睡的、含苞待放的梅花,也惊醒了李清照心底柔软的记忆。淅淅沥沥的雨丝浇不息绵绵的哀思,却惹得词人泪眼婆娑。由感物而怀人，然而人去楼空，梅花虽美，春意虽浓，词人折下梅花却无处寄送。借"梅"传情，惜花自怜，笔意深婉。尤其值得注意的是，这首词以"梅心惊破"的鲜妍之相比衬断肠凄恻之情，隐隐地传达出了有情皆幻、色即是空的空性之悟，从花相观得空性、正是绚烂之极归于平淡的彻悟。

李清照最感人肺腑的词作，首推凝血成字的《声声慢·寻寻觅觅》：

"寻寻觅觅，冷冷清清，凄凄惨惨戚戚。乍暖还寒时候，最难将息。三杯两盏淡酒，怎敌他、晚来风急！雁过也，正伤心，却是旧时相识。

满地黄花堆积，憔悴损，如今有谁堪摘？守著窗儿，独自怎生得黑！梧桐更兼细雨，到黄昏、点点滴滴。这次第，怎一个愁字了得！"

(李清照《声声慢·寻寻觅觅》)

这首词写于李清照飘零的暮年，哀感顽艳，痛入骨髓。她并没有直接写相思之苦，而是细述自己寥落的生活情状。在饱尝人间辛酸后，独酌清冷凄厉的苦涩。一泻如注的叠字运用，气韵流转、层层递进，将憔悴心碎骤然推入无底的绝望深渊。诗词以声传情，学者莫砺锋先生对该词开篇的特殊语音效果给予了别致的点评：

"正如词调所云，此词真是声声抽泣，声声哽噎。开头连用七对叠字，且多为齿声字，短促轻细，读来有一种凄清冷涩的语音效果，生动地刻画出词人若有所思、恍有所失，不断寻觅而一无所获的愁绪。"[1]

声声抽泣、声声哽噎即为幽怨哀音。女词人苦苦寻觅昔日的温存，无奈从前柔情蜜意荡然无痕，空虚、迷茫、烦闷、忧戚都涌上心头。心灰意冷、百无聊赖地自斟自饮，而淡酒无力醉忘。离情正苦，似曾相识燕归来，云中不会再有锦书寄来，终日空凝眸，无可奈何花落去。晚风来急又值雨打梧桐，点滴落在脆弱的心房，一个愁字无法道尽万千心事，又欲说还休，点到即止。起笔让人惊艳，收尾犹感余味，情感基调虽低沉颓靡，但因艺术上声情并茂的匠心独运，焕显新鲜奇特的亮色。

对于多愁善感的李清照而言，曾经意犹未尽地浅唱浪漫的恋歌，而今悲不

---

[1] 莫砺锋. 唐诗与宋词 [M]. 南京：南京大学出版社，2016：253.

自胜地低吟怆然的哀歌,所以她的词作既清新自然,又迷离幽深。在劫难逃,当风雨将爱情摧折,当所有的幸福与幸运凋零殆尽,柔弱的女子只能孤独地默默承受。悼念亡夫和缅怀旧时光的作品,由于愁绪郁积难以排解,风格悲戚、情致曲折。而且李清照词艺不凡,她善于利用比喻、象征、烘托等作为修辞手法,将抽象情思化为可观、可感具象。例如,"愁"被赋予了重量和数量:"只恐双溪舴艋舟,载不动、许多愁。"(李清照《武陵春春晚》)这使得词人不堪重负,无从解脱。在西风独自凉的处境下,李清照还能独辟蹊径地进行抒怀,其才情卓绝千古。

钱守璞是清代的一位女性文人,艺术天赋甚高,垂帘卖画,尤善作诗,留有《梦云轩诗》《绣佛楼诗》两卷。她曾与丈夫琴瑟和鸣,如今却失去挚爱,饱受生死之别的煎熬,作有八首《悼亡》诗表达自己肝肠寸断的酸楚与怀念。

"怜君生小历艰辛,百样坎坷炼此身。口腹累人生有玷,文章无命志难伸。耽吟纵酒忘多病,任侠挥金不患贫。见义必为言必信,陶然烂漫总天真。

忆君蜀道上青天,失恃趋庭信可怜。诗展蓼莪倾孝思,诗联棠棣感陈编。频仍家难归三径,蹭蹬身名剩一毡。落拓元瑜聊入幕,时虞世业堕前贤。

与君髫卯约为婚,两地尊人古谊敦。各自终天歌罔极,一般身世叹无根。坚持白璧开甥馆,不弃荆钗赘舅门。从此唱酬无间断,食贫食力总温存。

思君橐笔被饥驱,蓬背船唇惯道途。异地佣书累衣食,故乡失意恋江湖。新婚赋别怜春色,旧雨飘零感酒垆。十载依人无所遇,犹弹古调赏音孤。

哀君失恃尚髫龄,难挽春晖失影形。风木一摧伤寸草,白华三复愧葩经。贫无长策成流徙,家有重慈惜俜伶。合窆弥旬即迎养,萱帏聊代侍仪型。

念君坛坫早名驰,拔岳驱山笔一枝。才本济时安赋命,愁非寄内不吟诗。悔耽声律同词客,耻为簪缨作画师。若为饥驱常橐笔,棱棱丰骨逐时卑。

惜君腕底好烟霞,笔力能追元大家。随意拈毫皆入古,豪吟著纸总生花。锦江春色来天地,茂苑莺花灿物华。艺圃儒林骋三绝,倩谁作传志秦嘉。

  哭君甚至挽无诗,聊纪行藏当诔词。浮世几时成解脱,夜台何处可追随。怕虚盟约生惭我,望振家声亟勉儿。此憾此悲何时已,天荒地老永难期。"

(钱守璞《绣佛楼诗稿》)

  这组诗以回忆丈夫的生平经历为始,丈夫虽然命途坎坷,但是依然保持陶然烂漫的天真,又能自力更生,食贫食力总温存。"惜君腕底好烟霞,笔力能追元大家。随意拈毫皆入古,豪吟著纸总生花。"诗人对丈夫才华横溢又高洁有风骨的赞赏和爱恋之情,以及对天丧英才的遗憾,在字里行间展露无遗,感人至深。最后无限凄凉、无比绝望的叹息:"此憾此悲何时已,天荒地老永难期。"此组悼亡诗还是将不少笔墨放在了叙述男子生平事迹上,复现了丈夫生前形象,兼之倾诉内心的思念忧苦的衷肠,表现了女子细腻真挚的心绪。更反映了在古代封建社会,女子有主动追求幸福的愿望和珍惜幸福的决心,以及缅怀幸福的权利。所以,从女子"悼夫诗"对至情至爱的大胆坦露,敢于充分表白内心爱恨情仇和寂寞感伤,女性主体的自觉创作,在一定程度上反映了女性意识的觉醒。

  故此,女子柔肠一寸愁千缕,言为心声,其悼亡总有一些顾影自怜的婉约与落寞,又因才情勃发,兰心蕙质的她们顺从着心灵和诗情的召唤,情采与文采相得益彰,即使吐露哀音,从巧妙的构思至深入见长的吟咏,皆有浓丽典雅、摇曳生姿的韵味。渐老的容颜,守着如烟的往事,面对动荡的世事,有忧亦有惧,由内而外地渲染了离怀别苦的黯然苍凉,更添纤弱的美感,让人悲悯而又心生怜爱。

六、伤心桥下春波绿,曾是惊鸿照影来

  陆游既是一位热血沸腾的爱国诗人,又是一位郁郁寡欢的情痴。他一生钟情的女子是原配妻子唐婉,他们曾经青梅竹马、诗酒唱和、恩爱幸福。但由于陆游母亲担心陆游沉迷于爱情不思进取,所以想法设法让陆游休妻,陆游苦苦哀求却无济于事,迫于封建家长的威慑,万般无奈下隔断了与唐婉的夫妻姻缘。陆游再娶王氏,唐婉再嫁赵士程,皆非出于本意,造化弄人,恩爱鸳鸯各自飞,彼此一生都饱受悔恨与遗憾的煎熬。沈园作为他和唐婉爱情的见证场

所，从曾同游共赏，到别后重逢于此，再故地又重游，每每触景生情，便愁肠百结，落寞惆怅无计排解。

由于旧梦缠绕，陆游因心中怀想难以释怀，所以独自来到沈园，试图追寻往日的情踪，春色如昔，倩影远逝，百感交集：

"红酥手。黄滕酒。满城春色宫墙柳。东风恶。欢情薄。
一杯愁绪，几年离索。错。错。错。
春如旧。人空瘦。泪痕红浥鲛绡透。桃花落。闲池阁。
山盟虽在，锦书难托。莫。莫。莫。"

(陆游《钗头凤·红酥手》)

诗人曾经情意绵绵地携手美眷，惬意地欣赏桃红柳绿的满城春色，许诺着永世相依的山盟海誓，甜美缠绵。然而无情的东风吹散了欢情，二人终未能相濡以沫。斗转星移、春色依旧，因断肠心碎而憔悴地如同零落的芳华。姻缘虽断，情意难断，难以抑制的悲哀汹涌于心底与笔尖。

次年，唐婉也来到了记忆深处的沈园，蓦然发现墙壁上熟悉的字迹，邂逅似水流年的往事，原本尘封的思绪再次翻江倒海，她和泪写下了自己的痛楚和对命运的控诉：

"世情薄，人情恶，雨送黄昏花易落。晓风乾，泪痕残。
欲笺心事，独语斜阑。难！难！难！
人成各，今非昨，病魂常似秋千索。角声寒，夜阑珊。
怕人寻问，咽泪装欢。瞒！瞒！瞒！"

(唐婉《钗头凤·世情薄》)

幽梦匆匆而逝，唐婉忍泪强欢的日子难以为继，满怀幽愤、含恨而终。

美人终作土，陆游永失爱人的尖锐创痛难以平复，泪咽悔薄情。相忘于江湖酿成的爱情悲剧，一怀愁绪日夜侵蚀着诗人痛苦的灵魂，沈园是他唯一可以寄存旧情、伤情的所在。

"路近城南已怕行，沈家园里更伤情。
香穿客袖梅花在，绿蘸寺桥春水生。"

(陆游《十二月二日夜梦游沈氏园亭二首》其一)

残缺的美学观照与诗意追问

"城南小陌又逢春，只见梅花不见人。
玉骨久成泉下土，墨痕犹锁壁间尘。"

（陆游《十二月二日夜梦游沈氏园亭二首》其二）

人间万事消磨尽，可怜为残未忘情。岁岁花开一忆君，年年逢春未见人。

芳魂飘逝已四十年了，沈园里再也无法邂逅佳人，但守望爱情又终生负憾的陆游，始终心系沈园、魂梦相随，画角哀、旧池台、伤心桥都让已至垂暮之年的诗人唏嘘不已。

"城上斜阳画角哀，沈园非复旧池台，
伤心桥下春波绿，曾是惊鸿照影来。"

（陆游《沈园》二首其一）

"梦断香消四十年，沈园柳老不吹绵。
此身行作稽山土，犹吊遗踪一泫然。"

（陆游《沈园》二首其二）

曲终人散，陆游带着平生恨、千行泪，怀着至死不渝的至情眷恋，辞别红尘。

"圣人忘情，最下不及于情。然则情之所钟，正在我辈。"

（《晋书·王衍传》）

陆游正是这样的钟情之辈，对家国、对爱人、对亲友，毫无保留地托出一片真诚。他与范成大之间因志趣相投，可以畅快自由地进行诗文酬唱、饮酒论史，惺惺相惜视彼为知音，情谊甚厚。

当得知范成大病逝的噩耗，陆游对挚友的离世沉痛不已，写下挽词以志哀悼：

"屡出专戎阃，遄归上政途。勋劳光竹帛，风采震羌胡。
签帙新藏富，园林胜事殊。知公仙去日，遗恨一毫无。"

（陆游《范参政挽词二首》其一）

"孤拙知心少，平生仅数公。凋零遂无几，迟暮与谁同。
琼树世尘外，神山云海中。梦魂宁复接，恸哭向西风。"

（陆游《范参政挽词二首》其二）

两首挽词催人泪下，挽词其一重在列举范成大的政绩与风骨，表达对死者的敬意和惋惜。挽词其二则反映了陆游与范成大之间的知己至交之情。梦魂宁复接，深切的思念则寓于梦寐：

"梦中不知何岁月，长亭惨淡天飞雪。酒肉如山鼓吹喧，车马结束有行色。

我起持公不得语，但道不料今遽别。平生故人端有几，长号顿号泪逬血。

生存相别尚如此，何况一旦泉壤隔。欲怀鸡黍病为重，千里关河阻临穴。

速死从公尚何憾，眼中宁复见此杰。青灯耿耿山雨寒，援笔诗成心欲裂。"

(陆游《梦范参政》)

长亭是典型的离别场所，惨淡飞雪又烘托出凄苦氛围，酒肉喧闹的乐景比照出了作者的哀情。在梦里，力求握住友人的手，对方却遽然而别。梦醒后意识到与故人泉壤永隔，悲嚎从心底喷涌而出，甚至宁愿速死从公，可见俩人之间的难忘深情。顿失知己后歇斯底里的悲恸在诗中表露无遗。

陆游在文坛上虽享有盛名，但是他一生的情志未得圆满，内忧外患铸就了诗人的满腔激情、幽恨，也感发了他创作了大量荡气回肠的佳作。明代杨慎在词品中评述："放翁词纤丽处似淮海，雄慨处似东坡。"（杨慎《词品》卷五）道出陆游创作的风格层出不穷。信奉文章本天成的陆游，不刻意求工，妙手偶得之。许多不费力"偶得"的好诗，其实源于作家对生活的细致体味、深刻感悟。尤其是他的悼亡诗词，不同于他书写金戈铁马的豪情壮志，爱恨情仇都坦然地流露在悲鸣叹息，因心中有不可估量的赤诚，才能凄然感人。

七、剩月零风里，清泪尽，纸灰起

纳兰性德一生为情痴，与爱人缠绵缱绻，却无缘相依相偎到白头。当卢氏难产身亡，一别如雨，追忆刻骨铭心的爱情，情不自禁地洒酸泪以当一面耳。生死殊途，他不仅亲自操办葬礼，而且为了超度亡魂，日夜拈香诵经，亲手抄写佛经，声声是思念，笔笔为怅然。情深意重地书写了大量含恨啼血的悼亡之作。

残缺的美学观照与诗意追问

在卢氏已故下葬前,纳兰总希望多陪伴亡妻片刻,不愿不忍将灵柩下葬,在双林禅院的古佛青灯前为亡妻守灵,缠绵缱绻的往事不堪回首,独自饮泣:

"心灰尽,有发未全僧。风雨消磨生死别,似曾相识只孤檠,情在不能醒。摇落后,清吹那堪听。渐沥暗飘金井叶,乍闻风定又钟声,薄福荐倾城。"

(纳兰性德《忆江南·宿双林禅院有感》)

心字已成灰,哀莫大于心死,生命如同摇落的草木。清冷长夜,钟声并不能慰藉死别之痛:

"挑灯坐,坐久忆年时。薄雾笼花娇欲泣,夜深微月下杨枝。催道太眠迟。

憔悴去,此恨有谁知?天上人间俱怅望,经声佛火两凄迷。未梦已先疑。"

(纳兰性德《忆江南》)

夜深在恍惚之间,娇花与杨枝如此轻柔,仿佛妻子仍在温柔叮嘱他早寝,天上人间俱怅望,道出了两处相思又阴阳两隔的无奈。烟花易冷,从此憔悴寂寞地存亡各方。

"暖护樱桃蕊,寒翻蛱蝶翎。东风吹绿渐冥冥,不信一生憔悴,伴啼莺。

素影飘残月,香丝拂绮棂。百花迢递玉钗声,索向绿窗寻梦,寄余生。"

(纳兰性德《南歌子·暖护樱桃蕊》)

东风在吹来盎然春意的同时,也吹来了凄婉春恨。憔悴情思缠绕于浓浓春景当中,迢递玉钗声显然是作家心理的幻想与幻相,然而这种隐约怀想、以梦托情虽不能持久,但作家依然心甘情愿地寻梦寄余生。

"背立盈盈故作羞,手挼梅蕊打肩头。

欲将离恨寻郎说,待得郎归恨却休。

云澹澹,水悠悠,一声横笛锁空楼。

何时共泛春溪月,断岸垂杨一叶舟。"

(纳兰性德《鹧鸪天·背立盈盈故作羞》)

以女子的口吻写闺怨离恨,然云水缥缈,独依高楼,笛声凄断。未见郎归,只能寄愿于未知的"何时",共泛溪月是虚构的期望。

"手写香台金字经,惟愿结来生,莲花漏转,杨枝露滴,想鉴微诚。

欲知奉倩神伤极,凭诉与秋擎—西风不管,一池萍水,几点荷灯。"

(纳兰性德《眼儿媚·中元夜有感》)

纳兰笃信佛教,所以他的词有至真至深的了然之悟与纤尘不染的空寂之境,却又难断情根,充满了冷暖自知的凄怆。

"绣幡风定昼愔愔,证取莲花不染心。

佛法自来空色相,当年何事苦吞针?"

(纳兰性德《龙泉寺书经岩叔扇》)

"吞针"之痛表现了纳兰渴求解脱又无法自拔的矛盾心理,他难舍尘缘,也并未真正勘破色相。恰逢中元节,为了使亡魂安息,又为了能重结"来生"缘,纳兰抄经放灯,但若隐若现的几点荷灯无法照亮心中的阴晦。毕生被情劫缠绕,痛苦并未得到化解,囿于情苦却无法解脱。

"此恨何时已。滴空阶、寒更雨歇,葬花天气。三载悠悠魂梦杳,是梦久应醒矣。料也觉、人间无味。不及夜台尘土隔,冷清清、一片埋愁地。钗钿约,竟抛弃。

重泉若有双鱼寄。好知他、年来苦乐,与谁相倚。我自中宵成转侧,忍听湘弦重理。待结个、他生知己。还怕两人俱薄命,再缘悭、剩月零风里。清泪尽,纸灰起。"

(纳兰性德《金缕曲·亡妇忌日有感》)

葬花天气,又忆起香消玉殒的亡妻,世间姻缘聚散匆匆,总是冥冥之中注定的,情痴而命薄,自从魂梦杳,了无生趣,人间无味,抱恨于剩月零风里苟活的纳兰,此恨何时已?只应碧落重相见,纳兰临终之日正是卢氏的忌日,或出于巧合,或源于纳兰心底与妻续缘的心愿:"待结个,他生知己"。

纳兰倾其余生之力忆念旧情,呕心沥血地抒发缅怀之情。因才情富艳,善

残缺的美学观照与诗意追问

零落

于利用"示现"之法,将梦幻之思化作可观可感之物。以特定的意象、场景将隐藏的心事栩栩如生地绘出,还能将往昔情、眼前物、未来愿、梦幻境等不同时空错落有致地置入词体,使旧恨常情与当下凄苦形成鲜明比照,又在想象中沟通未来与梦幻,得以更充分地宣泄寸裂柔肠的浓烈情感,虚实相间地点化出创造性的审美时空。

纳兰的情伤深入骨髓,每当触绪伤怀,一片伤心画不成,便会在暗夜哭一场,凄婉至极。

"辛苦最怜天上月,一夕如环,夕夕都成玦。
若似月轮终皎洁,不辞冰雪为卿热。
无那尘缘容易绝,燕子依然,软踏帘钩说。
唱罢秋坟愁未歇,春丛认取双栖蝶。"

(纳兰性德《蝶恋花》)

自是天上痴情种的纳兰,拥有一颗哀婉善感的诗心,他融合了对情感和生命体认,精心地对意象进行选择和经营。夕夕都成玦的残月正是他破碎心灵的典型写照。此外,风雪、冷雨、愁泪、幽笛、寒梦、天涯等载情为本的意象,物象紧密契合着心象的有我之境,青衫湿遍地寄托了悲凉之思和深刻绝望,任情率性地张扬着他眷恋真善美的性灵。他一生都未能超越孤独与哀恸,他一往情深地刻画冷雨凄风的凄美世界,以祭奠永远逝去的爱情。

王国维点出了纳兰观物写情的特点："以自然之眼观物，以自然之笔写情。由此初入中原，未染汉人风气，故能真切如此。北宋以来，一人而已。"（王国维《人间词话》）由于纳兰旷古的赤诚与忧伤，其作品弥漫着真切自然又荡气回肠的悲怆美，能经久不衰地使读者扼腕垂泪，动人心魄。他感慨生死殊途的每篇肺腑之言，持续一生的忆念与幽咽，使其在文学史上享有了无可替代的地位。

八、哀悼文化的多维意蕴与价值

（一）时空迁化感悟

悼亡是重要的文学母题，其内容不止于单纯的生者对死者的痛惜悼念，更有对生命流逝、世事幻化的喟叹："物是人非事事休"，甚至"眼前人事皆非旧"。曾经的相知相守，转眼就成了生命的过客，杳然飘逝，故人已乘黄鹤去，永无再会之期。

"去秋三五月，今秋还照梁。今春兰蕙草，来春复吐芳。
悲哉人道异，一谢永销亡。帘屏既毁撤，帷席更施张。
游尘掩虚座，孤帐覆空床。万事无不尽，徒令存者伤。"

（沈约《悼亡诗》）

年年岁岁花相似，岁岁年年人不同，春花秋月触绪怀伤。兰草可以经春复苏，而人一旦离逝永远销亡，生者无尽的伤情无处安放。

"思怀耿如昨，季月已云暮。忽惊年复新，独恨人成故。
冰池始泮绿，梅梁还飘素。淑景方转延，朝朝自难度。"

（韦应物《除日》）

忽惊年复新，日月如梭从未停歇，独恨人成故，无奈人来人往、缘聚缘散难以遂人愿。既有年复年的时间绵延，又有新故的时间跨度，让人无所适从。从时序的转延，表达"难自度"的难以平息的沉重心情。

"橐泉梦断夜初长。别馆凄凉。细思二十年前事，叹人琴、已矣俱亡。

改尽潘郎鬓发，消残荀令衣香。

多年布被冷如霜。到处同床。箫声一去无消息，但回首、天海茫茫。

旧日风烟草树，而今总断人肠。"

（刘克庄《风入松·福清道中作》其一）

前事、旧日、人琴俱亡均点出了回首时悲从中来。刘克庄的发妻林氏曾与自己奔波劳碌、安于贫贱：

"又尝泛漓江，舵析舟漩，危在瞬息，君亦无怖容。余贫居之日多，君节缩营薪水，未尝叹不足。即有禄米，君奉养服用一不改旧。盖其俭至惜一钱，然于孤遗，则抽簪脱珥无所吝。其仁至不呵叱奴婢，然家务剧易粗细，不戒而集。"

（刘克庄《亡妻墓志铭》）

林氏勤俭持家又任劳任怨，刘克庄自然对夫妻之恩刻骨难忘，由于深情眷怀，他心甘情愿为亡妻守制。词人因细思与亡妻的前缘梦断而凄然断肠，自伤兼揉进了对时空迁逝的嗟叹。

在悼亡文学中，作家往往有意凸显时空的比照变化，既有当时领略、而今的断送今昔对比，又有现实梦幻的交错，从而触动情感起伏。

"奄忽逾时节，日月获其良。萧萧车马悲，祖载发中堂。
生平同此居，一旦异存亡。斯须亦何益，终复委山冈。
行出国南门，南望郁苍苍。日入乃云造，恸哭宿风霜。
晨迁俯玄庐，临诀但遑遑。方当永潜翳，仰视白日光。
俯仰遽终毕，封树已荒凉。独留不得还，欲去结中肠。
童稚知所失，啼号捉我裳。即事犹仓卒，岁月始难忘。"

（韦应物《送终》）

开篇即有时光流逝之叹，"一旦异存亡"引发了悼亡主体悲切的恸哭。其中童稚也深感其哀，并哭号着抓我裳，细节刻画非常生动细致，渲染了送终时的凄楚场面，形成了凄恻感情的冲击力。诗末曲终奏雅："即事犹仓卒，岁月始难忘。"作者在此表达了在往后的时光里，悲痛难禁的情形。

许多隽永深沉的悼亡类作品，发于对伤逝的感情疏泄，落笔于对生命价值的思索，既是情感寄托，也暗含生命的理路，亡者已矣，生者尤存，虽是写给亡者，实为生者解忧、解惑，唯其如此，悼亡作品才能够超越死亡命题，走出生死纠缠，而面向更深刻的人性深度剖析和更宽广的自然宇宙宏思。

（二）情感适度强度

情动于中形于言，人类的情志和精神世界的潮起潮落，形诸于诗艺以演绎。"人禀七情，应物斯感。感物吟志，莫非自然。"（刘勰《文心雕龙》）伤悼情绪复杂，喜、怒、哀、惧、爱、恶、欲，此七情都可以糅合其中，受残酷现实的感召吟咏性情，不仅悼亡者之魂，而且也是哀生者之心，心灵的情感脉动具有潜在而强大的力量，在意象化、表征化的具体诠释和传播中，能动天地、感鬼神、泣情志，使味之者无极，闻之者动心。

哀悼以"忧人悯己"的双重情感抒发作为宣泄口，通过对爱情、亲情、友情等各种生命情怀最彻底的表白与探索，在真挚惜别与痛彻怀念里，人被还原到最本我、最本真的状态，无须掩饰地去自由地表达性灵与爱意，淋漓尽致地倾诉心底的声音。在其他主题为核心的表达中被压抑的一片深情、满怀痴心、感激悲伤，在悼亡文学里有了自在呼吸的空间。

特别耐人深思的是：自在的表达不等于放肆的表达！纵情的、沉重的悼亡也维持着适度的原则。在平实质朴又深情执着的怀思里，仍包含了对生命的敬畏。未将死亡仇视为洪水猛兽，而是"吾与之友矣"的坦然接受，反映了具有中国传统文化气质的浪漫精神和智慧境界。

许多感人至深的悼亡类作品并非声嘶力竭的情感无度宣泄，充盈的情欲与节制的理性相互平衡，而是平实中暗含情感波澜，淡然中隐藏难以割舍的执念。悼亡类作品，所附着的情感应是经过了时间过滤与沉淀，浓烈而不会失控，深沉而非无法自拔，伤情过甚一般难以行文，方寸大乱会导致辞难达意。因而，文人创作悼亡诗文，通常会不同程度地控制情绪，将情感适度地释放出来，通过文字的张力来表征情感的强度和韧性，使得作品更为耐读，具有更为持久的动人心弦的力量，这类似西方悲剧理论中的"卡塔西斯"（katharsis），通过适度的情感宣泄而达到心灵满足与净化。苏轼"十年生死两茫茫"、元稹"谢家最小偏怜女"都是以平淡叙事寓刻骨情境、以克制情感抒大悲情的名作。

很多具有叙事力度和情感厚度的悼亡诗，往往超出个人伦理和个人情感的界限，及物及世及人，浓墨摹写自身经历和情感过程，却又能跳脱自我，将其事、其情、其理扩展到普遍伦常，世间所有人，在夫妻之间、父母子女之间、友人之间，面对生死永隔皆有此等哀痛与感悟，让人对所叙之事产生共感，对所抒之情产生共鸣。

　　"苒苒生死，悠悠古今。乘彼一气兮，聚散相寻。或鼓而兴，或罢而沈。以无涯之情爱，悼不驻之光阴。谅自迷其有分，徒终怨于匪忱。彼蒙庄兮何人，予独累叹而长吟。"

（刘禹锡《伤往赋并序》）

　　人们在人生苦旅中艰难跋涉，苦吟长叹的生死悲歌里，充满了对情爱的无限眷恋，对时光流逝的无穷惋惜。作为有情众生，别愁别恨思悠悠，情感的历史是无涯的，凄苦不损风情。日复一日、年复一年，时间会重新赋予伤悼新的意义，旧情的蕴涵也随之衍变，悲切有余响。

　　（三）以悲为美情调

　　作家创作悼亡类的作品，在艺术技法上的造诣不浅，其文学价值不可低估。尤其从悼亡流露出人类存在于残缺世界的危机感与幻灭感，感人至深的长相思、长相忆在特定的情感符号里寄意遥深。尤其是对"以悲为美"的美学构建，如食橄榄，苦涩中蕴着甘甜，诗中浸染了柔情，真味久愈恒。

　　首先，精细地描摹旧物，细致传神，感物伤怀。"唯将旧物表深情，钿合金钗寄将去。"（白居易《长恨歌》）亡者遗留下的物体是拳拳爱意的珍贵物证，甚至亡者的气息仿佛依然萦绕其间，光阴能在旧物上落满尘埃，依稀闪现着昔日的光华，只是这微弱的光华忽明忽暗，照进寒夜的深处、回忆的深处。《红楼梦》是一部"深契佛说"的经典，以奇缘始，枉凝眉终，演化了生死来往的苦谛。曹雪芹用心良苦地设计了黛玉葬花的情节，泪洒空枝见血痕，泪尽而逝，花开花落花飘零暗喻了红颜薄命的悲剧结局。当花落人亡，香魂一缕随风散，宝玉故地重游，花冢依在，人面不知何处去，他才幡然醒悟至爱已无可寻觅，对于美的所有想象与期望都凝聚在旧物与旧梦中，一旦玉体长埋、花红永坠，美被命运毁灭、被现实粉碎，宝玉只能独自泣残红，落花流水春去也。

　　其次，叙写往事，抚今追昔，洞幽独微。亡者一谢永销亡，进入了虚无的世界而万事皆休，将无尽的哀伤抛却给了生者，莫知我哀，多情总被无情恼。冷雨孤灯下催忆当初，展开旧时书，翰墨有余迹，往昔情景重新涌现，泪与灯花落：

"点滴芭蕉心欲碎，声声催忆当初。欲眠还展旧时书。

鸳鸯小字，犹记手生疏。

倦眼乍低缃帙乱，重看一半模糊。幽窗冷雨一灯孤。

料应情尽，还道有情无？"

（纳兰性德《临江仙》）

相守短暂，君归泉路；回忆却漫长，唯我飘蓬。生者只能细细地回忆着如丝如缕的往事，将原本深埋于心底的思与忆、被淹没的悔与恨，都重新被唤醒和浮出水面。曾经的沧海与巫山，无处不伤心，先在性的故事遗留予主体广阔的回味空间和丰盈的诗情，思与忆不绝如缕。

再次，以景衬情，渲染苍凉萧瑟之境，以烘托凄苦落寞之情。"音尘自此无因问，泪洒川波夕照明。"（李中《哭柴郎中》）窥意象而运斤，夕阳参照是景中含情的审美性意象，光华将逝，当人们徘徊在夕照里，常会被寂寞萧条的色彩感染，生命也到了尽头，音尘已绝，让人触哀景感伤情，不禁涕零人间悲欢离合之事最能触动诗情："叙人情、状物态，一寓于诗而曲尽其妙。"（欧阳修《六一诗话》）意象在某种程度上是诗人的内在视像的外在呈现，因染上了诗人的离恨愁绪而黯淡苍凉，倘若在草木凄凄、余晖脉脉、幽窗冷雨的氛围笼罩下，诗人则更不由自主地跌入孤独的深井，或沉默悲凝，或长歌当哭。不仅意在告慰亡魂，更多是聊以自慰而已。

读者从悼亡契入，最真切地洞察哀婉凄恻的精神世界，最感动地聆听源自绵渺幽深的内心独白，又可体会诗人潦倒身世的苦闷彷徨。为珠沉玉碎的叹惋，读者与作者同悲共感、体味冷暖的审美心理，在心灵摇荡之外，能进一步了解由追悼情感驰动悲怆美感的文化心态。

"它以悲怨深切的情思、朴素纯洁的风貌，给人们带来了心灵的净化、情趣的升华和悲怆感官的享受。这些发自古人心灵最深微处的生命思考和生命悲叹，正是悼亡诗之所以为悼亡诗的根基所在，它不仅不会损害每一个健康的现代人的肌体，反而会以多元思维的方式扩展他们对人生的感知和体认。"[1]

---

[1] 尚永亮，高晖. 十年生死两茫茫——古代悼亡诗百首译析［M］. 西安：陕西人民教育出版社，1989：13.

悲怨、悲怆、悲叹皆充满了浓厚的感伤色彩，哀感发自作家心灵深微处，又能直接地传达并强烈地感染读者，疼痛的战栗使人心碎又心醉。人生须臾、电光刹那，由生死痛别一触而发的各种不尽如人意的感叹，充分反映了个体存在与自然、社会、时空之间的冲突，有限与无限的矛盾，无须刻意关联，亦可触绪纷来，残境、困境、险境、绝境激起的痛感、焦虑、省思，形成了"陈情告哀"的艺术思维方式和"以悲为美"的审美情调，这种美感衰弱、脆弱，具有残缺性，但因反映了本真的存在，所以弥足珍贵，值得诗意储存。愁心欲绝的诗艺主体倾注深情地渲染出衰飒暗淡、颓丧寂寥的美学趣味，其文往复幽咽、其情撼动心魂，是中国古典文学感伤主义传统的重要组成。

（四）人性深度剖析

作家在伤悼文学里，总会倾注情感地展示亡者的生平、刻画其性格，将伤悼对象当初模糊的形象或熟悉的低眉浅笑重新挖掘，将刻骨的前尘往事再度塑造，意在用心勾勒失落生命的踪迹。从怀思亡者为发端，而自伤身世，又可折射生者幽微的情思和空漠的孤独感。悼亡的兴发：盈于情、怀于人、穷于时、迫于境，其所蕴含的切肤之痛、彻骨之悲所具"直指人心"的感染力，是其他主题的文学难以替代的。

越纯粹的灵魂，越容易被孤独感如影随形地缠绕一生。正值繁华、一派喜乐时，脆弱的心灵却感落寞与寂默："常如登高四望，但见莽苍大野，荒墟废垄，怅望寂默，不能自解。"（杜牧《上宰相求湖州第二启》）作者习惯性地顾影自怜、自悲自叹，一旦真正遭遇了别情之苦，孤独感便会暗涌翻腾，悲凉之雾遍披华林。

人生如远客，亲友多飘零，相见时难别亦难，更何况死别！对于生死异路、天涯殊途的情感体验化为对生命的深沉思考。悼亡作为苦情之叹，对剧烈哀痛的演绎，深刻反映了繁华衰逝、朱颜易改的亘古常理，谁也无能为力去改变时空走势与命运宿命。伤时伤事更伤心，主体的垂涕之作，将抑塞于心的隐曲心事得以从肺腑流出，悲人及悲己，具有感时自伤的功能，是对自我心路历程的一次深入探寻与再度思量。

外感与内情的充分糅合，可以超越现实时空限度，进行心境和梦境的复现与再造；又或者穿梭于过去、现在与未来，纵横交错地设置不同的场景，拼接虚实交织的回忆与幻想；甚至超越了阴阳界限，人天永隔亦可重逢于恍惚迷离的刹那。

"君问归期未有期，巴山夜雨涨秋池。
何当共剪西窗烛，却话巴山夜雨时。"

（李商隐《夜雨寄北》）

这不能算是一首正式的悼亡诗，而是李商隐写给妻子王氏的回信，有学者考证这首诗约写于王氏病故不久，李商隐当时在异乡尚未知情，作者痴痴地回忆着弥足珍贵的"共剪西窗烛"不久的缠绵悱恻的相守时光，又仿佛冥冥之中感知了绝望的生死诀别！未有期、何当、却话，是以追忆的笔调和朦胧的期望进行反复追寻，时空回环错落，心绪曲折入微，暗含了韵律美。当他确切得知妻子去世的噩耗，深知难以逃脱余生无涯的孤寂，其真正的悼亡则负载了"空闻子夜鬼悲哭"的沉重：

"露如微霰下前池，月过回塘万竹悲。浮世本来多聚散，红蕖何事亦离披。
悠扬归梦惟灯见，濩落生涯独酒知。岂到白头长只尔，嵩阳松雪有心期。"

（李商隐《七月二十九日崇让宅宴作》）

崇让宅是夫妻曾经共居之所，如今故地重游，物是人非。浮世聚散、万物生灭，所有美好的零落都让诗人感到痛惜与落寞。寒夜孤灯下，凄凉的景象与诗人凄苦的情思融合如一，唯灯见、独酒知，以景衬情，托物言志，表现了无法忘怀的哀感。李商隐的诗风有着深邃的幽约之美，多以含蓄的手法，层层深入，旁写曲诉生死不渝的深情。

晚唐女诗人鱼玄机，她确实满腹才情，而且情深似海，她在自己的诗文中编织着千丝万缕的思念，她有首诗与《夜雨寄北》的诗境有异曲同工之妙：

"曾睹夭桃想玉姿，带风杨柳认蛾眉。珠归龙窟知谁见，镜在鸾台话向谁。
从此梦悲烟雨夜，不堪吟苦寂寥时。西山日落东山月，恨想无因有了期。"

（鱼玄机《代人悼亡》）

"不堪"二字情深语重，可以推测鱼玄机内心当中亦隐藏着悲梦、恨想、苦恋，故虽代人悼亡，但绝非为文造情，而能感同身受而黯然神伤，哀情更切。佳人的蛾眉玉姿、款款情深，山盟不复，从此梦悲烟雨夜，恨想无因有了期。同样因重逢"未有期"，抒发了对幻灭的绝望。曾经彼此不离不弃转眼已是茕茕孑立，永远失落至爱的悲凉，在余生的眷恋和回味里越发醇厚。

（五）存在深忧宏思

仅一悼亡，联类不穷，其中裹挟着生命存在的种种缺失与遗憾：如老不得志、羁旅飘零、家国之痛等，从个体遭遇遍及时代隐痛，感性的基调融入了理性的品格，这种理性并非指严密的逻辑思维或枯燥寡味的理性障碍，而是对人生的通脱感悟，充满了感伤主义和批判锋芒，为读者提供了纵深的全视角品读的机会。根据知人论世的方式，读者会自觉地结合对作家的前期了解、阅读经验的认识感知，以体味作品的厚重与魅力，即出乎悼亡之外更丰富的期待视野和阅读收获：

> "一部文学作品，即便它以崭新面目出现，也不可能在信息真空中以绝对心得姿态展示自身。但它却可以通过预告、公开的或隐蔽的信号、熟悉的特点，或隐蔽的暗示，预先为读者提示一种特殊的感受。它唤醒以往阅读的记忆，将读者带入一种特定的情感态度中，随之开始唤起'中间与终极'的期待，于是这种期待便在阅读过程中根据这类本文的流派和风格的特殊规则被完整地保持下去，或被改变，重新定向，或讽刺性地获得实现。在审美经验的主要视野中，接受一篇本文的心理过程，绝不仅仅是一种只凭主观印象的任意罗列，而是在感知定向过程中特殊指令的实现……这一新的本文唤起了读者（听众）的期待视野和由先前本文所形成的准则，而这一期待视野和这一准则则处在不断变化、修正、改变，甚至于再生产之中。"[1]

藉借精心构思的心灵文本，深入探析生命个体的情感历程、沉浮不定的时代侧影、祸福无常的世事迁化，愈吟愈悲、愈转愈深，阅读体会才能历久弥新。

古韵醇浓的咏叹之调是动人启悟的生命美学，生灭堪问道。"人生无根

---

[1] ［德］姚斯，［美］霍托勃. 接受美学与接受理论［M］. 周宁，金元浦，译. 沈阳：辽宁人民出版社，1987：29.

蒂,飘如陌上尘。"(陶渊明《杂诗》)死生枯荣与飘尘无依,弥漫着浓烈的生命感伤意味,对存在的思考集中凝聚在对悼亡的抒发中。从审视死亡追问存在,当人死亡的时候,人的死亡即便意味着肉体性存在的毁灭,然而精神性的存在却仍留存与生者记忆之中。佛教教义中有生死轮回之说,涅槃则是不生不灭的境界。佛说:"此是苦,汝应知;此是集,汝应断;此是灭,汝应证;此是道,汝应修。"世间的美好可遇不可求,即使能有惊鸿一瞥也是转瞬即逝,水中月,镜中花,色即是空也。人类时刻遭受着生老病死之苦,浮生若梦,情与欲、灵与肉、情与不情的抗衡不过梦中梦、苦中苦,"归寂"意味着跳脱苦聚,"往生"方能涅槃,六祖惠能在临终之前告诫弟子在他灭度后,不必悲戚:

"汝等好住,吾灭度后,莫作世情悲泣雨泪,受人吊问,身着孝服,非吾弟子,亦非正法。但识自本心,见自本性,无动无静,无生无灭,无去无来,无是无非,无住无往。恐汝等心迷,不会吾意,今再嘱汝,令汝见性。吾灭度后,依此修行,如吾在日。若违吾教,纵吾在世,亦无有益。"

(《坛经》)

聚散的因缘,梦幻的醒醉,冥冥中皆有定数。在生灭流转的大千世界里,当人们观照幻化无常,去还不定之时,但识自本心、见自本性。"觉身为碍,消碍入空。"(《楞严经》)灭度成为了照见心性的一面镜子,透过梦幻空花的破灭,勘破无生无死才能证悟空性。

"已谓心苦伤,如何日方永。无人不昼寝,独坐山中静。
悟澹将遣虑,学空庶遗境。积俗易为侵,愁来复难整。"

(韦应物《夏日》)

诗人直接点明了悟澹与学空,是为了排遣内心的苦伤虑境。独坐山中冥思默想,诗风清寂幽淡,哀情并入化境,情虽浓,亦有轻安的超脱祈望。陡然间,笔锋一转,对妻子的思念已成了"积俗"的惯性,欲求借用空法也难以征服忧愁。但无论如何,宗教总是以生死来警醒着敏感的心灵,甚至赋予了死亡以彼岸性的超现实力量。

道家哲学强调生命不可估量的重要性:

"故道大、天大、地大、人亦大，域中有四大，而人居其一焉。"

（《道德经·第二十五章》）

天地与我并生，个体的生命价值同等于道、天、地，所以应该重视、珍爱生命。同时，生死之异反映了气的自然变化，无穷天地间的生死互化反映了道的运化。

"人之生，气之聚也；聚则为生，散则为死。"

（《庄子·知北游》）

"人生天地之间，若白驹过隙，忽然而已。注然勃然，莫不出焉，油然谬然，莫不入焉。已化而生，又化而死，生物哀之，人类悲之！"

（《庄子·知北游》）

"天与地无穷，人死者有时。操有时之具而托于无穷之间，忽然无异骐骥之驰过隙也。不能说其志意，养其寿命者，皆非通道者也。"

（《庄子·达生》）

人的生命虽如白驹过隙短暂，但生死皆应顺遂自然，不应在有涯与无涯的矛盾中嗟叹沉沦，溺生与惧死都不符合本初生命之道，而应自在无为地通于大道。在先哲的智慧里，不难发现人文主义和人道关怀的光辉，以生死为契机，关注人本价值，是古老而常新的精神练习。

死亡并非意味着绝对终结，灵魂到底能否不朽尚不得知，但灵与肉的张力会在不朽文章中得以延续，使生者自重，推动生命意义的绵延。

生死有命，富贵在天，我们无力主宰和改变命运，也无法回避死亡："孰能以无为首，以生为脊，以死为尻，孰知死生存亡之一体者，吾与之友矣！"（《庄子·大宗师》）庄子视生死如一，体现了他的齐物论观念，生死确实相依相存，死亡能促使生者在纪念与缅怀的同时，以深情的、奇幻的视角追问生命的意义，更深沉地思考尘世中的渴望与失落。

阅世走人间，天地悠长、人生苦短，悼祭文学寄托着遥遥无期的思念，真爱是不能被忘记的，在要眇宜修的诗情里永不磨灭，可承载生命的重量与历史的厚度，结构意蕴皆有立体错落的层次感，悼祭文学悲有余而情无尽，言有尽而意无穷。

西方哲人对于死亡与存在的关系问题，始终保持着探索的热忱。海德格尔提出了"向死而在"的理念：

>"死确乎意味着一种独特的存在之可能性：在死亡中，关键完完全全就是向来是自己的此在的存在。死显现出：死亡在存在论上是由向来我属性与生存组建起来的。死不是一个事件，而是一种须从生存论上加以领会的现象，这种现象的意义与众不同。"[1]

从海德格尔的论述中，我们可以认识到存在的有限性：死是独特的存在，是此在的存在，指向终极的存在。人有旦夕祸福，伴随内外世界不确定因素的潜伏与爆发，生命的最后期限随时随地降至，这源于存在限制的必然性。人们被抛在世界上，古今须臾、四海一瞬，每个生命只是渺沧海之一粟，没有力量去抵抗虚无与荒诞，谁都无从选择、无力左右死亡的降临，虽然在劫难逃却无碍对自由的追问，死亡之畏转化成了死亡之思。世界是因缘际会、命运关联的有机体，当人们在哀痛于他者的死亡之时，其实也在眷恋着自己的生命，同情着与己密切相关的未来的死亡。"向死而生"可视为中国传统智慧的"未知生，焉知死"另一种诠释，关切生死，才能理解存在的整体性与本己性。

死亡伴随着痛苦，也预示着彻底解脱，步步趋近死亡的同时也是走向另一个全新世界的过程。当我们在现世世界经历了各种悲与喜的磨炼之后，对于生命意义的理解已经走向了局限，对命运的情感便止限于大悲大喜，如不经过死亡终极命题来返观生命，反思既往人生，我们极可能无法突破个体局限，无法获得一种开阔视野和虚怀格局，在遭遇残缺时，便很难获得超脱的情怀。

诗人虽然不能像哲学家那样彻头彻尾的理性看待死亡，但他能漫步于生与死的边缘，涵泳其中，以谱写一首首动人心魂的挽歌，当诗人以审美的态度对待死亡之时，死亡的痛感承载着生命的重量，包孕着艺术升华的快感，而勃发出震撼人心的力量。生与死永远是文艺领域永恒的话题，让生如夏花之绚烂，死如秋叶之静美，美感在其中自然而然地随风舞动。世界微尘里，吾宁爱与憎，人们穿梭于生命明灭的时空隧道，真切体验着感动与被感动。如此，死者死得其所，生者不枉此生。

---

[1] [德]马丁·海德格尔. 存在与时间[M]. 陈嘉映，王庆节，合译，雄伟，校. 北京：生活·读书·新知三联书店，2012：276.

第五章　残缺的美学意趣

当我们有意无意地触摸残缺的形象时,似乎被一种无形的锐器刺痛心灵深处,反思这种心灵阵痛,我们会若有所悟,或许我们的灵魂会打开另一扇窗口,它展示的却不是月白风清、柳岸莺啼,而是残荷滞水、瞽目残臂,带给我们的心灵一种震颤,让人有幸窥见美学另一张脸的无比愉悦,这种审美愉悦经过了深沉反思的筛选,超越了一切肤浅、表面的情感;它是一种洞见,来自哲人的睿智与深沉博大的审美心胸,是佛祖的拈花一笑,是楚狂的引吭高歌,是失势者的仰天长啸。当我们从残缺的诗意表征获得审美愉悦时,潜移默化地与自然宇宙中最精妙的真谛相契合,心有灵犀地与仁爱睿智的圣人先哲对话,从中受到不可思议的精神启发与美妙绝伦的美学启示,也因此显得弥足珍贵。

残缺颇具意味的美学意趣,促使着人们不由自主地涵泳其中,感受其诗性魅力与超越特质。

第一节　美在张弛

残缺或深或浅、或浓或淡地点染着悲剧色彩。而当悲情能被转化为诗情,美能在残缺性中脱颖而出,源于残缺蕴含了艺术升华的价值与审美开发的潜能。

"以悲剧情绪透入人生,以幽默情绪超脱人生。"[1]

——宗白华

---

[1] 宗白华. 艺境[M]. 合肥:安徽教育出版社,2006:159.

不完满的残缺形式，往往容易直接地给人带入悲观失望的感觉。然而不可忽视其中隐藏的喜剧因素，这种因素可以冲淡残缺的悲剧色彩，从而给人带来或轻松、愉快，或滑稽、反讽等审美快感，快感来源于郁积的缺憾得到了宣泄和缓和，它不仅能缓解高度的紧张感，而且能唤起生命力感。康德把快乐和痛苦相互掺杂的感情称为"痛苦的愉快"与"甜蜜的痛苦"。如果把这种特殊的复杂的审美体验具化成面部表情，试想一张面孔上一只眼睛笑，同时另一只眼睛哭，喜感与悲情相融合，一定隐含着意味深长的象征意义，它能引发"带泪的微笑"的美学效应，带有悲喜剧的性质，不仅让人发笑，而且同时也使人陷入酸楚的沉思，既令人同情又引人自省，从而获取思辨性、批判性的价值。"浮生若梦，为欢几何？"（李白《春夜宴桃李园序》）诗人在痛感须臾虚幻人生之际，选择了浅斟低唱和及时行乐的方式，以舒缓残缺的此在所遍周的深重悲哀，无论纵情的歌哭还是旷达的笑意，既合情合理、又反映了变化多端的审美接受心理，而且复杂感情的此起彼伏、一张一弛、相互交错间使心弦律动富有节奏感、充满审美活力，这恰是对无常幻化的诗意回应。

堂·吉诃德是西方文学作品中具有悲喜剧色彩的残缺性艺术形象，他既有荒唐的残缺性，又有值得钦佩的凛然正义。堂·吉诃德的"笑"被描写得淋漓尽致且又意味深长：

> "堂·吉诃德听到了他自己的笑声，他听到了的神圣的笑声，并且既然他不是一位悲观论者，既然他相信永恒的生命，他不得不起而奋战，他必得攻击现代的、科技的、追根究底的正统……这个世界必须按照堂·吉诃德所向往的样子来塑造，旅舍必须成为城堡，而他将与它相互抗争，并且他必得被征服。但是借着嘲笑自己，使自己成为自己嘲笑的对象，他终将赢得最后的胜利。"[1]

堂·吉诃德疯狂地迷恋骑士小说，甚至不惜变卖了自己的家产去买来各种骑士小说。梦想成为真正的游侠骑士，他披着破盔甲，骑着老马离开家乡，到处匡扶正义、助弱扶贫、锄暴安民，但是却事与愿违，他常常是心有余而力不足，甚至效果适得其反，遭到人们的耻笑与奚落，尽管出尽洋相、狼狈不堪，但他仍然心怀满腔热血去追逐自己的理想。堂·吉诃德身上集中了善良、忠

---

[1] [英] 莫恰. 喜剧 [M]. 郭珊宝，译. 北京：昆仑出版社，1993：125.

贞、勇敢等美德，持怀救世的崇高理想，但他的外貌形象、行为举止、性格缺陷却如此不堪，总是与整个世界显得格格不入，让人忍俊不禁。他的残缺性体现在理想与现实形成巨大落差，他的固执遭人嘲笑，又让人深感辛酸。真是满纸荒唐言，一把辛酸泪，作者将对世界热烈的爱与憎都倾注于塑造此形象上，采用诙谐、夸张的手法使作品充满悲喜剧色彩，同时又熔铸了严肃、深刻的精神领悟。读者深入阅读，会发现这个人物并非一无是处，他有可爱的本性和美好的心地，虽执迷不悟，却也坦率真诚，相比那些道貌岸然的伪善之人，他的"残缺性"更值得肯定。而且他坚持崇高的理想，以拯救世界作为自己责无旁贷的使命，他同情弱小，为受迫害的劳苦大众抱不平，抱着"以天下为己任"的人生理想义无反顾，让人由衷地敬佩。遗憾的是，他毕竟不是万能的救世主，只是平凡卑微的生命个体，他虽然荒唐愚勇，却又能在重重障碍中勇往直前。作家处于混乱失序的时代，通过个体残缺形象的塑造影射整个社会的残缺和弊病，堂·吉诃德作为大残缺格局下的一枚尖锐碎片，一个时代的牺牲品，让人不禁为之悲哀感叹。读者应充分重视作家在这部不朽经典中所传达的批判性与进步性，仔细体味这个栩栩如生的艺术形象所闪现的人文主义和人道主义的光辉。

加缪在《西西弗的神话》中塑造了经典的荒诞形象，作者意在展现人与世界荒谬的、不和谐的复杂冲突关系，作品中的西西弗在遭遇无数次失败后仍不放弃重头再来。他不停地推动反复滚落的巨石，不断跌倒，再次爬起，继而顽强推运，从不肯屈服，也许巨石的重量、巨石的滚落，曾让他的脸上浮现出痛苦而扭曲的表情，但他并未沦陷于绝望和屈服的念头，他是一个荒诞的英雄，荒诞在于不知疲惫的反抗，在于尴尬艰难的处境，在于周而复始的无功而返，在于明知结局是万劫不复却仍未心灰意冷。西西弗任千磨万击还坚劲，任尔东西南北风，自让人感到悲凉肃穆。加缪认为西西弗是幸福的：

"我把西西弗留在山脚下！我们总是看到他身上的重负。而西西弗告诉我们，最高的虔诚是否认诸神并且搬掉石头。他也认为自己是幸福的。这个从此没有主宰的世界对他来讲既不是荒漠，也不是沃土。这块巨石上的每一颗粒，这黑黝黝的高山上的每一颗矿砂唯有对西西弗才形成一个世界。他爬上山顶所要进行的斗争本身就足以使一个人心里感到充实。应该认为，西西弗是幸福的。"❶

---

❶ [法]阿尔贝·加缪著：《加缪自述》，天津：天津人民出版社，2015：177.

这种幸福感源于在千难万险中仍能保持精神层面的自我与自由，在于他的激情从未消减，在于坚韧不拔的无畏，在于竭尽全力的无悔，在于对巨石举重若轻的自信，在于具备比巨石更坚不可摧的意志，在于他勇敢反叛诸神权威，他的命运属于自己。反叛是对残缺性的不屈态度："反叛者是什么人？一个说'不'的人。然而，如果说他拒绝，他并不弃绝：这也是一个从投入行动起就说'是'的人。"❶哪怕最终结局让人叹息，哪怕陷入永无止境的残酷轮回，他仍一次次坚毅地走向巨石、重拾勇气！西西弗由内心自觉生成的坚韧力量，使得其身心负重的痛感被超越性的意志一遍遍过滤，即使他周而复始的努力皆付诸荒谬的徒劳，但他没有逃避残缺的命运，他的战栗、隐忍、坚持能使人感受到悲壮之美并油然而生敬意（见图5-1）。

图5-1 西西弗神话（图片来自网络）

此外，中国流传着家喻户晓的"愚公移山"故事，愚公虽生性朴拙，却有着战胜自然的恒心大志。愚公与西西弗一样有着坚持不懈的精神，并能够在苦难中坚定意志，幸运的是，愚公最终以他的锲而不舍而感天动地，天帝派天将助愚公移走大山。这个故事以圆满收尾，让人们看到了幽暗尽头的曙光，使人证悟大智若愚、大巧若拙的精神张力（见图5-2）。

残缺总是如影随形，无论外在形式上，还是内在精神里，无论残缺的过程，还是残缺的结局，既然残缺已是无法逃避、难以改变，人们与其掩面而泣

---

❶ [法]加缪. 置身于苦难与阳光之间[M]. 杜小真，译. 上海：上海三联书店，1997：383.

图 5-2　徐悲鸿《愚公移山》（图片来自网络）

或自暴自弃，倒不如"哀泪笑洒"以素语浅笑表达悲情，"悲喜张弛"中有阻滞和堵塞，也有宣泄和解脱，使人不至于陷入无尽的沉重与苦闷，将撕心裂肺的剧痛化作一声叹息，将紧张趋向缓和，近似于知觉上的"痒感"和"快适"，让人感受悲楚的同时又禁不住发笑，从而获得审美层面的弥补。在演绎残缺的舞台上，由于娱乐、情趣、快慰等喜剧色彩冲淡了残缺的悲痛、生硬、冷酷等歇斯底里的不良反应，稀释了让人难以忍受的锐利苦涩感，借助审美趣味性弛放有限性束缚，解构生活和艺术的单调乏味，发挥审美狂欢的生动趣味的救赎功能。

生命正因它的短暂和脆弱而彰显凄美和可贵。李金发在《有感》诗中采用了特殊的意象表达对残缺的理解："如残叶溅，血在我们，脚上。生命便是，死神唇边，的笑。"死神唇边的笑，即在绝望边缘透露了希望，人们将深切悲哀唱入凄婉天籁，以笑意冲淡残缺的苦楚，由喜剧方式调和不完美，使"庄谐并写""苦乐交错""喜泪相伴"等悲喜混杂并存，借由带有乐观色彩和游戏美学的方式，调柔了藏匿于深层的残缺性。艺者与智者会自觉创造"游于艺"的妙境，化腐朽为神奇，反平庸以惊艳，忧道不忧贫，即使客观条件尚不完美，但只要精神内核是饱满充实或者虚静恬淡的，从而在缺境中安时处顺而化于大道，方可与天地精神独往来，从而在残缺困境中以苦乐随喜、悲喜随缘的拈花一笑，透露可爱超迈的欢喜心：

"用一种拈花微笑的态度，同情一切，以一种超越的笑，了解的笑，含泪的笑，悯然的笑，包含一切，以超脱一切，使灰色黯淡的人生，也罩上一层柔和的金光，觉得人生的可爱。"[1]

残缺美还可体现在个体不同寻常的个性气质当中，张与弛是有为与无为之间的持衡，隐喻着狂与逸、坦荡与真淳的风骨。战国时期的庄子，是向往"无待"、不受羁缚的"逸者"，他不愿为境内所累，只求逍遥的快慰与真趣的从容，不形役于"境内所累"虽主动放弃了富贵，"吾将曳尾于涂中"却能忘情于功利荣辱，卓显着世俗庸者难以企及的精神高度，庄子能以大智慧衡量人生得失，能够在"抱残守缺"中保持张狂率性的自我，追求洒脱无为的"逸"生活，表现为意出尘外的艺术风格。唐代著名诗僧皎然，自有任诞随缘的"清狂"之气，他在《戏作》中表达了自己的价值抉择："乞我百万金，封我异姓王，不如独悟时，大笑放清狂。"对百万金、异姓王的苛求属于纸醉金迷的世间法，物质之求缺失了，精神却能收获出离烦恼的出世间法的大自在。明代文学家徐渭不仅才华横溢，而且也同时张扬着特立独行的"狂狷"本色，他的诗文书画皆喷涌出奔放豪宕、汪洋恣肆的风格。由于命途多舛，心中的幽愤致使其性格的反常，他在精神的高压下，曾因疯狂杀妻而饱受牢狱之灾。晚年穷困潦倒，精神分裂日甚，难以磨灭的悲苦促其屡次自杀。纵观徐渭落魄坎坷的一生，即使才艺纵横，命运却堪嗟叹，他虽未选择崇高，却能坚持真我的率性。这些历史中卓越不凡、特立独行的人物，无不在苦难人间落地生根，他们在毅然决然面对残缺之时，或许甘愿接受了残缺的考验与磨砺，甚至对残缺情有独钟，能够在其不得志、不如意的残缺命理中不懈追问存在意义和超越可能，从未黯然失色的是他们"无挂无碍"的艺术追求，以及任情颓放的情感力量，无论嗔或笑，英雄失路的心潮难平却能绽放文艺的光彩。

残缺绝非贫乏的孱弱不堪，而恰是生命的卑微而坚实所在，是美的源泉与传奇。残缺美是辩证的美学，创作主体通过哀而不伤、怨而不怒、残而不绝、无用用之、有待无待等张弛有度的艺术处理，在审美情感上激扬又悲凉、情深亦含蓄、狂放和隐忍地营造既悲且美、既美且悲、可歌可叹、寂而常照的艺术感染力，使人抱憾又感人心魂，未令人断肠却能荡气回肠。残缺美在守志与坐忘之间进退自如，有所为有所不为、忽隐忽现地拉伸游刃有余的美学张力。

---

[1] 宗白华. 美学与意境 [M] 北京：人民出版社，1987：121.

第二节　美在超越

　　超越之道不是臻于完美的妄想，而是将不完美重构为诗意的灵感。中国的传统智慧体现了深刻的超越性。释者登岸舍筏，道家得鱼忘筌，诗人得意忘言，舍筏、忘筌、忘言只是媒介或外相的缺失，但留存了更宽广、更隽永的自由境地，此中隐含了体道的契机与超越的真味。残缺之美亦复如是，难免引人悲苦郁结，未妨惆怅是清狂。

　　残缺自本自根，自古以存。俗世凡尘里，苦甚多矣，残也常矣。人生寄一世，奄忽如飙尘，平凡世界里存在着须臾脆弱的人生，卑微渺小的自我。人生天地间，良辰美景赏心乐事四美难并，更何况显赫一时的富贵荣华有可能转眼烟消云散。但人们在叹息人生无常之际，不应忽略残阳落照、缺月余晖的动人心魄之美，以及其中隐约悦动的无尽深情，又或是异情奇趣的创调，甚至自为、自在的超越机缘。

　　"陋室空堂，当年笏满床；衰草枯杨，曾为歌舞场；蛛丝儿结满雕梁，绿纱今又糊在蓬窗上。说什么脂正浓，粉正香，如何两鬓又成霜？昨日黄土陇头送白骨，今宵红绡帐底卧鸳鸯。金满箱，银满箱，转眼乞丐人皆谤。正叹他人命不长，哪知自己归来丧？训有方，保不定日后作强梁；择膏粱，谁承望流落在烟花巷！因嫌纱帽小，致使锁枷杠；昨怜破袄寒，今嫌紫蟒长；乱哄哄，你方唱罢我登场，反认他乡是故乡，甚荒唐，到头来，都是为他人作嫁衣裳。"

（曹雪芹《红楼梦》第一回）

　　甚荒唐，曾经金银满堂、显赫一时的家族最后残败收场，谁能料？曾经万千宠爱集一身的纨绔子弟却变得一无所有，只能无依无靠的漂泊流离，昙花一现、烟花易冷。

　　个体的遭遇各不相同，人生的结局却殊途同归，生住异灭的最后阶段皆是走向寂灭，然而残缺异灭不是终点，生命会"无住"地投入新一轮转机的希望，若要从"审悲"中超越为"审美"，既需要化苦为乐的生命智慧，也凭借以悲为美的诗性智慧。

在枯荣生灭的世界里，缘起性空，缘灭归空。忽如远行客，倏然而来、倏然而往，在路上遍布着虚空与荒谬，体验过风云变幻、悲喜交加，昨朝芳菲、今日萧索，经历了从极致绚烂至零落成空，最后几载天涯两袖空，走向灰飞烟灭的过程。"是发生在意识超出了能力的虚空地带。在那里，人们可以体验到自己毫无能力行动和取得成功，并经受着由此而来的痛苦。"❶ 尽管结果是残缺而不尽如人意的，人在万般无奈中却无力改变，但我们仍要细细品尝人生百味，要敢于直面赤裸裸、甚至血淋淋的灰色人生。在黯然销魂中满足精神生活的充实，正如黑格尔所说：

"精神的生活不是害怕死亡而幸免于蹂躏的生活，而是敢于承担死亡并在死亡中得以自存的生活。精神只当它在绝对的支离破碎中能保全其自身时才赢得它的真实性。精神是这样的力量，不是因为它作为肯定的东西对否定的东西根本不加理睬，犹如我们平常对某种否定的东西只说这是虚无的或虚假的就算了事，而随即转身他向不再闻问的那样，相反，精神所以是这种力量，乃是因为它敢于面对面地正视否定的东西并停留在那里。精神在否定的东西那里停留，这就是一种魔力，这种魔力就把否定的东西转化为存在。"❷

勇者能毫无畏惧地正视否定的、消极的东西，而不逃避与沉沦，即为在支离破碎中能够保全其身的超越精神。残缺可以剥夺很多：例如幸福、快乐、美好，甚至席卷珍贵的生命，但是它不能贬低、征服人们顽强不屈的精神。

残缺常常会激起伤感无力的情绪，又被作家匠心独运为成熟的诗思。例如，惨惨戚戚的孤独感，"前不见古人，后不见来者，念天地之悠悠，独怆然而涕下。"（陈子昂《登幽州台歌》）抒发了匆匆过客在天地悠悠中的孤独。当代作家史铁生身负残疾，对残缺有着最切身的体会，他在《务虚笔记》中将孤独感比喻成在寒冷的大海上只身漂流，在人群密集与美好生活之处无处藏身。孤独者仿佛置身于"千山鸟飞绝，万径人踪灭"的画境里，酝酿在"孤舟蓑笠翁，独钓寒江雪"的诗情中。再者，还有冷冷清清的悲凉感，"落尽梨花月又西"（纳兰性德《采桑子》），受制于生命的限度，对世间的零落和别恨无能为力，是于广漠天地之间无法安栖的流离自伤。尤其是悲愁万绪的悲观主

---

❶ [德]雅斯贝尔斯. 悲剧的超越 [M]. 亦春，译. 北京：工人出版社，1988：15.
❷ [德]黑格尔. 精神现象学 [M]. 贺麟，王玖兴，译. 北京：商务印书馆，1962：21.

残缺的美学观照与诗意追问

义者,不忍直视满目苍痍,无法承受千疮百孔,寻不到光明,失去了方向,穷途末路让他们心灰意冷。此外,残缺可能有悖常理,而造成失序混乱的荒诞感,甚至缥缈迷离的空幻感,激荡了无所适从的深层喟叹。然而此等孤情幽绪,仿佛清寂寒梅所飘逸的气格伴我情怀如水:"藤床纸帐朝眠起,说不尽无佳思。沈香断续玉炉寒,伴我情怀如水,笛声三弄,梅心惊破,多少春情意。小风疏雨萧萧地,又催下千行泪,吹箫人去玉楼空,肠断与谁同倚,一枝折得,人间天上,没个人堪寄。"(李清照《孤雁儿》)人已去,事皆非,唯有一缕暗香愈远、愈清、愈美,又始终萦绕心间。梅影又若参差月下竹影摇曳的风神,从孤寂遁入宁静澄澈的空境中淡然闲远:"独坐幽篁里,弹琴复长啸。深林人不知,明月来相照。"(王维《竹林馆》)

既然残缺是遍周世界、人生、艺术的普遍特性,人们无法避免、难以逃脱,或许可以努力加持乐观精神,甚至泰然处之,争取"在伟大外发现它的狭小,在狭小里也看到它的深远,在圆满里发现它的缺憾。但是,缺憾里也找出它的意义。"❶ 这种意义在于人们遭遇缺憾而不绝望与沉沦,没有在残缺中丧失自我意志,相反能以一种更坚韧、更高贵的姿态超越,从否定性桎梏中解脱出来,得到心灵净化与美学救赎。即便抵抗的结果仍然是毁灭,但多数人不甘心轻易放弃对自由的向往,甚至甘愿为悲壮的伟大而殉道,与生俱来的生命强度与力度难被征服,而超越则是挑战极限的智慧,表现出无畏的风骨与激发巨大的潜能。

"什么是勇气?它不只是生命力那种公然挑衅的能量。它可以仅仅在于挣脱生存桎梏的自由,在于勇猛无畏的灵魂连同其坚定性及真实性一道所显示的从容赴死的能力。勇气是所有人共同特守的东西,只要她们是人。"❷

勇者被残缺命运猛烈撞击后,从容赴死转向涅槃重生,是由否定因素升华为悲壮、肃穆、崇高等不同寻常的品质,从幽暗深渊中探寻微弱之光,在饱受极度摧残与付出沉痛代价后,获得的精神愉悦与审美慰藉。作为残者的勇者,在裂变、蜕变过程中,彰显出超凡的能力和智性的魅力,破茧成蝶的一瞬,他所经受的所有苦难和创伤恰恰成全了他存在的价值。

---

❶ 宗白华. 美学与意境 [M]. 北京:人民出版社,1987:121.
❷ [德]雅斯贝尔斯. 悲剧的超越 [M]. 亦春,译. 北京:工人出版社,1988:78.

"个人应当忘记死亡和时间给个体造成的可怕的焦虑,因为即使在他的生涯的最短促瞬间和最微小部分中,他也能够遇到某种神圣的东西,足以弥补他的全部奋斗和全部苦难而绰绰有余。"❶

这种"神圣的东西"即是在遭受不成功、不圆满等残缺后,仍然能够安然等待希望的从容,对神圣的超时间的向往,甚至可以死而无憾的成全崇高的境界。如果人们都能如愿以偿、一切皆为完美无瑕,这样的世界必然乏味和无趣。相反,残缺提供了成全牺牲和体验超越快感的机会,这也是摆脱庸碌和铸造理想的壮丽之美。

"生活就意味着:感觉和思索,饱受苦难和享受快乐;一切其余的生活都是死亡。我们的感觉和思想所包含的内容越是丰富,我们饱受苦难和享受快乐的能力越是强大的深刻,我们就生活得越多,一瞬间这样的生活,比麻木昏睡、浑浑噩噩、庸俗无聊地活上一百年,还要有意义得多。"❷

人如果只一味贪恋快乐,不愿、不敢承担任何苦难的考验,麻木懦弱、逆来顺受则无法激越生命力的迸发,更不会有生命力受阻滞后再次涌现的崇高感。失去崇高感,人会注定笼罩在平庸的阴影下。勇于超越则是人类获取生存尊严的表现,才是生命在否定与痛苦中的奋进:"凡是始终都只是肯定的东西,就会始终都没有生命。生命是向否定以及否定的痛苦前进的,只有通过消除对立和矛盾,生命才变成对它自身是肯定的。"❸ 否定与肯定、残缺与圆满、障碍与精进之间的抗衡转化,灵动勃发出生命的妙趣横生。

"盖文王拘而演《周易》;仲尼厄而作《春秋》;屈原放逐,乃赋《离骚》;左丘失明,厥有《国语》;孙子膑脚,兵法修列;不韦迁蜀,世传《吕览》;韩非囚秦,《说难》《孤愤》;《诗》三百篇,大底圣贤发愤之所为作也。此人皆意有郁结,不得通其道,故述往事,思来者。乃如左丘无目,孙子断足,终不可用,退而论书策,以舒其愤,思垂空文以自见。"

(司马迁《报任安书》)

---

❶ [德]尼采. 悲剧的超越[M]. 周国平,译. 北京:生活·读书·新知三联书店,1986:127.
❷ [俄]别林斯基. 莱蒙托夫诗集[M]//别林斯基选集(第二卷). 满涛,译. 上海:上海文艺出版社,1963:453-453.
❸ [德]黑格尔. 美学(第一卷)[M]. 朱光潜,译. 北京:商务印书馆,1979:124.

残缺的美学观照与诗意追问

作家发愤著书以疏通郁结，他们的幽怨来自对残缺的深刻洞察与切身体会，不以无病呻吟的做作，而是将逆境中遭遇的不幸兴发为艺术创作的冲动，即促成了审美性超越的萌发。德有所长、形有所忘，文艺创造者能够冲破藩篱，使残缺在厚腴的精神土壤中落地生根，能赋予其生命意识与独特意趣，从而托起不朽的意义。故此，美国福克纳认为，作家的天职在于复活人类巍然挺立的精神：

> "我拒绝接受人类的末日。说什么人仅仅因为能挺得住，因为在末日来临前最有一个黄昏的血红色霞光中，从孤零零的最后一个堡垒上发出奄奄一息的最后一声诅咒时，即便在这个时刻也会有一丝振荡——柔弱的、难以忍受的人的颤抖的声音，所以人是不朽，这种话说倒是很容易的。可是我不同意这种说法。我相信，人不仅能挺得住，他还能赢得胜利。人之所以不朽，不仅因为在所有生物中只有他才能发出难以忍受的声音，而且因为他有灵魂，他有同情心、自我牺牲和忍耐的精神。诗人、作家的责任正是描写这种精神。作家的天职在于使人的心灵变得高尚，使他的勇气、荣誉感、希望、自尊心、同情心、怜悯心和自我牺牲精神——这些情操正是昔日人类的光荣——复活起来，帮助他挺立起来。诗人不应该单纯地撰写人的生命的编年史，他的作品应该成为支持人，帮助他巍然挺立并取得胜利的基石和支柱。"[1]

艺术是强心针，当人处于绝望之境、濒临万念俱灰时，全情倾注于艺术创造，乃至大放悲声，却是进行自我救赎的最深刻、最诗意的方式。屈原在痛彻心扉后地悲吟出不朽的楚辞，忧怨无法排遣而"惆怅兮自怜"地独抒性灵，聊以自慰。风萧萧落木纷纷，孤独惶惑挥之不去，才下眉头，又上心头，个人的悲戚与天地间的悲怆浑融，个人的愤懑心系国家的衰微，但屈原却能神思飞扬地营造出馥郁芳菲的艺术世界：迷离、缠绵、幽咽、低回、凄婉、沉郁的曼妙世界。诗人在众人皆浊我独清的世界里，寄寓了永恒的期待和纯洁的理想，虽然外部的世界是无常与狭促的，但内心可以永葆清洁的精神，对自由的追求与高洁的坚守，虽九死其犹未悔！这便是伟大忠贞的国魂对残缺世界，最美

---

[1] 刘保端等，译．美国作家论文学［M］．北京：生活·读书·新知三联书店，1984：367-368．

丽、最丰盈、最震撼的超越。

　　浮生如梦幻泡影，正如佛学提出的"幻灭"论，凡夫众生都须经历幻身聚散，红尘万象在生灭荣枯中轮回，美梦幻影最终会破灭，但多数人还是愿意在泡影中捕捉缤纷的色彩，甘愿兜着痛苦在岁月的磨砺中无悔前行和体验超功利的快感，能够在侘寂幽独中聆听心灵深处的独白。这其实反映了人们在看尽人间冷暖以后，看破荣辱又能珍惜生命，是对残缺性存在最真诚地肯定性体认。人们的残缺意识随之渗透入生活、哲学、文艺等各领域，形成了"审残审丑""以悲为美""以悲动人"的悲情主义风尚，在超我、超物中进入美学实践与艺术升华的逆转与重估。

　　深陷残缺罗网的生命个体，在肯定身不由己的痛苦本身的同时，还应觉悟痛苦的根源与放下外缘的枷锁，所以相对于"悲"的状态而言，"忘"体现了进一步超越的境界，以"忘"解放形役的超达："故养志者忘形，养形者忘利，致道者忘心矣。"（《庄子杂篇·让王》）剥离了对功利的苛求与机心，忘怀世俗的沉浮和感性世界的得失，并非麻木自欺与刻意回避，而是随缘逍遥地超越残缺的灵妙之道，惟其如此才能跨越樊篱，使心灵静默、陶然、轻安于更超旷深邃的境地。

　　天时有否泰，人事多甘苦。沉重的苦难、无情的链锁遍周于支离破碎的存在之域。完美极乐只存在于宗教世界与超验世界中的彼岸，宗教不仅救赎困厄，还有导向解脱的功能。弘一法师在圆寂之前曾意味深长地写下："华枝春满，天心月圆。"当他回首潮起潮落的一生，依然能感悟圆满的欢喜，这是一种超于凡人的"无执"的大彻大悟。因为极乐之境混沌遥远，世人只能在现实世界、经验世界、艺术世界中通往彼岸之路，长途跋涉、跌跌撞撞地继续负重前行，甚至最终无法抵达。人们在此岸沿途遭逢残缺，烦恼即菩提，在历练中正视残缺、无畏残缺，以诗意观照残缺、超越残缺，在虚空与残缺、无待与有待中发现崭新的艺术旨趣，寻求令人耳目一新的美学转机。

　　"但对落英开酒盏，每年如此任春风。"（文同《莫扫花》）既然荣谢皆空，何必迷恋正茂芳华，落花残红里潜伏了明年花开的惊喜，天心静默运推移，尚可在落英缤纷中闲庭漫步，只因"高逸诗情无别怨，春游从遭落花繁。"（皎然《送如献上人游长安》）

残缺的美学观照与诗意追问

第三节　美在亲疏

"好的表演以及正确的鉴赏,都要求既有感情又有判断,既要把自己摆进去,又要超越地观照。"[1]

——朱光潜

由于审美观念和审美经验的差异,每个人对残缺的体会都各不相同。残缺之所以能够使人产生美感,是因为人对残缺观照的特殊角度,以及与残缺保持着特定距离的审美态度,一旦超出了某种限度,人们对残缺审美对象的观照将很难跳脱出来,因而不会激发人的美感体验,这与残缺作为丑的审美特征是一致的。

朱光潜先生认为正确的鉴赏,既要有反思性的情感,又要有超越性的观照,前者可理解为与残缺的对象保持亲近的关系,后者指与残缺对象保持一种疏离的关系。正是这种若即若离的审美距离,使残缺意象本身招致的锐利痛感转化为了深层次的美感,从审美心理层面达到化悲为美的相对平衡,也使得审美过程更为奇崛,更为动人,才能在悲凉的哀歌中听取摄人心魄的律动。

对残缺的"亲近"可视为同情的表现,甚至与残缺握手言和。同情分为两种,一种是道德同情,另一种是审美同情。由于残缺的不完满状态,常让人感到遗憾,甚至是痛惜之情。由于残缺的发生与存在具有普遍性,并有随时降临自身的可能性,所以才容易引起人们在情感上的共鸣。心同此理,这种共鸣在来源上同属于一"类",因而会产生感同身受的怜悯之情。正如朱光潜先生所说:

"真正的怜悯不只是畏惧痛苦,而且更希望去经受这种痛苦,这是一种微弱的希望,人们几乎不愿它成为现实,但又不禁会抱有着这种愿望,好像老天做下了大不公平的事情,人不受难就有与之串通共谋的嫌疑,因此,怜悯的实质是自谦的需要,是与别人同患难的强烈

---

[1] 朱光潜. 悲剧心理学 [M]. 北京:人民文学出版社,1983.

愿望。"❶

听乐能悲为知音。同患难的愿望除了出于对同类产生恻隐之心的同情，也因为残缺是人的一种根本处境（本质性存在），没有任何人能逃脱残缺这种生存困境，只有遭受程度的轻重差异而已，于是同处缺境的人们，会情不自禁地同叹息、共垂涕，并渴望能同担当、共命运，于是将心比心的同情不仅反映了感化之力，还体现了终极之思。由个体的残缺折射出众心一体的困境，使他超越了个体生命中有限的必然，将自己的沉思复归于全体生命的融汇，这时他的思考呈现为对人类整体存在的担当。

"在同样的情感体验历程中，在众心一体中，在欣赏个体从灵魂深处获得了类的归属感，与类达到同一，摆脱了内心深处一切难以言说的隐秘的孤独感，没有比复归于类更使人的心灵感到欢欣快乐的了。"❷

众心一体的大视野、大情怀，指向了"类"的本质性观照，从审美主体从审美的同情中获得价值认同，获取审美一致性的回应，从残缺意象的审美过程中获得的快乐，亦为深刻的快感。而审美同情属于超功利的内模仿活动，主客体之间处于亲密无碍的"我们"关系，自我与非我的界线消除了。主体不再冷眼旁观，而是真诚地亲身投入，与客体真正的遇合。缩小了主客之间的冲突与割裂，并将主观情感自觉移入残缺客体，契合了天人合一、物我一体的中国传统审美思维，在此前提下体会和鉴赏残缺之美，而不仅仅用伦理或道德的标准去施舍同情，是一种颇具意味的审美超越。比如人们欣赏残缺却有意味的艺术品，观赏残疾艺术家美妙的舞蹈表演时，往往都会被"美丽的意外"所深深折服和震撼，这种心灵的共鸣不仅由于怜惜悲鸣，而且更多是发自会心的欣赏赞叹。

"悲剧知识变成冷漠，即对痛苦无动于衷的刀枪不入的安宁。"
——雅斯贝尔斯❸

---

❶ 朱光潜．悲剧心理学［M］．北京：人民文学出版社，1983：77．
❷ 朱光潜．悲剧心理学［M］．北京：人民文学出版社，1983：231．
❸ ［德］雅斯贝尔斯．悲剧的超越［M］//陆扬主编．20世纪西方美学经典文本第2卷《回归存在之源》．上海：复旦大学出版社，2000：410．

所谓的冷静旁观，即刻意营造一种疏离感，尝试剥离残缺本身带给人的不快和不适，即当人们有意与残缺拉开一定距离，从而使残缺引发的困惑、焦虑、遗憾、绝望等不良情绪变得相对微弱，使人能更客观、更专注地发现和感受其转折之美、深层之美、超脱之美。再如，由于主体与客体的差异，当两者充分地拉开距离后，使完美对残缺在巨大的落差中形成优越感、冷漠感。又如，因为主体对残缺深感恐惧，而不愿成为残缺，所以会自觉地进行自我保护、自我反思，进而得以自我升华。若与残缺拉近距离视为审美感情的"入"，那么疏离即为"出"，人们如若保持智性理性的审美判断，又不失热情地情感投入，能游刃有余地在一半忧伤、一半明媚中出入自如，此至高的艺术境界正如王国维在《人间词话》论道：

"诗人对宇宙人生，须入乎其内，又须出乎其外，入乎其内，故能写之。出乎其外，故能观之，入乎其内，故有生气。出乎其外，故有高致。"

（王国维《人间词话》）

心包太虚，意味着审美主体能以虚幻若谷接纳盛衰、以澄澈清朗映照万象，剔除功利地静观世界，才能更接近美的真谛。且要保持合理的心理距离，以免感情过激而泛滥，往往浅吟低唱比仰天长啸更能引起人的哀怜。收敛过度的感情，也更利于审美主体理性的提升。隔空静观残缺之相，如水中望月、雾里看花，又仿佛远处的山峦、氤氲的烟黛所缠绕的那缕绵绵远韵，不完美的裂痕与瑕疵也只是若隐若现、疏疏淡淡，不仅无伤大雅，反而多了几分朦胧醉意与玲珑妙感，而别有情致。"隔"蕴生了更多韵味和更深意境："好风如扇雨如帘，时见岸花汀草涨痕添。"（李鹰《虞美人》）只须笔墨轻淡、诗情厚重，即使扑朔迷离、似有若无，亦能使人心荡神摇，这正是亲疏有度的间距造成了亦实亦虚的真幻之美。既有对残境的哀怜，又追求疏旷的神韵，方能含不尽之意在苍茫之间。

聚散虚空去复还，蔽月遮星作万端。无论与残缺保持亲近还是疏离的关系，无论若即若离还是不即不离，但求即景会心、体物得神，便能触发灵感兴趣，缘会诗性之美。

第四节　美在新异

　　残缺虽缺失，却并不意味着毁灭审美的创造力，而是潜在着生机勃发、韵味无穷的机缘，这些潜在可以萌发流动的可能性和变化的多元性，语简味深得跃入超感性的意指层次，如佛教所谓的"观照"亦是神思妙悟"无目而见"、"无而以听"、"无身觉触"等寂落与无常，审美主体对超以象外的心观妙觉中，能意外收获异乎寻常的超凡美感，意会别出心裁的独创价值。

　　再从审美心理角度理解，格式塔心理学认为，人的审美心理习惯于在视觉领域里将不完美、不规则的形式透过内视性想象，使之趋于完善、秩序井然。然而这常导致人的审美知觉对"完形"产生过于依赖的惰性，局限着人的审美思维长期单调机械化、墨守成规地运作，从而阻隔和消解了美感的形成。只有对恒常的破坏，对麻木惯性的解构，颠倒次序、打破定势、制造变形、错位、边缘、新锐等反常效果，才能使人对非同寻常的重构形式产生惊奇、震撼的感受，或是对生韵远出之冲淡与穿幽透深之玄妙的意会。残缺的艺术形式是别于常态的变形，潜藏了"触动天机"的创造力和"通感风神"的感染力，创发延长感知时间和增加感知难度的陌生化效果，改变观察者钝化的审美期待，唤醒沉睡已久的审美灵感，开阔更丰富广远的美学视野。

　　完整常规反映着庸常俗套，陈言俗语让人味同嚼蜡，如此种种皆容易使人产生审美疲劳，甚至会导致审美淡漠或审美缺失。西风凋碧的不足之体，缺月沉钩的起灭造化，反而充分启动了人的创意体验与审美兴趣，因殊非日常思虑所及的新颖形式更具吸引力。残缺因为迥异于完美，缺损之处别有象征意味，激发了人们进一步破译与探索的好奇心，从而展开妙趣横生与神思飞扬的新体验。据说风流才子唐伯虎纵情山水之时，曾留下墨宝"虫二"两字，人们对此莫名其妙，都觉得如此俗字无法匹配清俊之景。但细加琢磨，会发现其中独到之处恰在于"風月"二字缺损了字的外框，以表达"風月无边"之意，这是聪慧唐伯虎的迁想妙得所创的风流趣味。体现了陌生化手法的巧妙运用，陌生化又称为反常化、奇异化，由什克洛夫斯基首先提出，是俄国形式主义的核心概念。

　　"正是为了恢复对生活的体验，感觉到事物的存在，为了使石头成其为石头，才存在所谓的艺术，艺术的目的是为了把事物提供为一种可观可见之物，而不是可认可知之物。艺术的手法是将事物'奇异化'的手法，是把形式艰深化，从而增加感受的难度和时间的手法，因为在艺术中感受过程本身就是目的，应该使之延长。艺术是对事物的制作进行体验的一种方式，而已制成之物在艺术之中并不重要。"❶

什克洛夫斯基提出的陌生化理论主要针对语言而言，但在同样适用于其他艺术类型，诸多可观可感或若隐若现的残缺形式，具备了实现欣赏的可能性。由此暗示人去联想它完整了以后的全貌，又会自然而然地让人猜想缺失的部分是什么样的，如此揣摩过程使得审美对象新鲜可感，好奇心、惊奇感带动了人反复仔细地涵泳推敲，从而延长了六根触境与心法体道的时间，防止审美接受兴趣的枯竭，正如美学家滕守尧认为复杂的形式更具吸引力：

"那种稍微复杂点，稍微偏离一点和不对称的无组织性的图形，似乎有更大的刺激性和吸引力。这种图形一般能唤起更长时间和更强烈的视觉注意、更大的好奇心。"❷

通过审美内视和知觉重组以发现意出尘外的别致之美，再以曲折笔调勾勒别开生面的风神格调。残缺的潜在与生长，使艺术欣赏成为了心领神会和活泼灵动的过程。但过分强调残缺，又会陷入绝对主义的僵局，唯有使残缺与美感、形与神相辅相成，在诗性的维度游移、转换、重构，才能在原本被摒弃、被忽略的时空境域增添特殊性、丰富性、新颖性、趣味性，从而令人称奇，达到耳目一新、历久弥新的效果，以此冲淡、消弭残缺引发的心理压抑和精神困惑，亦更经得起回味寻味。

补充完形是人们心理惯性使然，而残缺是未完形、常规变形，当期待受阻以后，一方面从隐喻召唤完整的结构，另一方面要打破定式，获得澹泊风貌、清新风趣。艺术家采用陌生化手法来创造形象，来源于超乎寻常的灵感、与众不同的顿悟，融入鲜明的个性色彩，以及力求发挥创造性的艺术魄力，采取不拘一格的视角捕捉对象特征，以见奇见新的形式寓托对世界深刻的洞察。对于

---

❶ [苏] 什克洛夫斯基. 散文理论 [M]. 刘宗次，译. 南昌：百洲文艺出版社，1994：10.
❷ 滕守尧. 审美心理描述 [M]. 北京：中国社会科学出版社，1987：107.

审美者而言，因为知觉了新鲜奇特、千姿百态的世界万象，期待视野受挫而好奇与振奋，会情不自禁地进入寻幽探胜的境界。"举杯将月一口吞，举头见月犹在天。老夫大笑问客道：'月是一团还两团？'酒入诗肠风火发，月入诗肠冰雪泼；一杯未尽诗已成，诵诗向天天亦惊。"（杨万里《重九后二日同徐克章登万花川谷月下传觞》）月入诗肠月似损，诗性的美妙光华却照亮了浪漫夜空。

自古以来，文人骚客常以月亮的阴晴圆缺喻指人间的聚散无常。吕本中创意别致地描绘了江楼月寄托的思念之苦："恨君不似江楼月，南北东西。南北东西。只有相随无别离。恨君却似江楼月，暂满还亏。暂满还亏。待得团圆是几时。"（吕本中《采桑子》）无论月儿相伴相随，还是暂满还亏，离情别恨之人的团圆之愿总不得圆满，词人以独具匠心、反切入理的方式，表达"爱别离"的情感缺憾。语言平淡清新似脱口而出，创意新颖巧妙让人过目难忘。

若无新变，难以代雄，不涉理路的别才别趣多能开辟别有天地。人们在各自的艺术阵营中各显神通，对残缺之域探幽触微，拓宽潜能灵感的诗性创造，激发清奇飘逸的审美想象，追索意致婉曲的不绝余韵，方可通达悠远深邃的诗意境界。

第五节 美在追问

自古以来，人类以各自独特的方式对生命存在的价值和扑朔迷离的世界，进行孜孜不倦地探索与追问，有些从哲学层面进行深思，有些从文化角度加以反思，有些则从美感出发追问诗意。残缺作为现实造化与生命创化的一部分，是能够兴发艺术创造和美学欣赏的起点，人类在残缺、幻灭、追问、超越的历程中不断前行，审美潜能由以激发，审美创新思维得以开拓，审美能力也越发成熟，这些都是追问引动的历久弥新的价值。"使贫贱易安，幽居靡闷，莫尚于诗矣。"（钟嵘《诗品序》）残缺在缺失的同时，沉潜了绵延无尽的隐喻性时空，需要求美的诗心去发现、品赏、意会其虚涵的、幽深的蕴化，对诗家之景的诗意构象与神思辐射的过程，即为对"未完形"且"未尽意"进行美的追问。

诗穷而后工。当残缺进入艺术视野，当孤独邂逅妙思灵感，尖锐激切的悲情忧思得到诗家的精心打磨，从而在审美直觉或审美沉思上焕发透彻玲珑的光泽。明代王世贞深知"愁思之声要眇"的道理："贫老愁病，流窜滞留，人所不谓佳者也，然而入诗则佳。富贵荣显，人所谓佳者也，然而入诗则不佳。"（王世贞《艺苑卮言》）完美在某些时候，其实也是一种缺憾，因为完美断绝了人们对美继续追求的动力与追问的可能性。而当人们被流放于不完美的境遇中，才有突围困境的冲动，进而有突破审美心理定式的可能。所以，文艺者一般不会对残缺抱以偏见与成见，甚至满怀创造热情，描绘清瘦冷硬、闲寂枯淡、悲凉清旷、幽玄余韵等纷繁万象、世情万端。

缺憾、磨难、空白孕育着审美机缘，"凡斯种种，感荡心灵，非陈诗何以展其义，非长歌何以骋其情？"（钟嵘《诗品》）贫老愁病成就了入诗素材，人们在残缺的激发下，在尝试艺术弥全的过程中，启动"审美内视"的功能，对未完形、已失去、未尽意的虚缺部分进行虚构性想象与创造。王国维先生言："吾人之胸洞然无物，而后其观物也深，而其体物也切。"（王国维《人间词话》）游心于若有若无的边缘，从有指向无，由无指向空，又在空里彩绘妙有，在"存而不在"之上创造出超具象性的意蕴。审美内视能够从内心世界重构心灵意象并追问无穷诗思，因此将残缺作为妙机其微的缘起，补充更立体、更深入、更微妙、更诗意的美感。

如果说人生充满无常、难以圆满，命运不可能善待与馈赠每个人，那么残缺则为普遍性存在的"常态"。而作为反常化的美学状态，残缺美却是常态中的"变态"，无理而妙、反常合道的"变态"意味着对常态突破和超常发挥，便能体会意料之外的快感和美感。"我心伤悲，莫知我哀。"（《小雅·采薇》）由存在的残境、困境、逆境，催化为苦思悲吟的咏叹，感恨哀歌的流泪谴怀，此类穷苦之言易好，充分发挥了语言媒介所指能指的功能，展开复意、新意、任意的美学张力，曲折微妙地广延了无边、无待、无穷的情致意味。

艺术是时空的表征与演绎，通过审美观照思接千载，以审美内视视通万里，从时间的绵延、空间的深远处，寻找游移弥漫在现存时空之外的恍兮惚兮、若隐若现、若实若虚的诗意。真如潜藏于残缺性、虚幻性的表象与幻相下，极幻与极真、残缺与圆满之间并无绝对界限，在它们的间隙中游刃有余地穿插着深沉又轻盈的诗意。

"诗之妙处，诗之至处，妙在含蓄无垠，思致微渺，其寄托在可言不可言之间，其指归在可解不可解之会，言在此而意在彼，泯端倪而离形象,绝议论而穷思维,引人于冥漠恍惚之境,所以为至也。"

(叶燮《原诗》)

在可言不可言、可解与不可解、言在此而意在彼的冥漠恍惚、淡远无垠之处,被融入了应会感神的审美畅想。犹如默会妙悟的空灵诗禅,以及不确定性、创造性的神思飞扬的艺术思维,即使有所缺失,即使未置于眉睫之前,亦可尽得风流,发现美之所在。在现存时空的止步之处,更为广阔的虚涵诗意境域重新敞开,在美学时空得以延伸后,再融入主观本质力量的能动性,才会有生成美的不息活力循着迷离的轨迹徜徉、跳跃、超越,对未知的美学世界进行探微,从生死悲喜追问存在的底蕴与归宿,在路上也许就能遇见别样的风景、享受意外的惊喜。

美学的巧妙在于从不同寻常的偶然机缘里创造奇迹,故而残缺多能幻化出美学潜质和审美惊奇感。美妙艺术的表征往往不会一语道破、无法一眼望穿,而是仿佛空中音、水中月充满了暗示性、象征性、多元性,含蕴无穷而妙趣横生。

必然的残缺性成功转型、嬗变为巧妙的残缺美,这个过程反映了有待向无待的超越,不逐物迁、不受形役、不为外缚的无为方可向绝对自由逍遥迈进,既须残缺对象本身包孕美的潜质,更需要创造主体的美学阐释力、诗性塑造力、创造性想象力等人的本质力量的全面开发及诗艺才华的充分发挥。淡化了形而下的缺憾和否定性因素,在形而上与美学层面的大道深境中自足自适、进退自如。

残缺的形式潜层下渗透着生生不息的灵动活力和魅力,启悟人们去追寻其蕴藉的生发点,残缺意味永远不可能达到完美,但可以凭借审美的东风,获得愈来愈趋向美的无限可能。残缺是非完型之态,而它又是最为活跃的动感形式,于是它富有多维的审美视角与审美向度。残缺在空白之处、缺损间隙所流转沉浮的余意、余味,可供细细回味,追索其中摇曳而出的浪漫气息,使人感之进而醉之。

陶渊明通晓"清琴横床,浊酒半壶"(陶渊明《时运》)的音乐之美和生活之趣,并珍藏着一张无弦的琴,每当酒酣意悦,则随心所欲地抚弄无弦琴,以寄托自己的情志。无弦琴虽缺了琴弦,尚可妙传清幽的玄音,因无待于声音的大音希声,更为关键的是有能听之于心的默契知音的倾听与共鸣,才能响落沧溟。

无弦琴原本的局限性并没有妨碍它传播清韵佳趣的魅力,世俗之耳难以聆听悄然洞然音声,审美之心可听取其方外之韵,自在无碍地融入意味深长的艺术逸境,一超直入不可思议的彼岸灵境。

因此,艺术家们愿意以"心包太虚"的宗教式的虔诚与热忱,"虚室生白"的诗性的灵动与创韵,跨过残缺的悬隔与障碍,走出残缺单一、狭隘的表象,迈入多元、丰富的心意所向的存在,熔铸对美的向往,将目光投向更远更深的境界。欣赏者也能摆脱功利的心态和工具性的目的,以有情怀、有品格的包容心去感受、理解,甚至赞叹、品赏有意味的残缺美,全身心地投入残缺美的共同创造当中,寻味从求美与抱缺的心物荡漾出的渺渺洪波。以时间迁逝、空间缺失、生命有限为始,潜气内转向朦胧幽深的心灵场与无限涵蕴的内结构,沉重而轻盈地叩问理想与永恒。

真正的诗人在观照残缺时,能凭借想象和饱含感情地记忆与创造,酣畅淋漓地书写,感人肺腑地动情,对放浪于形骸之外的诗意追求,是从质朴稚拙、暗潜幽约的艺术风貌,指向销尽铅华的真淳与恣肆烂漫的诗魂,从陌生化与惊奇感中坚守求美的信念。"行到水穷处,坐看云起时"(王维《终南别业》),表现了穷与达的心理距离,此中还隐含了诗性因果的逻辑,在残缺的低落处寻找审美的缘起,从悲歌中感悟生命的悠长意味和文学的经典魅力,会通诗性智慧以破解残缺实涵的限度,解放创造性艺术思维去开拓充满未知奇幻、流风余韵的虚涵美学境界。

无论是虽败犹荣的西西弗,还是天道酬勤的夸父,他们象征着对终极价值的求索,他们身上绽放着不凡的精神光辉且渗透了作者的诗性通达。人类步履维难地进入终极世界与美学境界,也许都绕不过残缺曲折的阻滞,或混沌无明的彷徨,但也为审美之途昭示了有无相生的清逸风神,并能引向无限绵延的超越性涵蕴。唯有体味了残缺带来的痛苦,才能回味苦涩后甘美的超越快乐,我始终愿意相信玉汝于成、意知洞开会是对永恒诗心的最美回报。

对于残缺美的向往与追寻,仿佛对在水一方的伊人的倾心与慕求:"溯洄从之,道阻且长。溯游从之,宛在水中央。"(《诗经·蒹葭》)在追逐美的漫漫远道上,若能够自觉虔诚于审美追问与诗意追问,便可守护真我与意会超我,还能邂逅特别的你。

附录　含英咀华与寻幽探微

中国古代诗人善于将内心对残缺的体味，结合身世之叹、家国之忧、命运之思，融入残缺意象中加以表现渲染，营造了哀感顽艳、凄美苍凉的美学风格。正如李贽道出了以文章诉心中不平的作用：

"且夫世之真能文者，此其初皆非有意于为文也。其胸中有如许无状可怪之事，其喉间有如许欲吐而不敢吐之物。其口头又时时有许多欲语而莫可所以告语之处，蓄极积久，势不能遏。一旦见景生情，触目兴叹，夺他人之酒杯浇自己之块垒，诉心中之不平，感数奇于千载。既已喷玉唾珠，昭回云汉，为章于天矣，遂亦自负，发狂大叫，流涕恸哭，不能自止。"[1]

作家对真情真性的抒发，源于内心对残缺与愁苦怨恨等悲情郁结，继而发狂大叫、流涕恸哭，随之喷玉唾珠的艺术创造力。笔者撷取了一些典型性、心灵化的残缺表征，为读者展示了浪漫古典的诗词精粹、充满灵性的吉光片羽。即使繁华委逝川，通过含英咀华，寻幽探微，依然能在古人的悲思哀吟中感受隽永的诗韵，品味清苦的雅趣，追问悠长的余味。

第一节　悲风

1. 去者日以疏（魏晋·无名氏）

去者日以疏，来者日以亲。

---

[1] 李贽. 焚书·杂说 [M]. 北京：中华书局，1975：96.

出郭门直视，但见丘与坟。
古墓犁为田，松柏摧为薪。
白杨多悲风，萧萧愁杀人。
思还故里闾，欲归道无因。

2. 诗（魏晋·阮瑀）

临川多悲风，秋日苦清凉。客子易为戚，感此用哀伤。
揽衣起踯躅，上观心与房。三星守故次，明月未收光。
鸡鸣当何时，朝晨尚未央。还坐长叹息，忧忧安可忘。

3. 挽歌诗三首 其二（魏晋·陆机）

流离亲友思，惆怅神不泰。素骖伫辒轩，玄驷骛飞盖。
哀鸣兴殡宫，回迟悲野外。魂舆寂无响，但见冠与带。
备物象平生，长旐谁为旆。悲风徽行轨，倾云结流霭。
振策指灵丘，驾言从此逝。

4. 拟青青河畔草诗（魏晋·陆机）

靡靡江蓠草，熠熠生河侧。皎皎彼姝女，阿那当轩织。
粲粲妖容姿，灼灼美颜色。良人游不归，偏栖独支翼。
空房来悲风，中夜起叹息。

5. 饮酒二十首并序 其一十六（魏晋·陶潜）

少年罕人事，游好在六经。行行向不惑，淹留自无成。
竟抱固穷节，饥寒饱所更。弊庐交悲风，荒草没前庭。
披褐守长夜，晨鸡不肯鸣。孟公不在兹，终以翳吾情。

6. 杂诗十二首 其十（魏晋·陶潜）

闲居执荡志，时驶不可稽。驱役无停息，轩裳逝东崖。
泛舟拟董司，悲风激我怀。岁月有常御，我来淹已弥。

7. 浮萍篇（魏晋·曹植）

浮萍寄清水，随风东西流。结发辞严亲，来为君子仇。
恪勤在朝夕，无端获罪尤。在昔蒙恩惠，和乐如瑟琴。
何意今摧颓，旷若商与参。茱萸自有芳，不若桂与兰。
新人虽可爱，无若故所欢。行云有返期，君恩倘中还。
慊慊仰天叹，愁心将何愬。日月不恒处，人生忽若寓。
悲风来入怀，泪下如垂露。发箧造裳衣，裁缝纨与素。

8. 长相思（南北朝·王瑳）

长相思。久离别。两心同忆不相彻。悲风凄。愁云结。
柳叶眉上销。菱花镜中灭。雁封归飞断。鲤素还流绝。

9. 燕歌行（南北朝·谢灵运）

孟冬初寒节气成。悲风入闱霜依庭。秋蝉噪柳燕辞楹。念君行役怨边城。
君何崎岖久徂征。岂无膏沐感鹳鸣。对君不乐泪沾缨。辟窗开幌弄秦筝。
调弦促柱多哀声。遥夜明月鉴帷屏。谁知河汉浅且清。展转思服悲明星。

10. 古辞（南北朝·鲍照）

容华不待年，何为客游梁。九月寒阴合，悲风断君肠。
叹息空房妇，幽思坐自伤。劳心结远路，惆怅独未央。

11. 代别鹤操（南北朝·鲍照）

双鹤俱起时，徘徊沧海间。长弄若天汉，轻躯似云悬。
幽客时结侣，提携游三山。青缴凌瑶台，丹罗笼紫烟。
海上悲风急，三山多云雾。散乱一相失，惊孤不得住。
缅然日月驰，远矣绝音仪。有愿而不遂，无怨以生离。
鹿鸣在深草，蝉鸣隐高枝。心自有所存，旁人那得知。

12. 自义亭驿送李长史纵夜泊临平东湖（唐·皎然）

长亭宾驭散，岐路起悲风。千里勤王事，驱车明月中。
寒生洞庭水，夜度塞门鸿。处处堪伤别，归来山又空。

13. 题馀不溪废寺（唐·皎然）

武原离乱后，真界积尘埃。残月生秋水，悲风起故台。
居人今已尽，栖鸽暝还来。不到无生理，应堪赋七哀。

14. 顺宗至德大圣大安孝皇帝挽歌词三首 其三（唐·元稹）

七月悲风起，凄凉万国人。羽仪经巷内，辒辌转城闉。
暝色依陵早，秋声入辂新。自嗟同草木，不识永贞春。

15. 过北邙山（唐·刘沧）

散漫黄埃满北原，折碑横路碾苔痕。空山夜月来松影，荒冢春风变木根。
漠漠兔丝罗古庙，翩翩丹旐过孤村。白杨落日悲风起，萧索寒巢鸟独奔。

16. 司马相如琴台（唐·岑参）

相如琴台古，人去台亦空。台上寒萧条，至今多悲风。
荒台汉时月，色与旧时同。

— 201 —

17. 月夜听卢子顺弹琴（唐·李白）
闲坐夜明月，幽人弹素琴。忽闻悲风调，宛若寒松吟。
白雪乱纤手，绿水清虚心。钟期久已没，世上无知音。

18. 古风 其三十二（唐·李白）
蓐收肃金气，西陆弦海月。秋蝉号阶轩，感物忧不歇。
良辰竟何许，大运有沦忽。天寒悲风生，夜久众星没。
恻恻不忍言，哀歌逮明发。

19. 秋笛（唐·杜甫）
清商欲尽奏，奏苦血沾衣。他日伤心极，征人白骨归。
相逢恐恨过，故作发声微。不见秋云动，悲风稍稍飞。

20. 收京（唐·杜甫）
复道收京邑，兼闻杀犬戎。衣冠却扈从，车架已还宫。
克复成如此，安危在数公。莫令回首地，恸哭起悲风。

21. 题李尊师松树障子歌（唐·杜甫）
老夫清晨梳白头，玄都道士来相访。握发呼儿延入户，手提新画青松障。
障子松林静杳冥，凭轩忽若无丹青。阴崖却承霜雪干，偃盖反走虬龙形。
老夫平生好奇古，对此兴与精灵聚。已知仙客意相亲，更觉良工心独苦。
松下丈人巾屦同，偶坐似是商山翁。怅望聊歌紫芝曲，时危惨澹来悲风。

22. 战城南（唐·杨炯）
塞北途辽远，城南战苦辛。幡旗如鸟翼，甲胄似鱼鳞。
冻水寒伤马，悲风愁杀人。寸心明白日，千里暗黄尘。

23. 伤时二首 其二（唐·孟云卿）
徘回宋郊上，不睹平生亲。独立正伤心，悲风来孟津。
大方载群物，生死有常伦。虎豹不相食，哀哉人食人。
岂伊逢世运，天道亮云云。

24. 感怀 其七（唐·孟郊）
河梁莫相遇，草草不复言。汉家正离乱，王粲别荆蛮。
野泽何萧条，悲风振空山。举头是星辰，念我何时还。
亲爱久别散，形神各离迁。未为生死诀，长在心目间。

25. 湘妃庙（唐·罗隐）
刘表荒碑断水滨，庙前幽草闭残春。已将怨泪流斑竹，又感悲风入白蘋。

八族未来谁北拱，四凶犹在莫南巡。九峰相似堪疑处，望见苍梧不见人。

26. 省试湘灵鼓瑟（唐·钱起）

善鼓云和瑟，常闻帝子灵。冯夷空自舞，楚客不堪听。
苦调凄金石，清音入杳冥。苍梧来怨慕，白芷动芳馨。
流水传潇浦，悲风过洞庭。曲终人不见，江上数峰青。

27. 寓目（宋·孔平仲）

白日照园林，悲风久萧索。横秋只鹘健，驾海孤帆逸。
阴云带雨归，晴嶂排空出。一望一高歌，凭谁纵吟笔。

28. 夜坐偶成（宋·文天祥）

萧萧秋夜凉，明月入我户。揽衣起中庭，仰见牛与女。
坐久寒露下，悲风动纨素。不遇王子乔，此意谁与语。

29. 淮安军（宋·文天祥）

楚州城门外，白杨吹悲风。累累死人冢，死向锋镝中。
岂无匹妇冤，定无万夫雄。中原在其北，登城望何穷。

30. 歌风台（宋·文天祥）

长陵有神气，万岁光如虹。有时风雪变，魂魄来沛宫。
壮哉游子乡，一览万宇空。击筑戒复隍，帝业慎所终。
重瞳爱梁父，此情岂不同。锦衣绚行昼，丈夫何浅中。
缅怀首丘意，自足分雌雄。尚惜霸心存，慷慨怀勇功。
不见往来事，烹狗与藏弓。早知致两生，礼乐三代隆。
匹夫事已往，安用责乃翁。我来汤沐邑，白杨吹悲风。
永言三侯章，隐隐闻儿童。叶落皆归根，飘零独秋蓬。
登台共悽恻，目送南飞鸿。

31. 六歌 其一（宋·文天祥）

有妻有妻出糟糠，自少结发不下堂。乱离中道逢虎狼，凤飞翩翩失其凰。
将雏一二去何方，岂料国破家亦亡，不忍舍君罗襦裳。
天长地久终茫茫，牛女夜夜遥相望。呜呼一歌兮歌正长，悲风北来起彷徨。

32. 仁宗皇帝挽诗十首 其八（宋·文同）

被衮才凭几，跻阶忽受同。哀文铺帝业，谥册讲仁功。
竭蹶趋群后，号咷动两宫。铭旌来巩洛，万里卷悲风。

33. 梁王吹台（宋·王安石）

繁台繁姓人，埋灭为蒿蓬。况乃汉骄子，魂游谁肯逢。
缅思当盛时，警跸在虚空。蛾眉倚高寒，环佩吹玲珑。
大梁千万家，回首云濛濛。仰不见王处，云间指青红。
宾客有司马，邹枚避其锋。洒笔飞鸟上，为王赋雌雄。
惜今此不传，楚辞擅无穷。空馀一丘土，千载播悲风。

34. 五言二首 其二（宋·王淹）

钟鼎山林事，都卢一梦中。观音门里去，叶叶响悲风。

35. 陆左丞夫人郑氏挽词四首 其四（宋·王铚）

貌㷸栾栾棘，心伤蓼蓼莪。断机慈训在，怀橘孝思多。
露草沾寒泪，云山翠涌波。悲风感行路，楚挽不成歌。

36. 和邵尧夫秋霁登石阁（宋·司马光）

飞檐危槛出林端，王屋嵩丘咫尺间。独爱高明游佛阁，岂知忧喜满尘寰。
目穷莽苍纤毫尽，身得逍遥万象闲。暇日登临无厌数，悲风残叶已珊珊。

37. 和吴辨叔知凤翔见寄（宋·司马光）

岐阳府舍始相逢，四十余春屈指中。昔日布衣今露冕，当时小吏亦衰翁。
醉吟久作藏身计，条教应多及物功。惟是彩衣难再著，长林极目起悲风。

38. 贞女祠（宋·刘岑）

贞女已云远，芳名闻至今。烟波濑江上，松柏古祠深。
暮色留残照，悲风动远林。谪仙文不死，读罢为沾襟。

39. 相见欢 其三（宋·朱敦儒）

金陵城上西楼，倚清秋。万里夕阳垂地，大江流。
中原乱，簪缨散，几时收？试倩悲风吹泪，过扬州。

40. 安溪书事（宋·朱熹）

清溪流不极，夕雾起岚阴。虚邑带寒水，悲风号远林。
涵山日欲晦，窥阁景方沉。极目无遗眺，空令愁寸心。

41. 潘上舍父挽诗 其一（宋·许应龙）

狗苟蝇营笑俗情，机心降尽倒风旌。人生六秩不为夭，家累千金能享成。
老去月评推吉德，生前天爵谢虚荣。悲风瑟瑟飞丹旐，行道欷歔亦失声。

42. 岁暮福昌怀古四首 其一 谷州故城（宋·张耒）

原北荒城旧谷州，文皇功业莽悠悠。天戈挥去开东夏，金甲归来献二囚。

想像英姿辉日月，苍茫故国委林丘。山川惨惨空回首，落日悲风蔓草秋。

43. 黄州（宋·张孝祥）

平生闻赤壁，今日到黄州。古戍参差月，空江浩荡秋。

艰难念时事，留滞岂身谋。索索悲风里，沧浪亦白头。

44. 减字木兰花 琴（宋·苏轼）

神闲意定，万籁收声天地静。玉指冰弦。未动宫商意已传。

悲风流水，写出寥寥千古意。归去无眠。一夜余音在耳边。

45. 贺新郎 其三 送杜叔高（宋·辛弃疾）

细把君诗说：怅余音、钧天浩荡，洞庭胶葛。千尺阴崖尘不到，惟有层冰积雪。

乍一见、寒生毛发。自昔佳人多薄命，对古来、一片伤心月。

金屋冷，夜调瑟。

去天尺五君家别。看乘空、鱼龙惨淡，风云开合。起望衣冠神州路，白日销残战骨。

叹夷甫、诸人清绝！夜半狂歌悲风起，听铮铮、阵马檐间铁。

南共北，正分裂！

46. 对酒叹（宋·陆游）

镜虽明不能使丑者妍，酒虽美不能使悲者乐。

男子之生桑弧蓬矢射四方，古人所怀何磊落。

我欲北临黄河观禹功，犬羊腥膻尘漠漠。

又欲南适苍梧吊虞舜，九疑难寻眇联络。

惟有一片心，可受生死托。千金轻掷重意气，百舍孤征赴然诺。

或携短剑隐红尘，亦入名山烧大药。儿女何足顾，岁月不贷人。

黑貂十年弊，白发一朝新。半酣耿耿不自得，清啸长歌裂金石。

曲终四座惨悲风，人人掩泪无人色。

47. 州学贵中庭上作（宋·欧阳澈）

漠漠阴凝水墨天，雨丝成阵拂窗前。千层叠巘笼轻霭，一带澄江锁淡烟。

归思似云空散乱，名踪如系尚留连。当时错笑悲风赋，今日闲愁顿黯然。

48. 胡孙愁（宋·范成大）

倾崖当胸石啮足，失势毛氄槁幽谷。王孙却走断不到，惟有哀猿如鬼哭。

仆夫酸嘶诉涂穷，我亦付命无何中。悲风忽来木叶战，落日虎嘷枯竹丛。

49. 虞美人草（宋·姜夔）
夜阑浩歌起，玉帐生悲风。江东可千里，弃妾蓬蒿中。
化石那解语，作草犹可舞。陌上望骓来，翻愁不相顾。

50. 楚江有吊（宋·寇准）
悲风飒飒起长洲，独吊灵均恨莫收。深岸自随浮世变，遗魂不逐大江流。
霜凄极浦幽兰暮，波动寒沙宿雁愁。月落烟沈无处泊，数声猿叫楚山秋。

51. 寒食（宋·梅尧臣）
坟冢遍青山，高低占原谷。向来路已荒，今迷问樵牧。
涉水到云林，隔岗闻近哭。沃酒白杨下，悲风何飋飋。
雨止梨园残，鸠声在茅屋。

52. 至荷湖二首 其二（宋·曾巩）
悲风我眼涩，酸狖我耳愁。我颠水没马，我起雪满裘。
百里不逢人，岂有烟火投。却倚青壁望，白雾满九州。
苍苍运乃尔，何地放我忧。夜卧梦成魇，犹疑拔山湫。

53. 秋怀十二首 其一（元末明初·王冕）
悲风度古木，吹我屋上茅。茅去屋见底，风声尚萧萧。
人心一何苦，人情一何骄。却将眼下泪，散作炎上膏。

第二节　残阳

1. 送严明府入关谒黎京兆（唐·皎然）
春日异秋风，何为怨别同。潮回芳渚没，花落昼山空。
旅候闻嘶马，残阳望断鸿。应思右内史，相见直城中。

2. 送子婿崔真甫李穆往扬州四首 其三（唐·刘长卿）
雁还空渚在，人去落潮翻。临水独挥手，残阳归掩门。

3. 秋月望上阳宫（唐·刘沧）
苔色轻尘锁洞房，乱鸦群鸽集残阳。青山空出禁城日，黄叶自飞宫树霜。
御路几年香辇去，天津终日水声长。此时独立意难尽，正值西风砧杵凉。

4. 伤愚溪三首 其二（唐·刘禹锡）
草圣数行留坏壁，木奴千树属邻家。唯见里门通德榜，残阳寂寞出樵车。

5. 残秋感怆（唐·齐己）

日日加衰病，心心趣寂寥。残阳起闲望，万木耸寒条。
楚寺新为客，吴江旧看潮。此怀何以寄，风雨暮萧萧。

6. 送二友生归宜阳（唐·齐己）

二生俱我友，清苦辈流稀。旧国居相近，孤帆秋共归。
残阳沙鸟乱，疏雨岛枫飞。几宿多山处，猿啼烛影微。

7. 重阳日荆州作（唐·吴融）

万里投荒已自哀，高秋寓目更徘徊。浊醪任冷难辞醉，黄菊因暄却未开。
上国莫归戎马乱，故人何在塞鸿来。惊时感事俱无奈，不待残阳下楚台。

8. 河湟旧卒（唐·张乔）

少年随将讨河湟，头白时清返故乡。十万汉军零落尽，独吹边曲向残阳。

9. 登单于台（唐·李士元）

悔上层楼望，翻成极目愁。路沿葱岭去，河背玉关流。
马散眠沙碛，兵闲倚戍楼。残阳三会角，吹白旅人头。

10. 九日（唐·李群玉）

年年羞见菊花开，十度悲秋上楚台。半岭残阳衔树落，一行斜雁向人来。
行云永绝襄王梦，野水偏伤宋玉怀。丝管阑珊归客尽，黄昏独自咏诗回。

11. 池州春送前进士蒯希逸（唐·杜牧）

芳草复芳草，断肠还断肠。自然堪下泪，何必更残阳。
楚岸千万里，燕鸿三两行。有家归不得，况举别君觞。

12. 和袭美馆娃宫怀古五绝 其五（唐·陆龟蒙）

宝袜香綦碎晓尘，乱兵谁惜似花人。伯劳应是精灵使，犹向残阳泣暮春。

13. 春日秦国怀古（唐·周朴）

荒郊一望欲消魂，泾水萦纡傍远村。牛马放多春草尽，原田耕破古碑存。
云和积雪苍山晚，烟伴残阳绿树昏。数里黄沙行客路，不堪回首思秦原。

14. 度东径岭（唐·武元衡）

又过雁门北，不胜南客悲。三边上岩见，双泪望乡垂。
暮角云中戍，残阳天际旗。更看飞白羽，胡马在封陲。

15. 送郭秀才归金陵（唐·周贺）

夏后客堂黄叶多，又怀家国起悲歌。酒前欲别语难尽，云际相思心若何。
鸟下独山秋寺磬，人随大舸晚江波。南徐旧业几时到，门掩残阳积翠萝。

16. 旅舍书怀寄所知二首 其二（唐·罗隐）

簟卷两床琴瑟秋，暂凭前计奈相尤。尘飘马尾甘蓬转，酒忆江边有梦留。隋帝旧祠虽寂寞，楚妃清唱亦风流。可怜别恨无人见，独背残阳下寺楼。

17. 雁（唐·郑谷）

八月悲风九月霜，蓼花红澹苇条黄。石头城下波摇影，星子湾西云间行。惊散渔家吹短笛，失群征戍锁残阳。故乡闻尔亦惆怅，何况扁舟非故乡。

18. 贺新郎 其二 伤春（宋·何梦桂）

花落风初定。倚危阑、衷情欲愬，踌躇不忍。把酒问春春无语，吹落游尘怎任。

待泪雨、红妆蔫尽。不道燕衔春将去，误啼鹃、唤起年年恨。芳草路，人愁甚。

浮生一梦黄粱枕。且不妨、狂歌醉舞，麈谈挥柄。金谷平泉俱尘土，谁是当年豪胜。

但五柳、依然陶令。千古兴亡东流水，望孤鸿、没处残阳影。无限意，伤春兴。

19. 忆旧游 别黄澹翁（宋·吴文英）

送人犹未苦，苦送春、随人去天涯。片红都飞尽，正阴阴润绿，暗里啼鸦。

赋情顿雪双鬓，飞梦逐尘沙。叹病渴凄凉，分香瘦减，两地看花。

西湖断桥路，想系马垂杨，依旧欹斜。葵麦迷烟处，问离巢孤燕，飞过谁家。

故人为写深怨，空壁扫秋蛇。但醉上吴台，残阳草色归思赊。

20. 端正好 其四（宋·杜安世）

野禽林栖啾唧语。闲庭院、残阳将暮。

兰堂静悄珠帘窣。想玉人、归何处。

喜鹊几回薄无据。愁都在、双眉头聚。

凄凉方感孤鸳侣。对夜永、成愁绪。

21. 蝶恋花 其一 送祜之弟（宋·辛弃疾）

衰草残阳三万顷。不算飘零，天外孤鸿影。

几许凄凉须痛饮，行人自向江头醒。

会少离多看两鬓。万缕千丝，何况新来病。

不是离愁难整顿,被他引惹其他恨!

22. 酒泉子 无题(宋·辛弃疾)
流水无情,潮到空城头尽白,离歌一曲怨残阳。断人肠。
东风官柳舞雕墙。三十六宫花溅泪,春声何处说兴亡。燕双双。

23. 春日独游上林院后亭见樱桃花奉寄希深圣俞仍酬递中见寄之什(宋·欧阳修)
昔日寻春地,今来感岁华。人行已荒径,花发半枯槎。
高榭林端出,残阳水外斜。聊持一樽酒,徙倚忆天涯。

24. 竹马子(宋·柳永)
登孤垒荒凉,危亭旷望,静临烟渚。对雌霓挂雨,雄风拂槛,微收烦暑。
渐觉一叶惊秋,残蝉噪晚,素商时序。览景想前欢,指神京,非雾非烟深处。
向此成追感,新愁易积,故人难聚。凭高尽日凝伫。
赢得消魂无语。极目霁霭霏微,暝鸦零乱,萧索江城暮。南楼画角,又送残阳去。

25. 诉衷情近 其一(宋·柳永)
雨晴气爽,伫立江楼望处。澄明远水生光,重叠暮山耸翠。
遥认断桥幽径,隐隐渔村,向晚孤烟起。
残阳里。脉脉朱阑静倚。黯然情绪,未饮先如醉。愁无际。
暮云过了,秋光老尽,故人千里。竟日空凝睇。

26. 卜算子慢(宋·柳永)
江枫渐老,汀蕙半凋,满目败红衰翠。楚客登临,正是暮秋天气,
引疏砧,断续残阳里。对晚景,伤怀念远,新愁旧恨相继。
脉脉人千里。念两处风情,万重烟水。雨歇天高,望断翠峰十二。
尽无言,谁会凭高意?纵写得,离肠万种,奈归云谁寄?

27. 更漏子 其五(宋·晏几道)
出墙花,当路柳,借问芳心谁有。红解笑,绿能颦,千般恼乱春。
北来人,南去客,朝暮等闲攀折。怜晚芳,惜残阳,情知枉断肠。

28. 如梦令 五首其四(宋·秦观)
楼外残阳红满。春入柳条将半。桃李不禁风,回首落英无限。
肠断。肠断。人共楚天俱远。

29. 暮秋感兴（宋·寇准）

苒苒前期远，穷途一可伤。有时闻落叶，不语立残阳。
塞草秋先白，溪沙晚更光。那堪望天末，燕雁又成行。

30. 江上闻鹧鸪（宋·寇准）

水村烟树与云平，闲倚孤舟念远行。无奈乡心倍寥落，残阳中有鹧鸪声。

31. 鸟影度寒塘（宋·黄公度）

秋色满潇湘，天寒玄鸟忙。数声离叠嶂，片影度横塘。
风翻抟寥廓，烟踪入渺茫。乍随萍荇没，还共水云长。
冷浸千寻碧，斜侵两岸霜。凝眸西塞远，疏点带残阳。

32. 八声甘州 其四 和萧汝道感秋（宋末元初·刘辰翁）

但秋风、年又一年深，不禁长年悲。自景阳钟断，馆娃宫闭，冷落心知。
千树西湖杨柳，更管别人离。看取茂陵客，一去无归。
都是旧时行乐，漫烟销日出，水绕山围。看人情荏苒，不似鹧鸪飞。
听砧声、遥连塞外，问三衢、道上去人稀。销凝久，残阳短笛，似我嘘唏。

33. 凤栖梧（金末元初·王庭筠）

衰柳疏疏苔满地。十二栏干，故国三千里。
南去北来人老矣。短亭依旧残阳里。
紫蟹黄柑真解事。似倩西风，劝我归欤未。
王粲登临寥落际。雁飞不断天连水。

34. 外家南寺（金末元初·元好问）

郁郁楸梧动晚烟，一庭风露觉秋偏。眼中高岸移深谷，愁里残阳更乱蝉。
去国衣冠有今日，外家梨栗记当年。白头来往人间遍，依旧僧窗借榻眠。

35. 水调歌头（元·白朴）

感南唐故宫，就隐括后主词。南郊旧坛在，北渡昔人空。
残阳淡淡无语，零落故王宫。
前日雕兰玉砌，今日遗台老树，尚想霸图雄。
谁谓埋金地，都属卖柴翁。慨悲歌，怀故国，又东风。
不堪往事多少，回首梦魂同。莫上小楼上，愁满月明中。

36. 晚眺（元末明初·王冕）

密树连江暗，残阳隔浦明。不知秦塞远，殊觉楚天平。
故国人何在？荒城鸟乱鸣。徘徊吟未已，搔首忽伤情。

37. 怀人（元末明初·王冕）
怀人有多梦，忧国竟忘眠。野草皆成药，江云半是烟。
悲鸿联阵下，老鹤唳孤骞。孰信残阳外？疲民问井田。

38. 次韵和石末公闻海上使命之作因念西州怆然有感二首 其一（元末明初·刘基）
巫间析木天空阔，桐柏终南水乱流。邑里萧条无吠狗，田畴芜秽少耕牛。
萋萋蔓草随人远，淡淡残阳向客留。迟莫飘零偏感旧，几回垂泪睇神州。

39. 和端己韵 其三（明·王彦泓）
游丝摇曳燕飞翔，漾絮浮花正满塘。髻样翻新应爱短，情函道旧不嫌长。
离魂路有云千叠，隔泪人如水一方。最是不堪情味处，残春时节更残阳。

40. 赋得隔水楼高（明·王彦泓）
一寸心期百尺楼，明河界作两边秋。移开月扇朝云出，掩过银屏夜月收。
鬟态易迷花影乱，衣香暗接水光浮。残阳没后寒灯小，各自垂帘背雨愁。

41. 送春（明·李勋）
强对东风酒一尊，留君无计黯消魂。绿波芳草汀边路，飞絮残阳柳外村。
莺倦语时浑寂寞，客伤离处又黄昏。寒灯孤馆何曾寐，山雨潇潇独闭门。

42. 雨中花 其二 春去（清·丁澎）
此去明年还见。何似离情难遣。红泪如珠，偷弹多少，肯把东风换。
未到三更犹是伴。且待阑干弄晚。奈鸟乱花喧，秋千立尽，目送残阳远。

43. 平乐（清·江瑛）
东风庭院。寂寞珠帘卷。小立花阴题句懒。又见旧时双燕。
树头一点残阳。薄寒飘尽蔫香。墙外谁家玉笛，等闲吹断人肠。

44. 于中好（清·纳兰性德）
独背残阳上小楼，谁家玉笛韵偏幽。一行白雁遥天暮，几点黄花满地秋。
惊节序，叹沉浮，秾华如梦水东流。人间所事堪惆怅，莫向横塘问旧游。

45. 浣溪沙（清·纳兰性德）
谁念西风独自凉。萧萧黄叶闭疏窗。沉思往事立残阳。
被酒莫惊春睡重，赌书消得泼茶香。当时只道是寻常。

46. 秋日书怀（清·高岑）
江城木叶已翻飞，深巷萧萧独掩扉。北雁应知书有泪，西风不管客无衣。
他乡岁月秋难遣，故国亲朋日渐稀。坐尽残阳灯火上，满天云影望依依。

47. 登楼（清·缪公恩）
落叶萧条万井秋，碧云天外水东流。苍烟古木寒鸦乱，野径残阳旅客愁。
千里音书悲雁断，十年踪迹感萍浮。擎杯欲醉何曾醉，惆怅西风独倚楼。

48. 意难忘 纳凉有感（清·张令仪）
树敛残阳。正蝉鸣高柳，燕返雕梁。紫兰围石磴，红藕近匡床。
冰簟滑、葛衣凉。记相共徜徉。倾一樽、花前独酌，吊古兴亡。
追忆往事堪伤。恸修文人去，云路茫茫。苔痕疑鹤籀，萤火似燐光。
回首处、泪沾裳。叹三径全荒。纵再对、良辰美景，益断愁肠。

49. 月下笛 秋雾（清·杜贵墀）
十里埋山，蓊腾似梦，渐将成雨。冥漾里，天际惟闻雁时语。
登高约近增惆怅，怕隔断钿车旧路。记残月笼鞭，斜阳唤渡，几番迷误。
烟树，昏如暮。料影障芦江，认帆何处？横波怨汝，短长桥与遮住。
怕教望见残阳缕。又暗向、西风泪注。想润透，彩云衣，犹倚江枫不去。

50. 浣溪沙（近代·王国维）
路转峰回出画塘，一山枫叶背残阳。看来浑不似秋光。
隔座听歌人似玉，六街归骑月如霜。客中行乐只寻常。

第三节　缺月

1. 客中闻从兄岛游蒲绛因寄（唐·无可）
遥遥行李心，苍野入寒深。吟待黄河雪，眠听绛郡砧。
差期逢缺月，访信出空林。何处孤灯下，只闻嘹唳禽。

2. 齐梁怨别（唐·陆龟蒙）
寥寥缺月看将落，檐外霜华染罗幕。不知兰棹到何山，应倚相思树边泊。

3. 秋怀诗十一首 其七（唐·韩愈）
秋夜不可晨，秋日苦易暗。我无汲汲志，何以有此憾。
寒鸡空在栖，缺月烦屡瞰。有琴具徽弦，再鼓听愈淡。
古声久埋灭，无由见真滥。低心逐时趋，苦勉祗能暂。
有如乘风船，一纵不可缆。不如觑文字，丹铅事点勘。
岂必求赢馀，所要石与甔。

4. 葛溪驿（宋·王安石）
缺月昏昏漏未央，一灯明灭照秋床。病身最觉风露早，归梦不知山水长。
坐感岁时歌慷慨，起看天地色凄凉。鸣蝉更乱行人耳，正抱疏桐叶半黄。

5. 秋夜 其一（宋·丘葵）
缺月黄昏照短垣，一灯明灭尚留残。衰颓但觉风霜苦，忧患不知天地宽。
坐想兴亡成感慨，起瞻星象倍辛酸。冻琴弦断书帷冷，槭槭庭梧半夜寒。

6. 阻风（宋·刘子翚）
晚岁多悲风，江湖浪峥嵘。扁舟渺无依，日暮犹孤征。
重岗拥滞雾，迥湿飘浮霙。系舟古岸边，缆断舟复横。
天寒鸿雁稀，滞留知旅情。颓崖震林谷，客子心夜惊。
披衣待清晓，缺月西南明。远游多所怀，益遣归思盈。

7. 六合道中（宋·刘过）
十年曾记此来游，有策中原一战收。蒲柳易凋嫌势去，金汤无用卒和休。
悲风髣髴鸣刁斗，缺月参差照敌楼。庙食封侯何日事，不堪老马又滁州。

8. 和甫自京师至（宋·刘敞）
过事与日多，欢忧两如梦。安知盈樽酒，此国今宵共。
寸心不如昔，感遇每易动。孤笑破群愁，强颜不为用。
天河转屋角，缺月照梁栋。烬落屡缤纷，良时亦倥偬。
骊驹晨在门，十里起相送。暂醉醒不迟，旧愁来更重。

9. 瑞鹤仙 其二（宋·吴文英）
晴丝牵绪乱。对沧江斜日，花飞人远。垂杨暗吴苑。
正旗亭烟冷，河桥风暖。兰情蕙盼。惹相思、春根酒畔。
又争知、吟骨萦消，渐把旧衫重剪。凄断。
流红千浪，缺月孤楼，总难留燕。歌尘凝扇。待凭信，拌分钿。
试挑灯欲写、还依不忍，笺幅偷和泪卷。寄残云、剩雨蓬莱，也应梦见。

10. 菩萨蛮 其三 七夕（宋·张先）
牛星织女年年别。分明不及人间物。匹鸟少孤飞。断沙犹并栖。
洗车昏雨过。缺月云中堕。斜汉晓依依。暗萤还促机。

11. 寓陈杂诗十首 其五（宋·张耒）
清夜何晏晏，客眠亦复佳。邻钟唤我觉，咽咽闻城笳。
披衣行中庭，星汉已横斜。缺月挂西南，皎皎流清华。

莎鸡振其羽，蟋蟀旁悲嗟。悠哉岁已秋，日月如奔车。

12. 秋怀十首 其五（宋·张耒）
虫鸣一何悲，竟夕不能已。缺月能几何，光辉还暂尔。
青灯照床帷，解带偃宵寐。劳劳随朝日，既夕聊此憩。
是非竞贤否，荣辱争贱贵。纷然无时停，膏火互煎沸。
区区竟何有，俯仰终一世。痴儿自骄玩，达者已高逝。
无营谢巧械，咋舌笑愚嗜。犹须多贮酒，迟暮聊卒岁。

13. 永遇乐 秋夜有感（宋·李纲）
秋色方浓，好天凉夜，风雨初霁。缺月如钩，微云半掩，烁星河碎。
爽来轩户，凉生枕簟，夜永悄然无寐。起徘徊，凭栏凝伫，片时万情千意。
江湖倦客，年来衰病，坐叹岁华空逝。往事成尘，新愁似锁，谁是知心底。
五陵萧瑟，中原杳杳，但有满襟清泪。烛兰缸，呼童取酒，且图径醉。

14. 秋怀 其一（宋·李若水）
西风响窗扉，炎火烦一扫。天清露华滋，妍碧谢庭草。
旅怀良独难，缺月窥檐间。呼儿漉新酒，强欲朱衰颜。

15. 观稼（宋·杨万里）
井字行都整，花香远已甜。穗肥黄俯首，芒劲紫掀髯。
风搅平云阵，声松缺月镰。不愁禾把减，高廪却愁添。

16. 秋怀 其八（宋·汪莘）
玉露金风刮夜天，疏桐缺月耿窗前。十诗未尽穷愁志，说与家僮汝自眠。

17. 菩萨蛮 西湖席上代诸妓送陈述古（宋·苏轼）
娟娟缺月西南落。相思拨断琵琶索。枕泪梦魂中。觉来眉晕重。
华堂堆烛泪。长笛吹新水。醉客各西东。应思陈孟公。

18. 卜算子 黄州定慧院寓居作（宋·苏轼）
缺月挂疏桐，漏断人初静。谁见幽人独往来，缥缈孤鸿影。
惊起却回头，有恨无人省，拣尽寒枝不肯栖，寂寞沙洲冷。

19. 夜闻湖中渔歌（宋·陆游）
梦回一灯翳复明，卧闻湖上渔歌声。呜呜乍低忽更起，袅袅欲断还微萦。
初随缺月堕烟浦，已和残角吹江城。悲伤似击渐离筑，忠愤如抚桓伊筝。
放臣万里忧国泪，戍客白首怀乡情。峡猿失侣方独宿，沙雁垂翅犹遐征。
巴巫竹枝短亭晚，潇湘欸乃孤舟横。世间此恨故相似，使我百感何由平。

20. 睡起有感（宋·周紫芝）
日长谁复款幽扉，睡到斜阳恰尽时。缺月要圆云未肯，青春欲老絮先知。
天於我辈元无分，梦比人间更不疑。门外故人千嶂远，灯前华发万丝垂。

21. 商妇吟（宋·林景熙）
良人沧海上，孤帆渺何之。十年音信隔，安否不得知。
长忆相送处，缺月随我归。月缺有圆夜，人去无回期。
回期倘终有，白首宁怨迟。寒蛩苦相吊，青灯鉴孤帏。
妾身不出帏，妾梦万里驰。

22. 壬寅仲秋二十有五日哭东莱先生之墓 其一（宋·徐暄）
缺月疏星夜已阑，风凄露重逼人寒。邮亭破晓经行处，不似今朝酷鼻酸。

23. 虞美人 七夕悼亡（宋·袁去华）
娟娟缺月梧桐影。云度银潢静。夜深檐隙下微凉。
醒尽酒魂何处、藕花香。
鹊桥初会明星上。执手还惆怅。莫嗟相见动经年。
犹胜人间一别、便终天。

24. 望夫石（宋·梅尧臣）
征骨化为尘，柔肌化为石。高山共苍苍，临水望脉脉。
青云卷为发，缺月低照额。千古遗恨深，终不见车軏。

25. 七十翁吟七言十首 其八（元·方回）
几夜楼东晓望时，长庚缺月傍参旗。江湖已满焉能久，天地将秋更不疑。
暑渐变凉差可喜，老难重少自堪悲。年来辈行凋零尽，诗卷中多赋挽诗。

26. 今秋行（元·方回）
八月十五夜赏月，楼台丝管沸金穴。百万珠帘捲嫩凉，茉莉花阑木犀发。
八月十八日观潮，幕帘粉黛迎兰桡。雪山沃天雷动地，出没红旗争锦标。
此是钱塘旧风俗，骄贵小儿生华屋。四时有春无秋风，常知歌笑不识哭。
一年不似一年秋，渐衰渐老成白头。去年之秋尚云乐，今年之秋何其愁。
中户田租三万石，水潦不容收一粒。况从兵乱窘避地，白璧黄金俱丧失。
前朝后市旧富人，半作道傍蓝缕身。委巷小民或绝食，粥卖伉俪捐僮㑋。
一切时节不复讲，履长贺岁犹卤莽。淫雨连旬未必晴，潮何人观月谁赏。
月缺月圆宵复宵，潮落潮生朝又朝。事与承平不异处，唯有南来秋雁飘。

27. 无极道中（金·刘瞻）

银河淡淡泻秋光，缺月梢梢挂晚凉。马上西风吹梦断，隔林烟火路苍茫。

28. 缺月挂疏桐（金·赵秉文）

乌鹊不多惊，贴贴风枝静。珠贝横空冷不收，半湿秋河影。

缺月堕幽窗，推枕惊深省。落叶萧萧听雨声，帘外霜华冷。

29. 和子揖九日谩兴 其二（金末元初·李俊民）

节物催人分外愁，干戈眼底未能休。丹枫落处吴江冷，黄菊开时灞岸秋。

可是凉风添寂寞，更堪缺月照绸缪。悠悠今古何须问，泪洒牛山亦过忧。

30. 次韵于行可秋声（元·尹廷高）

葛衣未晚薄寒生，独怪西风不势情。吟思几番来野景，离愁一半在秋声。

空江白鸟生无际，缺月疏桐画未成。如此江山更流落，惊心晓镜雪千茎。

31. 旅夜（元·吴景奎）

秋宵不成寐，缺月向人斜。更漏传三鼓，寒灯落一花。

穷愁长伴客，幽梦只还家。烽火何时息，吾生未有涯。

32. 破帽（元·黄复圭）

破帽多情却恋头，草残丝断素尘浮。烟笼长是煎茶日，风落多逾把菊秋。

顶漏疏星窥短发，檐垂缺月露双眸。桃尖楼子青罗辨，相对宁知故旧愁。

33. 戏简履约（明·文徵明）

青天缺月映江流，不见嫦娥抱影愁。玉宇参差孤笛起，夜深独上水西楼。

34. 和于氏诸子秋词 其一十七（明·王彦泓）

缺月横窗烛未销，卧闻清露滴寒蕉。悠扬别梦飘何处，谁托愁魂为一招。

35. 秋夜吟四章 四（明·朱朴）

灯的的，虫喞喞。香炉馀死灰，漏残咽寒滴。

孤萤入屋穿北牖，缺月流光隐东壁，谁家机杼当窗织。

36. 予书月台字月既毕台字误落笔而为壹又书钩以足之惜无出处也徐思曩在石泉时东窗对一钩之月在缺月五更头寒光皎清夜之句感怀（明·吴与弼）

曾对东窗月一钩，五更心事澹如秋。蹉跎不觉空霜鬓，争奈年华似水流。

37. 江上落花五首 其五（明·罗万杰）

怜香惜粉不胜悲，抛掷于今定几时。深院和风飘玉屑，长门细雨坠胭脂。

崔徽对镜嗟容改，杜牧寻春怅去迟。赢得江头送别泪，相随缺月挂残枝。

38. 惜别家兄十二咏 其六（明·夏良胜）
还家短日思永日，行路无情元有情。天涯手足向分袂，故国山水寒齐盟。
不妨深雪压篷屋，秖愁缺月临孤城。谷口子真韩吏部，逢人惟说泪交横。

39. 十四日饮张子荩太史宅留别（明·徐渭）
斗酒那能话不延，此行无事不堪怜。弓藏夜夜思弯日，剑出时时忆掘年。
老泪高梧双欲堕，孤心缺月两难圆。明朝总使清光满，其奈扁舟隔海天。

40. 寄远 其二（明·景翩翩）
江上望归棹，君归未有期。试看圆缺月，是侬断肠时。

41. 清河（明·童轩）
日暮劳行役，官河驻短篷。渔灯寒照水，牧笛夜吹风。
缺月斜窗入，流云极浦通。不堪吟望断，天外叫孤鸿。

42. 思归引（明·谢榛）
有家归去来，旅颜何摧颓。胡为戎马际，滞此燕昭台。
十日九寄书，不慰妻子怀。秋风忽动思故园，山妻捣衣儿候门。
缺月半天霜满地，悄然孤馆销人魂。
不见嵩高之山青嵯峨，上有松柏下有河。
松柏可餐河可钓，老来幽事嗟无多。离乱至今我独苦，梦中归路迷烟萝。
庞公旧隐须一访，白云惨淡终如何。

43. 舟泊沙坪怀赵伯良孝廉（明·薛始亨）
天空夜如洗，雨后几星明。海气浮孤屿，亭亭缺月生。
推篷抚瑶轸，江岸静无声。弹作相思曲，怀哉一水盈。

44. 杂诗九首 其六（明末清初·陈恭尹）
萧萧君马鸣，夜夜闻歌声。马悲慕俦侣，独歌谁和汝。
结束下空阶，仰瞻霜与露。缺月衔东隅，庞头没何处。
思为伺晨鸟，举舌催天曙。

45. 自太湖至省宿茶铺岭（清·王泽）
缺月耿初夕，荒寒野店开。松声一枕落，茅屋万山堆。
愁岂扫能去，春还迟不来。思亲今夜梦，已近半程回。

46. 秋夜（清·左锡嘉）
露重湿烟凝，西风户独扃。乱蛩鸣振鸣，饥鼠出窥镫。
梦冷愁如织，骨支寒有棱。破窗还夜色，缺月挂孤藤。

47. 最高楼 金眉老烟雨寻鸥图卷中有王定甫通政、陈实庵编修、蒋鹿潭大使、宗湘文郡守及眉老唱和词（清·谭献）

烟雨里，脉脉只悲秋。风片薄，酒波柔。

绿杨不是灵和树，白头重上采菱舟。百年身，千古事，一登楼。

春去也、倡条和冶叶，人去也、断云还缺月，凉别袂，触乡愁。

相逢客路如南雁，欲寻旧梦问闲鸥。剩华年，与流水，两悠悠。

48. 点绛唇八首 其三（清·项鸿祚）

雨后鸣蝉，晚天云破柴窑碧。道人留客，一笑纶巾侧。

缺月飞来，挂在疏林隙。秋无迹，倚栏横笛，酒醒微凉入。

49. 中秋（清·金应澍）

六载南交节序更，良宵又听管弦声。年年今夜思家切，岁岁他乡醉酒频。

人易悲欢人易老，月恒圆缺月恒明。不须感事吟秋兴，且向闲中咏太平。

50. 凤栖梧 与二弟别后宿平戎驿作（清·杨芳灿）

万里分携真草草。流水东西，呜咽伤怀抱。削雪千山山四绕。

塞程迢递何时到。

我亦风尘行未了。羸马黄昏，缺月来相照。独火荧荧村店小。

夜寒禁断人声悄。

51. 寄怀江宁张子苾太守四首 其一（清·周赓良）

秋气薄林木，回飙鸣清商。长宵剧悽冷，揽衣起徬徨。

推窗望霜空，夜色殊微茫。薄云敛缺月，吞吐娟娟光。

数点南来雁，呼侣声悽怆。言念素心人，隔此天一方。

大江不可越，悉焉摧中肠。

第四节　枯荷

1. 宿骆氏亭寄怀崔雍衮（唐·李商隐）

竹坞无尘水槛清，相思迢递隔重城。秋阴不散霜飞晚，留得枯荷听雨声。

2. 还留石亭（宋·方岳）

枯荷折苇卧凫鸥，小雨轻烟画出秋。自唤短篷将老砚，石亭寻客了诗愁。

3. 舍绮霞阁五首呈石丈职方 其三 枯荷（宋·韦骧）
绿萍漂合旧根斜，独恨来迟过了花。不见离披照秋水，尽依名阁作馀霞。

4. 秋怀十首 其九（宋·朱松）
甘菊卧风雨，枯荷暗池塘。达人听荣悴，志士费感伤。
亭亭岩桂花，已作宫槐黄。谅无青霞客，谁与媚孤芳。

5. 秋过临波亭寄陕府资政给事（宋·刘敞）
不复池上游，秋意忽已繁。卧柳半死生，枯荷自翩翩。
忆昔载后车，逍遥临中园。观鱼有纵辨，运斤契忘言。
岂独岁月晚，正伤离别魂。人遐室空迹，幽兴谁与论。

6. 题崔愨画（宋·张守）
风折枯荷芦苇秋，萧萧鹨鹚上沙洲。关心满眼江湖趣，何日扁舟得自由。

7. 北斋两绝句 其二（宋·李彭）
烟沙茂密小池塘，注水枯荷馥晚凉。何许蜻蜓立荷盖，惊飞作伴过东墙。

8. 纪闻悼旧（宋·杨万里）
莫说湘南寺，令人绝痛渠。中间缘国论，偶似绝交书。
衫短枯荷叶，墙高过笋舆。人生须富贵，富贵竟何如。

9. 送沈虞卿秘监脩撰将漕江东二首 其二（宋·杨万里）
再入脩门访旧游，故人相见喜还愁。茂林脩竹君鬓碧，折苇枯荷我鬓秋。
莫把升沈著怀抱，古来贤圣几公侯。一尊追送江东棹，梦逐清波弄白鸥。

10. 同君俞季永步至普济寺晚泛西湖以归得四绝句 其三（宋·杨万里）
西湖虽老为人容，不必花时十里红。卷取郭熙真水墨，枯荷折苇小霜风。

11. 秋雨叹十解 其八（宋·杨万里）
晓起穷忙作么生，雨中安否问秋英。枯荷倒尽饶渠著，滴损兰花太薄情。

12. 池冰二首 其一（宋·杨万里）
池底枯荷瘦不胜，池冰新琢玉壶凝。如何留到炎蒸日，上有荷花下有冰。

13. 九日 其一（宋·杨冠卿）
晨风战枯荷，清霜杀高柳。人生俯仰间，能得几重九。
节序来无停，已及黄花酒。流落拾遗心，西江独回首。

14. 戏成小诗留子静兄（宋·苏庠）
秋霜一夜到枯荷，奈此江南秋色何。蕲君未作一成去，同听竹窗鸿雁过。

— 219 —

15. 临江仙 其六（宋·辛弃疾）
手捻黄花无意绪，等闲行尽回廊。
卷帘芳桂散余香。枯荷难睡鸭，疏雨暗池塘。
忆得旧时携手处，如今水远山长。
罗巾浥泪别残妆。旧欢新梦里，闲处却思量。

16. 游近村（宋·陆游）
度堑穿林脚愈轻，凭高望远眼犹明。霜凋老树寒无色，风掠枯荷飒有声。
泥浅不侵双草屦，身闲常对一棋枰。茆檐蔬饭归来晚，已发城头长短更。

17. 住雁（宋·陈师道）
断岸通横水，枯荷著早霜。一陂堪度岁，数雁不成行。
市远无缯缴，年丰足稻粱。中原有佳气，不必到衡阳。

18. 洞仙歌 雨（宋·陈亮）
琐窗秋暮，梦高唐人困。独立西风万千恨。
又檐花落处，滴碎空阶，芙蓉院，无限秋容老尽。
枯荷催欲折，多少离声，锁断天涯诉幽闷。
似蓬山去后，方士来时，挥粉泪、点点梨花香润。
断送得，人间夜霖铃，更叶落梧桐，孤灯成晕。

19. 即事（宋·郑清之）
微云疏雨一分月，折苇枯荷强半秋。犹有远禽飞不尽，急翻孤影暮江头。

20. 玉楼春（宋·徐照）
萤飞月里无光色。波水不摇楼影直。每怜宿粉浥啼痕，懒把旧书观字迹。
枯荷露重时闻滴。君梦不来谁阻隔。妾身不畏浙江风，飞去飞来方瞬息。

21. 过鸿仪寺（宋·晁冲之）
折苇枯荷倒浦风，黑云垂雨挂长虹。山僧生养池鱼看，不许游人学钓翁。

22. 题周廉彦所收李甲画三首 其三 鸭（宋·晁补之）
急风吹雪满汀洲，迎腊淮南忆倦游。小鸭枯荷野艇冷，去年今日冻高邮。

23. 河南张应之东斋（宋·梅尧臣）
昔我居此时，凿池通竹圃。池清少游鱼，林浅无栖羽。
至今寒窗风，静送枯荷雨。雨歇吏人稀，知君独吟苦。

24. 卫南（宋·黄庭坚）
今年畚锸弃春耕，折苇枯荷绕坏城。白鸟自多人自少，污泥终浊水终清。

沙场旗鼓千人集，渔户风烟一笛横。惟有鸣鸥古祠柏，对人犹是向时情。

25. 题郑防画夹五首 其四（宋·黄庭坚）

折苇枯荷共晚，红榴苦竹同时。睡鸭不知飘雪，寒雀四顾风枝。

26. 题画 其三（宋·释文珦）

浅水与平沙，烟光尽相接。鸟立折茄茎，蟹上枯荷叶。

27. 北潭（金·史肃）

竹阴松影玉葱茏，十里平堤一径通。碧水乍开新镜面，青山都是好屏风。
寒蝉高鸟清愁外，折苇枯荷小景中。酒力未多秋兴逸，夕阳聊贷半林红。

28. 为友于题水禽（宋·释绍昙）

淅淅西风肃杀时，枯荷余得折残枝。疾风凌雨多翻覆，只处姑姑立处危。

29. 鹧鸪天 薄命妾辞（金末元初·元好问）

颜色如花画不成。命如叶薄可怜生。浮萍自合无根蒂，杨柳谁教管送迎。
云聚散，月亏盈。海枯石烂古今情。鸳鸯只影江南岸，肠断枯荷夜雨声。

30. 周曾秋塘图卷（元·邓文原）

惨澹枯荷折苇间，芙蓉秋水转埼湾。鸣鸿飞度江南北，却羡溪禽满意闲。

31. 混江龙 其三（元·白朴）

断人肠处，无边残照水边霞。枯荷宿鹭，远树栖鸦。
败叶纷纷拥砌石，修竹珊珊扫窗纱。黄昏近，愁生砧杵，怨入琵琶。

32. 题周曾秋塘图（元·李源道）

水禽容与满晴溪，折苇枯荷澹夕晖。安得扁舟江上去，烟波相对两忘机。

33. 汴学（元·洪焱祖）

朝元竞诧新宫丽，相国犹存古寺雄。壁水枯荷人不到，石经零落卧秋风。

34. 长丝曲（元·彭炳）

青池秋高霜露繁，芦叶浸水长阑干。风吹枯荷双白鹭，池上木落云漫漫。
萧萧马鸣燕草残，小窗清砧山夜寒。乾坤如茧缫未了，古今长丝千万盘。

35. 在永嘉作（元末明初·刘基）

高屋集飞雨，萧条生早寒。我来复几时？明月缺巳团。
浮云蔽青天，山川杳漫漫。狐狸啸悲风，鲸鲵喷重澜。
孤雁号南飞，音声悽以酸。顾瞻望桑梓，慷慨起长叹。
愿欲凌风翔，惜哉无羽翰。中夜百感生，展转不遑安。
枯荷响西池，槁叶鸣林端。寥寥天宇空，冉冉时节阑。

举俗爱文身,谁识章甫冠?河流未到海,平陆皆惊湍。
旗帜满山泽,呜呼行路难。

36. 枯荷脊令(明·倪谦)
秋冷池莲叶半凋,夕阳飞并影萧萧。幽禽尚有相亲意,却叹淮南尺布谣。

37. 枯荷鹡鸰(明·金幼孜)
林塘秋尽水波寒,荷叶无声半已残。日暮鹡鸰栖不起,藕花深处露溥溥。

38. 秋日怀东湖(明·樊阜)
枯荷残蓼满秋池,长日思归未有期。一笛唤愁霜落后,双砧敲梦月明时。
老惟防病勤收药,贫欲谋生懒作诗。莫怪羁人头易白,他乡岁晚倍堪悲。

39. 踏莎行 枯荷(清·万锦雯)
紫菂销香,红衣落艳。独馀败叶当风飐。
可怜憔悴不禁秋,旧时颜色无人念。
暮霭初横,斜阳半敛。一池碎绿萍飘点。
采莲歌断画桡空,小桥到处柴门掩。

40. 秋日湖上(清·刘文炜)
莼丝牵碧满湖浮,漠漠寒烟望里收。十里枯荷双鹭雨,两堤衰柳一蝉秋。
白云钟断僧归寺,黄叶诗成客倚楼。犹有留人余兴在,数声短笛起渔舟。

41. 秋词(清·金逸)
瑶阶浸月华,心怯花铃警。鸳鸯知未眠,不定枯荷影。
池塘明水烟,幽梦闲来去。隔墙刀尺声,冷答秋虫语。

42. 木兰花慢(清·袁嘉)
绕琅玕深处,牵翠袖,堕明珰。早衰柳沉云,枯荷洗露,寒到银塘。
鸳鸯绿波梦稳,怕分飞、冷了白萍乡。贪向湘阑凭处,钟声催送斜阳。
往事最难忘,水阁记传觞。惜花颊殷红,山眉绀碧,艳衬霞裳。
流光又惊瞥眼,暮西风、吹遍井梧霜。惆怅鸿来燕去,教人阅尽炎凉。

43. 一榭园吊孙渊如先生(清·顾晞元)
西风影里倚危阑,杰阁崚嶒路曲盘。修竹当门云影薄,枯荷卷叶雨声乾。
谈经人去虚堂静,埋剑池空夕照残。忆到五松园外路,石城烟柳共荒寒。

44. 过随园(清·张铉)
西州门畔重经过,风景依然唤奈何。楼上重帘低夕照,桥边小艇压枯荷。
绛纱帐掩人来少,黄叶林空鸟散多。此日羊昙倍惆怅,那堪扶醉访烟萝。

45. 摸鱼儿（清·杨夔生）
记年时、燕台诗俊，擘笺共话联夕。印梅窗户玲珑甚，吹满衣棱风雪。
乡思切，指雁底、疏云澹胜江波色。柳梢楼末。只灯火天涯，小欢深醉，
同听玉关笛。
归来好，几度仓山烟月。茶人滋味清绝。旧家乔木留云住，苍翠画图如积。
欹藓石，认秋老、寒萤小卧枯荷侧。酒深惜别。怕后夜星辰，短篷双桨，
轻似渡江叶。

46. 潇湘逢故人慢 夏夜对月用王和甫韵同蘧庵先生赋（清·陈维崧）
冰轮将满，看光生兔白，冷透龙窝。水烟漾春罗。看今夜都浸，一片金波。
流萤的的，趁月明、低坐庭柯。倚江阁、一声横笛，扁舟惊醒渔蓑。
闲回首，追往事，叹年华、尽从离乱经过。短鬓漫婆娑。
怕明日秋池，又飐枯荷。江南风景，休孤负、且放狂歌。
还寻取、东京故老，晚凉闲话宣和。

47. 瑶华慢三首 其二（清·史承谦）
菊丛香后，枫叶明时，远棹湖边舣。柁楼晚饭，恰相对、七十二峰烟髻。
汀洲如雪，荡诗意、白蘋香里。到六桥、秋色迎人，应向酒垆沈醉。
惊心寒桂枯荷，便摇落添愁，也饶清致。冷波残照，翻输尔、看足淡妆西子。
溪山信美，笑我亦、梦游曾记。待明年、桂起春帆，趁二月桃花水。

48. 芙蓉月（清·朱彝尊）
蛮府辍棹时，梅熟处日日阑风吹雨。无心好梦，早被行云勾住。
难道今番是梦，梦里分明说与。留不得，翠衾凉，珠泪飘残蜜炬。
啼鹃满山树。谢多情小鸟，劝侬归去。秋期过了，夜月寒生南浦。
执手枯荷池上，宛种玉。亭东路。贪梦好，问柔魂，可曾飞度。

49. 满江红 听雨（清·吴苣）
已黑疏窗，听不了、雨声萧瑟。似诉到、别离儿女，临歧呜咽。
点滴不堪和雁下，凄清如向吟蛩说。把银钉、剔尽不成眠，明还灭。
云黯黯，笼纤月。风细细，透重幕。正漏壶欲断，檐牙犹滴。
似我频挥斑竹泪，怜他碎尽枯荷叶。尽黄昏、凄绝九回肠，愁重叠。

50. 绮罗香 秋雨（清·蒋春霖）
晚树沈烟，枯荷乱浦，一换一番秋信。渍水庭阴，凉逼画罗衣润。
滴疏桐、此夜偏长，滞新菊、重阳刚近。最萧条、铁马檐声，

纸窗棋响落灯烬。

朝来芦絮似雪，望断濛濛影里，归飞鸿阵。带湿征帆，还共暮潮难准。剩空阶、蕉叶无多，恰添了、砌虫凄紧。怕遥山、洗褪微黄，倦妆眉黛损。

第五节　孤鸿

1. 咏怀 其一（魏晋·阮籍）

夜中不能寐，起坐弹鸣琴。薄帷鉴明月，清风吹我襟。
孤鸿号外野，翔鸟鸣北林。徘徊将何见，忧思独伤心。

2. 离思（唐·孟郊）

不寐亦不语，片月秋稍举。孤鸿忆霜群，独鹤叫云侣。
怨彼浮花心，飘飘无定所。高张系缂帆，远过梅根渚。
回织别离字，机声有酸楚。

3. 寄董武（唐·贾岛）

虽同一城里，少省得从容。门掩园林僻，日高巾帻慵。
孤鸿来半夜，积雪在诸峰。正忆毗陵客，声声隔水钟。

4. 青门怨（宋·无名氏）

月痕烟景。远思孤影。旧梦云飞，离魂冰冷。脉脉恨满东风。对孤鸿。
翠珠尘冷香如雾。人何许。心逐章台絮。夜深酒醒，烛暗独倚危楼。为谁愁。

5. 幽居杂兴 其一（宋·白玉蟾）

岸花洗面初收雨，江草摇头已怯风。独立无聊聊送目，西边落日叫孤鸿。

6. 出门 其一（宋·李复）

出门复入门，所向常默默。积阴久未开，凄风起空谷。
孤鸿铩翮悲，黄鹄飞亦独。旧耕半荒芜，自叹力不足。

7. 金陵杂兴二百首 其一八一（宋·苏洞）

不论城外与城中，时节欢然一笑同。棠棣花残紫荆老，可无书札问孤鸿。

8. 卜算子 黄州定慧院寓居作（宋·苏轼）

缺月挂疏桐，漏断人初静。谁见幽人独往来，缥缈孤鸿影。
惊起却回头，有恨无人省，拣尽寒枝不肯栖，寂寞沙洲冷。

9. 蝶恋花 其一 送祐之弟（宋·辛弃疾）
衰草残阳三万顷。不算飘零，天外孤鸿影。
几许凄凉须痛饮，行人自向江头醒。
会少离多看两鬓。万缕千丝，何况新来病。
不是离愁难整顿，被他引惹其他恨！

10. 野兴四首 其一（宋·陆游）
身似孤鸿铩羽翰，悲鸣饮啄住江干。酒阑客思多新感，病起衰颜失故丹。
倦枕忽闻中夜雨，疏砧又报一年寒。幽窗晤语无来客，空倚诗情强自宽。

11. 西平乐 小石（宋·周邦彦）
元丰初，予以布衣西上，过天长道中。后四十余年，辛丑正月，
避贼复游故地。感叹岁月，偶成此词。稚柳苏晴，故溪歇雨，川迥未觉春赊。
驼褐寒侵，正怜初日，轻阴抵死须遮。
叹事逐孤鸿尽去，身与塘蒲共晚，争知向此，征途迢递，伫立尘沙。
追念朱颜翠发，曾到处、故地使人嗟。
道连三楚，天低四野，乔木依前，临路欹斜。重慕想，东陵晦迹，
彭泽归来，左右琴书自乐，松菊相依，何况风流鬓未华。
多谢故人，亲驰郑驿，时倒融尊，劝此淹留，共过芳时，翻令倦客思家。

12. 寒夜观雪（宋·范成大）
静极孤鸿响，寒疑万籁喑。眼花灯下字，髭断雪中吟。
颇似偿前债，非关惜寸阴。可怜蝴蝶梦，翻作蠹书蟫。

13. 奉别沔鄂亲友十首 其十（宋·姜夔）
孤鸿度关山，风霜催翅翎。影低白云暮，哀嗷那忍听。
士生有如此，储粟不满瓶。著书穷愁滨，可续离骚经。

14. 忆别（宋·赵湘）
何处篱筵酒欲空，夜凉横玉自吹风。人当木落关山外，秋在月明池馆中。
隔水不堪惊远梦，入云犹拟触孤鸿。凭栏寂寂还多感，谁会无言忆马融。

15. 如梦令 建康作（宋·赵鼎）
烟雨满江风细。江上危楼独倚。歌罢楚云空，楼下依前流水。
迢递。迢递。目送孤鸿千里。

16. 踏莎行（宋·石孝友）
沈水销红，屏山掩素。锁窗醉枕惊眠处。

芰荷香里散秋风，芭蕉叶上鸣秋雨。

飞阁愁登，倚阑凝伫。孤鸿影没江天暮。

行云懒寄好音来，断云暗逐斜阳去。

17. 摸鱼儿 景定庚申会使君陈碧栖（宋·柴望）

便无他、杜鹃催去，匆匆春事能几。看来不见春归路，飞絮又随流水。

留也是。怎禁得、东风红紫还飘坠。天涯万里。

怅燕子人家，沈沈夜雨，添得断肠泪。

嬉游事。早觉相如倦矣。谢娘庭院犹记。

闲情已付孤鸿去，依旧被莺呼起。

谁料理。正乍暖还寒，未是晴天气。无言自倚。

想旧日桃花，而今人面，都是梦儿里。

18. 答裴如晦（宋·梅尧臣）

怀我歌我辞，乃知行子倦。音虽彼妙发，想若此可见。

歌竟夜灯青，野窗鸣湿霰。髣髴问孤鸿，飞急应有羡。

19. 秋怀二首 其二（宋·黄庭坚）

茅堂索索秋风发，行绕空庭紫苔滑。蛙号池上晚来雨，鹊转南枝夜深月。

翻手覆手不可期，一死一生交道绝。湖水无端浸白云，故人书断孤鸿没。

20. 废烽台（宋·韩维）

耆老不可问，高台荆棘间。一时戎马散，千古暮鸦还。

事往孤鸿断，人来落照闲。兴亡无限恨，惨淡对河关。

21. 次韵子山登楼有感二首 其二（元·赵孟頫）

怀古情何极，登危气尚雄。江山一时胜，宇宙百年中。

翠袖愁空谷，绨袍受朔风。超然高举意，决眦送孤鸿。

22. 客思（元末明初·王冕）

破衣悬软毳，短发被秋风。汶水长鱼白，滕州小米红。

人情今日异，客路去年同。万里关山外，孤鸿缥渺中。

23. 古意（明·刘鸿渐）

自居戍交河，两见霜风逼。妾住燕山南，君住燕山北。

欲寄征人衣，茫茫路何极。纤手理素书，涕泗时沾臆。

愿持千里心，托此孤鸿翼。

24. 秋夕怀曹毅之（明·何景明）

百卉飘零尽，孤鸿何处归。高楼横暮笛，万户捣寒衣。

南国江湖远，佳人尺素稀。独愁谁与晤，明月鉴重帏。

25. 送乡人还（明·何景明）

杨柳花飞芜草青，故乡南望儿长亭。

城边客散重回首，愁见孤鸿落晚汀。

26. 送侄木北上（明·李梦阳）

群鸦竞时食，孤鸿独高翔。丈夫四海心，谁能安旧疆。

杖剑辞所亲，策马登前冈。岁晏霜露繁，原野何茫茫。

草枯禽兽饥，潢潦浩以长。感吟悲蒹葭，试鸣候朝阳。

勖哉树名勋，念兹西颓光。

27. 归山诗（明·杨钦）

曾沐殊恩入翰林，翰林风月未关心。瀛洲影射孤鸿渺，鳌禁难拘野鹤临。

烟雨一蓑流舜泽，风花两袂壮陶襟。茅檐高出千峰首，凡鸟归来没处寻。

28. 春思 其二（明·周光镐）

雨霁长江曳练明，烟云岛树暮天横。不堪引领孤鸿断，愁听笙簧谷口声。

29. 与惟寅一别淹冉五载消息不复相闻春来忽得手书新刻见寄赋怀 其二
（明·胡应麟）

带砺中朝望，诗书上将才。佩刀初制阃，横槊自登台。

万骑长城合，孤鸿大漠回。河梁人渐老，吟望独徘徊。

30. 九日寄大畲衡南二山人 其二（明·梁有誉）

一别高楼烟月空，可怜尺素滞孤鸿。潮平人隔秋云外，日落山明海气中。

三径萧条应自往，五噫感慨复谁同。重阳独酌真无赖，愁绝高台落帽风。

31. 题扇（明·程嘉燧）

影事兰皋断水前，孤鸿落照尚依然。凄凉旧曲逢人唱，一段风情恼少年。

32. 泊石湖有怀（明末清初·汪琬）

江风逗余凉，辍棹自成赏。谷口霞已开，洲心月初上。

遥闻欸乃曲，知是渔人唱。独树影萧条，孤鸿色惆怅。

不见故人来，时向烟中望。

33. 谒金门 其二 寒夜（清·尤侗）

人寂寂。一派暮愁天色。风剪轻寒落渐侧。纸窗吹半黑。

正对孤灯萧瑟。又听孤鸿嘹呖。庭外黄花清露滴。泪痕依样湿。

34. 谒金门 春雨（清·王策）

天垂处。一只孤鸿劈雨。冷梦沈沈魂欲去。暗烟低草树。

叠叠湿红春路。罨得帘香难度。忽见秋千墙角露。断肠寒食暮。

35. 巫山一段云 题画（清·王策）

岸影荒沙阔，波声脱叶寒。模糊红影入秋山。孤鸿没暮烟。

不是刘郎浦口。便是黄陵庙首。阿谁帆脚月钩悬。飞破白蘋天。

36. 再至苍梧呈介石（清·叶时晰）

欲归犹未得，黄叶已纷纷。多病难为客，无成又访君。

孤鸿天外唳，游子夜中闻。身计何年遂，相期入峤云。

37. 寄家书偶怀（清·刘开）

回首征车出故林，浮云满地起层阴。临行已觉无他语，别去偏多不尽心。

人事半从春后改，江波流过汉阳深。东归久报芳洲隔，更听孤鸿月下音。

38. 寒夜（清·张元升）

细雨扑南窗，孤鸿愁北渚。寒夜角音阑，空阶木叶聚。

于以临高秋，忽焉怀古处。巢许已成名，唐虞亦徒苦。

悲歌复长啸，渺渺向谁语。

39. 塞垣春（清·陆求可）

霜肃秋天迥。看紫塞、西风劲。关门榆老，城头柳断，孤鸿留影。

渐满川、组练申军令。清苦日、胡笳称。马萧萧、鸣未了，莲花幕底难听。

回首望江南，全然是、暮云遮定。时向镜中看，都无青鬓剩。

穷塞主、枕头欹着，沉吟数、戍柝寒更永。试语悲秋客，征夫愁更盛。

40. 高阳台 平湖秋感（清·吕采芝）

败叶凝黄，枯芦减碧，长堤已是秋深。无限凄凉，扁舟独倚纱棂。

湖广一片清如画，对愁颜、倍觉销魂。叹年来、瘦骨支离，照影分明。

寒蛩不用吟衰草，纵哀吟百遍，谁解怜卿。天阔云低，孤鸿共我南征。

青衫非是江州湿，掩啼痕、别有伤心。任凭它、冷月澄辉，难证前身。

41. 苏幕遮（清·陆恒）

雨敲窗，风戛玉。幽咽凄清，似谱零铃曲。梦断寒更声转促。

一寸灰馀，已做烧残烛。

泣孤鸿，悲寡鹄。短了今生，未必他生续。待向仙山觅楼阁。

不化青禽，也化辽东鹤。

42. 瑞鹤仙（清·周祖同）

曲栏三四转，淡黄柳，一丝两丝残线。西风绣帘卷。
记帘阴倚笑，玉笋云剪。天涯近远，怅眉梭、重山隔断。
唤千林、落叶飘完，露出画楼人面。

不见。小塘方阁，依约黄昏，数枫新染。寻春旧怨，非关是、燕来晚。
奈灯前商意，琴边别调，又把年华暗换。只孤鸿、信渺鼇天，误人望眼。

43. 雪梅香 梦半塘老人（清·郑文焯）

影悽寂，虚梁落月暗惊逢。怅孤鸿天外，哀弦响绝秋空。
遗世高情谢猿鹤，过江馀泪送蛟龙。叙愁阔，少别千年，犹是匆匆。

幽踪。旷延伫，薜雨萝烟，夜啸谁同。送客衰兰，漫悲旧曲回风。
故国伤心渺天北，暮云何意恋江东。沈沈恨、一枕关山，魂绕青枫。

44. 鸡鸣曲（清·钱奕）

银湾迢递明星烂，寒夜鸡鸣夜方半。闺人宵起发哀叹，辗转虚楹旦复旦。
玉漏声寒闻捣衣，霜清露白孤鸿飞。

45. 清平乐 薄暮上怀柔城，望红螺山一带旧边墙也（清·顾贞观）

烟光上了。天淡孤鸿小。一弧角声听渐杳。吹冷西风残照。
平安火映谯楼。旌旗半卷城头。写入屏山几曲，乡心历乱边愁。

46. 醒来 其三（清·黄文仪）

暮色苍然来，前山雾气埋。冷风侵煖榻，淡月照高台。
独鹤云边至，孤鸿海上回。岁寒珠树好，留汝共徘徊。

47. 夜坐（清·黄图成）

寂坐浑无赖，天空黑气沈。残镫耿寒夜，疏雨碎愁心。
懒与书相接，聊将酒半斟。孤鸿云外响，凄切感人深。

48. 庆宫春 冬夜泊舟鸳湖有忆（清·厉鹗）

倦柳惊鸦，澄湖低月，坠霜初度篷罅。摇落心情，交加魂梦，水天离思难写。
赋笺词笔，忆相见、秋娘淡雅。凄凉只在，学绣村边，晓钟敲罢。

可能负却西风，两桨来时，暮云凝乍。啼红唾碧，衫痕犹渍，尚记那回帘下。
怨人轻别，是才识、香囊分麝。孤鸿遥去，说与教知，酒醒今夜。

49. 洞仙歌 月夜书怀（清·张令仪）

好天良夜，添得愁多少。月满花阴寒峭峭。

— 229 —

渐银河低转、碧天如水，星光渺，衬一点孤鸿小。

怪年来心绪，别样淹煎，触景处、都成烦恼。

况新霜时候，萧瑟寒风，残梧满地秋声老。

纵无情、对此也难堪，可想见孤窗、深忧怀抱。

50. 采桑子（近代·王国维）

高城鼓动兰釭灺，睡也还醒。醉也还醒。忽听孤鸿三两声。

人生只似风前絮，欢也零星。悲也零星。都作连江点点萍。

第六节　病酒

1. 病醉（唐·元稹）

醉伴见侬因病酒，道侬无酒不相窥。那知下药还沾底，人去人来剩一卮。

2. 蝶恋花 其六（唐·冯延巳）

谁道闲情抛弃久，每到春来，惆怅还依旧。

日日花前常病酒，不辞镜里朱颜瘦。

河畔青芜堤上柳，为问新愁，何事年年有。

独立小楼风满袖，平林新月人归后。

3. 重阳日即事（唐·赵嘏）

病酒坚辞绮席春，菊花空伴水边身。由来举止非闲雅，不是龙山落帽人。

4. 长庆春（唐·徐凝）

山头水色薄笼烟，久客新愁长庆年。身上五劳仍病酒，夭桃窗下背花眠。

5. 凤台遣心 其三（宋·白玉蟾）

青尽池边柳，红开槛外花。数时长病酒，今日且分茶。

6. 幽兴（宋·白玉蟾）

一春病酒废登临，风搅石楠花满林。山色有无烟聚散，溪光动静鸭浮沉。

7. 忆王孙 清明病酒（宋·刘学箕）

淑景韶光晴昼。帘外雨、欲无还有。

流莺枝上转新声，梦初醒、厌厌病酒。

天连碧草凝情久。思旧事、不堪搔首。

怀人有恨水云深，又绿暗、桥西柳。

8. 杜鹃（宋·华岳）

残月照愁人病酒，好风吹梦客思家。欲知亡国恨多少，红尽乱山无限花。

9. 病酒（宋·吴可）

无聊病酒对残春，帘幕重重更掩门。恶雨斜风花落尽，小楼人下欲黄昏。

10. 次仲甄韵二首 其二（宋·李流谦）

恻剥风枝恨，若为开我颜。索居诗社废，多病酒杯悭。

本自便三径，何曾梦九关。临溪问鱼乐，知我是青山。

11. 凤凰台上忆吹箫（宋·李清照）

香冷金猊，被翻红浪，起来慵自梳头。

任宝奁尘满，日上帘钩。

生怕离怀别苦，多少事、欲说还休。

新来瘦，非干病酒，不是悲秋。

休休！

这回去也，千万遍阳关，也则难留。

念武陵人远，烟锁秦楼。

惟有楼前流水，应念我、终日凝眸。

凝眸处，从今又添，一段新愁。

12. 鹧鸪词 春愁（宋·汪晫）

伤时怀抱不胜愁，野水粼粼绿遍洲。

满地落花春病酒，一帘明月夜登楼。

明眸皓齿人难得，寒食清明事又休。

只是鹧鸪三两曲，等闲白了几人头。

13. 定风波 暮春漫兴（宋·辛弃疾）

少日春怀似酒浓，插花走马醉千钟。

老去逢春如病酒。

唯有，茶瓯香篆小帘栊。

卷尽残花风未定。

休恨，花开元自要春风。

试问春归谁得见？

飞燕，来时相遇夕阳中。

14. 冬夜醉归复小饮（宋·陆游）
野外归来晚，空庭露气新。
乍晴云妒月，多病酒欺人。
倚杖行吟久，投杯起舞频。
早梅消息动，春事渐关身。

15. 病酒述怀（宋·陆游）
闲处天教著放翁，草庐高卧笮桥东。
数茎白发悲秋后，一盏青灯病酒中。
李广射归关月堕，刘琨啸罢塞云空。
古人意气凭君看，不待功成固已雄。

16. 初到临安二首 其一（宋·陈渊）
风际管弦朝病酒，云中楼阁夜闻香。
十年一梦沙河路，独步春泥觉燕忙。

17. 晓枕闻雨（宋·范成大）
暗淡更残景，低迷病酒怀。
剔灯寒作伴，添被厚如埋。
胆冷都无梦，心空却似斋。
地炉煎粥沸，听作雨鸣阶。

18. 踏莎行 春暮（宋·赵长卿）
花下凭肩月下迎。避人私语脸霞生。画堂红烛意盈盈。
病酒一春愁与睡，倚阑终日雨还晴。强移心绪作清明。

19. 问春（宋·白玉蟾）
不教蜂蝶略来些，岂是春神病酒耶。
燕语莺啼今几日，风魔雨难许多花。

20. 寄刘明道（宋·朱翌）
平山飞骑竹西州，到处逢君得纵游。
满地落花春病酒，一帘明月夜登楼。
江帆带雨人归后，烽火连天客罢休。
一纸短书劳远祝，貂蝉到底出兜鍪。

21. 祝英台近 春恨（宋·吴淑姬）
粉痕销，芳信断，好梦又无据。

病酒无聊，欹枕听春雨。
断肠曲曲屏山，温温沈水，都是旧、看承人处。
久离阻。
应念一点芳心，闲愁知几许。
偷照菱花，清瘦自羞觑。
可堪梅子酸时，杨花飞絮，乱莺闹、催将春去。

22. 木兰花/玉楼春（宋·杨泽民）
奇容压尽群芳秀，枕臂浓香犹在袖。
自从草草为传杯，但觉厌厌长病酒。
堤上路长官柳瘦，愁在月明霜落后。
须知斗帐夜寒多，早趁西风回鹢首。

23. 闲居五咏 其一 杜门（宋·苏辙）
可怜杜门久，不觉杜门非。
床锐日日销，髀肉年年肥。
眼暗书罢读，肺病酒亦稀。
经年客不至，不冠仍不衣。
视听了不昧，色声久已微。
终然浑为一，谁言我无归。

24. 病酒（宋·郑刚中）
醒病初非病，寻真却损真。
孤愁如送别，清渴欲生尘。
嗅菊时思杜，薰香未恲荀。
蔗浆知可析，莫致一瓯新。

25. 病酒（宋·洪适）
三日惟闻煮药声，一中可怕圣之清。
移花种竹已得地，逢酒当歌须闭城。
远避霜风严北户，静看朝日满东荣。
双螯退步输年少，谁与抽琴作蟹行。

26. 书叹（宋·陆游）
早得虚名翰墨林，谢归忽已岁时侵。
春郊射雉朝盘马，秋院焚香夜弄琴。

病酒闭门常兀兀,哦诗袖手久愔愔。
浮沉不是忘经世,后有仁人识此心。

27. 海棠（宋末元初·赵文）
纤纤光润态偏浓,曲曲花蓬暖自融。
娇泪恼公初著雨,丰肌病酒不宜风。
人疑欲睡高烧烛,天悔无香剩与红。
正使吹残亦何恨,向来艳艳本空空。

28. 桃园忆故人 代赠良佐所亲（金末元初·元好问）
楚云不似阳台旧,只是无心出岫。
竹外天寒翠袖。寂寞啼妆瘦。
弦声宛转春风手。殢得行人病酒。
明日西城回首。肠断江南柳。

29. 谒金门（金末元初·元好问）
罗衾薄。帘外五更风恶。醉后题诗浑忘却。乌啼残月落。
憔悴何郎东阁。病酒不禁重酌。袖里梅花春一握。幽怀无处托。

30. 清江引（元·张可久）
黄莺乱啼门外柳,雨细清明后。
能消几日春,又是相思瘦。
梨花小窗人病酒。

31. 无题（明·王彦泓）
几层芳树几层楼,只隔欢娱不隔愁。
花外迁延惟见影,月中寻觅略闻讴。
吴歌凄断偏相入,楚梦微茫不易留。
时节落花人病酒,睡魂经雨思悠悠。

32. 过蔡一卿故居（明·王跂）
空斋人至鸟飞回,始觉山阳一笛哀。
心似去年秋病酒,卧它僧舍未归来。

33. 春寒（明·居节）
春欲分时寒更深,阑风伏雨昼阴阴。
不通燕子重帘闭,憔悴花枝病酒心。

— 234 —

34. 对梨花（明·高启）

素香寂寞野亭空，不似秋千院落中。

卧对一枝愁病酒，清明今日雨兼风。

35. 浣溪沙（明·叶纨纨）

斗草庭边事已迁。画栏花影只依然。紫箫凄断绿窗前。

寥落春深人病酒，萧条香径柳垂烟。东风回首总堪怜。

36. 病酒答梅禹金（明·汤显祖）

青楼明烛夜欢残，醉吐春衫倚画阑。

赖是美人能爱惜，双双红袖障轻寒。

37. 病中送履和兼怀李茂修（明·程嘉燧）

江枫落后见君迟，欲雪前林又别时。

多病酒杯难共醉，独行归路更相思。

家人望远愁腰带，旧侣逢春问鬓丝。

身世飘蓬何日定，楚云淮水各凄其。

38. 效香奁体二首 其一（明·董纪）

碧桃落尽海棠开，帘幕春深燕子来。

心为惜花身病酒，一床弦索锁尘埃。

39. 南乡子（清·王策）

日影红檐。

蜻蜓翼薄柳花粘。

隔院鹦哥眠白昼。

东风瘦。

时节落花人病酒。

40. 过僧舍（清·吕缵祖）

林端梵影插秋天，正在长流夹岸边。

散步莫疑因病酒，偶来非是为逃禅。

尘门不禁贫人履，僧榻偏酣高士眠。

檐际松风波底月，久忘身世隔尘烟。

41. 采桑子（清·周星誉）

前年听雨双桥下，病酒恹恹。

闷谱香弦。

疏柳残灯傍晓天。

今宵听雨双桥下，依旧无眠。

陡忆从前。

孤烛单衾又一年。

42. 一剪梅（清·顾贞观）

一道银墙界粉真。

宋玉东邻，阮籍西邻。

好花如雾看难亲，镜里分身，画里全身。

收拾风光卧锦茵。

病渴前春，病酒今春。

剧怜莺语太殷勤，昨日归人，明日离人。

43. 蝶恋花（清·谭献）

玉颊妆台人道瘦。

一日风尘，一日同禁受。

独掩疏栊如病酒。

捲帘又是黄昏后。

六曲屏前摧素手。

戏说分襟，真遣分襟骤。

书札平安君信否。

梦中颜色浑非旧。

44. 如梦令 初夏（清·庄盘珠）

帘外青梅如豆。帘底燕闲人瘦。才得展双蛾，又被晚风吹皱。

非旧非旧。不是伤春病酒。

45. 虞美人（清·袁嘉）

去年今夜他乡月。病酒兼伤别。

今年又见月团圆。赢得今宵身在、故乡看。

人生几度逢今夕。莫问阴晴缺。

茫茫合向醉中过。自把一尊清酒、酹嫦娥。

第七节　残梦

1. 荷叶杯 其一（唐·韦庄）
绝代佳人难得，倾国，花下见无期。
一双愁黛远山眉，不忍更思惟。
闲掩翠屏金凤，残梦，罗幕画堂空。
碧天无路信难通，惆怅旧房栊。

2. 南宫叹亦述玄宗追恨太真妃事（唐·张祜）
北陆冰初结，南宫漏更长。
何劳却睡草，不验返魂香。
月隐仙娥艳，风残梦蝶扬。
徒悲旧行迹，一夜玉阶霜。

3. 梦白衣妇人歌词 其二（唐·卢绛）
玉京人去秋萧索，画檐鹊起梧桐落。
欹枕悄无言，月和残梦圆。
背灯惟暗泣，甚处砧声急。
眉黛小山攒，芭蕉生暮寒。

4. 秋夕书怀（唐·李中）
功名未立诚非晚，骨肉分飞又入秋。
枕上不堪残梦断，壁蛩窗月夜悠悠。

5. 奉和武相公春晓闻莺（唐·李益）
蜀道山川心易惊，缘窗残梦晓闻莺。
分明似写文君恨，万怨千愁弦上声。

6. 秋梦（唐·杜牧）
寒空动高吹，月色满清砧。
残梦夜魂断，美人边思深。
孤鸿秋出塞，一叶暗辞林。
又寄征衣去，迢迢天外心。

残缺的美学观照与诗意追问

7. 代寄边人（唐·郑准）

君去不来久，悠悠昏又明。

片心因卜解，残梦过桥惊。

圣泽如垂饵，沙场会息兵。

凉风当为我，一一送砧声。

8. 送沈亚之尉南康（唐·殷尧藩）

行迈南康路，客心离怨多。

暮烟葵叶屋，秋月竹枝歌。

孤鹤唳残梦，惊猿啸薜萝。

对江翘首望，愁泪叠如波。

9. 代佳人赠别（唐·顾况）

万里行人欲渡溪，千行珠泪滴为泥。

已成残梦随君去，犹有惊乌半夜啼。

10. 碧涧驿晓思（唐·温庭筠）

香灯伴残梦，楚国在天涯。

月落子规歇，满庭山杏花。

11. 宿城南亡友别墅（唐·温庭筠）

水流花落叹浮生，又伴游人宿杜城。

还似昔年残梦里，透帘斜月独闻莺。

12. 菩萨蛮 其六（唐·温庭筠）

玉楼明月长相忆，柳丝袅娜春无力。

门外草萋萋，送君闻马嘶。

画罗金翡翠，香烛销成泪。

花落子规啼，绿窗残梦迷。

13. 浣溪沙（宋·毛滂）

竹送秋声入小窗，香迷夜色暗牙床。

小屏风掩烛花长，雁过故人无信息。

酒醒残梦寄凄凉，画桥露月冷鸳鸯。

14. 悟真院（宋·王安石）

野水从横漱屋除，午窗残梦鸟相呼。

春风日日吹香草，山北山南路欲无。

15. 日西（宋·王安石）
日西阶影转梧桐，帘卷青山簟半空。
金鸭火销沈水冷，悠悠残梦鸟声中。

16. 腊享（宋·王安石）
明星惨澹月参差，万窍含风各自悲。
人散庙门灯火尽，却寻残梦独多时。

17. 五更睡（宋·王禹称）
数载直承明，宠深还若惊。
趁朝鸡唤起，残梦马驮行。
左宦离双阙，高眠尽五更。
如将闲比贵，此味敌公卿。

18. 惜春（宋·史文卿）
秀麦条桑剪剪寒，锦屏残梦怯衣单。
惜春只怕春归去，多插瓶花在处安。

19. 次韵张守梅诗（宋·刘子翚）
破雪梅初动，南枝更北枝。
傍墙应折尽，背日较开迟。
晓角惊残梦，春愁占两眉。
狂风将落蕊，故入画楼吹。

20. 次韵长汀壁间韵（宋·刘子翚）
窜鼠惊残梦，萧萧老屋虚。
风声传远濑，寒意入秋蔬。
客路漂摇久，归身憔悴馀。
西窗满残照，仿佛似吾庐。

21. 菩萨蛮 其一 秋（宋·朱淑真）
秋声乍起梧桐落，蛩吟唧唧添萧索。
欹枕背灯眠，月和残梦圆。
起来钩翠箔，何处寒砧作。
独倚小阑干，逼人风露寒。

22. 恋绣衾（宋·朱敦儒）

木落江南感未平。

雨萧萧、衰鬓到今。

甚处是长安路，水连空、山锁暮云。

老人对酒今如此，一番新、残梦暗惊。

又是洒黄花泪，问明年、此会怎生。

23. 相见欢 其五（宋·朱敦儒）

吟蛩作尽秋声。月西沈。凄断余香残梦、下层城。

人不见。屏空掩。数残更。还自搴帷独坐、看青灯。

24. 春吟四绝 其三（宋·张矩）

花露半乾红入户，竹风微动绿侵床。

翠屏残梦不知处，幽鸟数声春日长。

25. 醉眠亭 其二（宋·杨蟠）

江上聊游我未能，羡君长醉卧高亭。

不因鹤唳破残梦，还有凉风吹酒醒。

26. 冬夜（宋·陆游）

多病睡眠少，长闲怀抱清。

昏灯照残梦，寒漏下高城。

落月澹将没，栖禽静复惊。

谁言冬夜永，辗转已窗明。

27. 吾年过八十二首 其一（宋·陆游）

吾年过八十，久已弃朝簪。

化蝶有残梦，焦桐无赏音。

溪声喧夜旦，野色变晴阴。

欲讲平生学，茫然不可寻。

28. 夏中杂兴六首 其二（宋·陆游）

小响风吹叶，微痕雨点池。

兴来闲弄笛，客散自收棋。

忽忽寻残梦，时时足小诗。

出门俄已暮，忘却野人期。

29. 病愈偶书（宋·陆游）
枯蓬万里寄飘风，晚落江头号放翁。
冉冉流年秋镜里，悠悠残梦晓筇中。
扫除药裹病良已，弃置酒杯愁自空。
闲处固应容老子，卧看年少起新丰。

30. 枕上闻禽声（宋·陆游）
屏掩轻寒酒半消，断香残梦两无憀。
开年春意遽如许，破晓一声婆饼焦。

31. 残梦（宋·陆游）
少时铁马蹴河冰，老去摧藏百不能。
风雨满山窗未晓，只将残梦伴残灯。

32. 春晚二首 其二（宋·陆游）
湖上春寒雁已归，宿醒残梦两依依。
也知晨起元无事，窗白炉红且揽衣。

33. 次韵李季章参政哭其夫人七首 其一（宋·陆游）
飞盖传呼入省门，依然残梦浣花村。
遥知最是伤心处，衫袂犹沾扫黛痕。

34. 雨中（宋·陆游）
孤村风雨连三日，秋暑如焚一洗空。
睡觉房栊灯渐暗，却寻残梦雨声中。

35. 五月十日晓寒甚闻布谷鸣有感（宋·陆游）
弊裤久当脱，短褐竟未送。
老怯五更寒，重衾拥残梦。
群虱方得意，饱血藏衣缝。
竹簟何时陈，纨扇殆无用。
长夏亹亹来，岁月疾飞鞚。
妄怀旰宵忧，太息欲谁控。

36. 临江仙 其一（宋·陈克）
枕帐依依残梦，斋房忽忽余醒。
薄衣团扇绕阶行。
曲阑幽树，看得绿成阴。

檐雨为谁凝咽，林花似我飘零。

微吟休作断肠声。

流莺百啭，解道此时情。

37. 南歌子 其七（宋·陈克）

看月凭肩枨，娇春枕臂眠。

不禁花絮夜来寒。

帐底浓香残梦、更缠绵。

起晚笼莺怪，妆迟绣伴牵。

声声催唤药栏边。

整髻收裙无力、上秋千。

38. 钱塘江（宋·陈渊）

潮头驾月冲残梦，水色浮空送峭寒。

十幅轻蒲连夜发，不知身到海门山。

39. 枕上（宋·周密）

一棂霜月一檠灯，残梦新诗两不成。

唤醒少年湖海意，五更枕上听潮声。

40. 晓枕不寐书所感三首 其一（宋·周紫芝）

昔年残梦晓初回，花上啼禽近小斋。

可笑只今春梦里，五更欹枕听笼街。

41. 次韵郑校书参议留别（宋·范成大）

年丰方共庆，岁晚客他之。

吏事朝还暮，人生合复离。

江山残梦破，风月片帆移。

后会吾衰矣，桑榆一茧丝。

42. 秦楼月　寒食日湖南提举胡元高家席上闻琴（宋·范成大）

湘江碧。故人同作湘中客。

湘中客。东风回雁，杏花寒食。

温温月到蓝桥侧，醒心弦里春无极。

春无极。明朝残梦，马嘶南陌。

43. 早行二绝 其一（宋·郑刚中）

风柳惊霜日夜飘，客程中夜马萧萧。

据鞍仿佛如残梦,晓月一钩犹未消。

44. 好事近 杭州作（宋·赵鼎）

杨柳曲江头,曾记彩舟良夕。

一枕楚台残梦,似行云无迹。

青山迢递水悠悠,何处问消息。

还是一年春暮,倚东风独立。

45. 木兰花 春恨（宋·晏殊）

绿杨芳草长亭路,年少抛人容易去。

楼头残梦五更钟,花底离愁三月雨。

无情不似多情苦,一寸还成千万缕。

天涯地角有穷时,只有相思无尽处。

46. 商人妇（宋·谢翱）

抱儿来拜月,去日尔初生。

已自满三岁,无人问五行。

孤灯寒杵石,残梦远钟声。

夜夜邻家女,吹箫到二更。

47. 夜闻杜鹃（宋·释绍嵩）

竹坞无尘水槛清,一更更尽到三更。

杜鹃不管人残梦,雨外飞来头上声。

48. 题白马寺西轩（宋·廖刚）

幽窗残梦午声鸡,犬吠人家草舍微。

惆怅十年无限事,又听啼鸟送春归。

49. 入南溪（宋·潘希白）

沙头落月照蓬低,杜宇谁家树底啼。

舟子不知人未起,载将残梦上青溪。

50. 和黄景杜雪中即事四首 其一（元·赵孟頫）

雪寒凄切透书帷,极目南云入望低。

欲报平安无过雁,忽惊残梦有鸣鸡。

第八节　清泪

1. 与萧旷冥会诗 其二（唐·织绡女）
织绡泉底少欢娱，更劝萧郎尽酒壶。
愁见玉琴弹别鹤，又将清泪滴真珠。

2. 金铜仙人辞汉歌（唐·李贺）
序：魏明帝青龙元年八月，诏宫官牵车西取汉孝武捧露盘仙人，欲立置前殿，宫官既拆盘，仙人临载，乃潸然泪下。唐诸王孙李长吉，遂作《金铜仙人辞汉歌》。
　　茂陵刘郎秋风客，夜闻马嘶晓无迹。画栏桂树悬秋香，三十六宫土花碧。
　　魏官牵车指千里，东关酸风射眸子。空将汉月出宫门，忆君清泪如铅水。
　　衰兰送客咸阳道，天若有情天亦老。携盘独出月荒凉，渭城已远波声小。

3. 商于驿楼东望有感（唐·罗隐）
山川去接汉江东，曾伴隋侯醉此中。歌绕夜梁珠宛转，舞娇春席雪朦胧。
棠遗善政阴犹在，薤送哀声事已空。惆怅知音竟难得，两行清泪白杨风。

4. 秋暮（唐·贾岛）
北门杨柳叶，不觉已缤纷。值鹤因临水，迎僧忽背云。
白须相并出，清泪两行分。默默空朝夕，苦吟谁喜闻。

5. 鹧鸪天 其三（宋·无名氏）
雪屋冰床深闭门。缟衣应笑织成纹。雨中清泪无人见，月下幽香只自闻。
长在眼，远销魂。玉奴那忍负东昏。偶然谪堕行云去，不入春风花柳村。

6. 愁倚栏（宋·无名氏）
冰肌玉骨精神。不风尘。昨夜窗前都折尽，忽疑君。
清泪拂拂沾巾。谁相念、折赠芳春。羌管休吹别塞曲，有人听。

7. 泰和（宋·文天祥）
书生曾拥碧油幢，耻与群儿共竖降。汉节几回登快阁，楚囚今度过澄江。
丹心不改君臣谊，清泪难忘父母邦。惟有乡人知我瘦，下帷绝粒坐蓬窗。

8. 浣溪沙（宋·方千里）
清泪斑斑着意垂。消魂迢递一天涯。谁能万里布长梯。

先自楼台飞粉絮,可堪帘幕卷金泥。相思心上乳莺啼。

9. 一落索 其二（宋·方千里）

心抵江莲长苦。凌波人去。厌厌消瘦不胜衣,恨清泪、多于雨。

旧曲慵歌琼树。谁传香素。碧溪流水过楼前,问红叶、来何处。

10. 崇禧给事同年马兄挽辞二首 其二（宋·王安石）

藏室亡三箧,得之公最多。露晞当晚景,川逝作前波。

惠寄舆人诵,悲传挽者歌。竹西携手处,清泪邈山河。

11. 哀挽诗（宋·王庭圭）

我家群从有封胡,潇洒如君更隐居。岂但开轩隐松竹,能令满屋贮图书。

朱栏手植花犹在,黄叶风飘日已疏。触目自然堪痛哭,不胜清泪湿衣裾。

12. 登镇海楼（宋·吴潜）

鄞山深处古明州,新有江南客倚楼。凤阙天连便望日,蛟门海晏不惊秋。

头颅已迫残年景,身口聊为卒岁谋。萧飒西风吹败叶,满眶清泪自难收。

13. 清平乐（宋·李清照）

年年雪里,常插梅花醉,挼尽梅花无好意,赢得满衣清泪!

今年海角天涯,萧萧两鬓生华。看取晚来风势,故应难看梅花。

14. 乌夜啼（宋·杨无咎）

不禁枕簟新凉。夜初长。又是惊回好梦、叶敲窗。

江南望。江北望。水茫茫。赢得一襟清泪、拌余香。

15. 临江仙 送王箴（宋·苏轼）

忘却成都来十载,因君未免思量。凭将清泪洒江阳。

故山知好在,孤客自悲凉。

坐上别愁君未见,归来欲断无肠。殷勤且更尽离觞。

此身如传舍,何处是吾乡。

16. 点绛唇（宋·苏轼）

月转乌啼,画堂宫徵生离恨。美人愁闷。不管罗衣褪。

清泪斑斑,挥断柔肠寸。嗔人问。背灯偷搵。拭尽残妆粉。

17. 贺新郎 其三（宋·辛弃疾）

绿树听鹈鴂。更那堪、鹧鸪声住,杜鹃声切!

啼到春归无寻处,苦恨芳菲都歇。

算未抵、人间离别。

马上琵琶关塞黑，更长门、翠辇辞金阙。看燕燕，送归妾。

将军百战身名裂。向河梁、回头万里，故人长绝。

易水萧萧西风冷，满座衣冠似雪。

正壮士、悲歌未彻。

啼鸟还知如许恨，料不啼清泪长啼血。谁共我，醉明月？

18. 谒金门 其二（宋·辛弃疾）

山吐月。画烛从教风灭。一曲瑶琴才听彻。金蕉三两叶。

骤雨微凉还热。似欠舞琼歌雪。近日醉乡音问绝。有时清泪咽。

19. 曳策（宋·陆游）

慈竹萧森拱废台，醉归曳策一徘徊。纷纷落日牛羊下，黯黯长空霰雪来。

三峡猿催清泪落，两京梅傍战尘开。客怀已是凄凉甚，更听城头画角哀。

20. 寒食日九里平水道中（宋·陆游）

晓雨丝丝熟食时，泥深辙断客行迟。乱云重叠藏山寺，野水纵横入稻陂。

马鬣松阴封旧陇，龟趺道左立新碑。扶衰此出知能几，清泪临风不自持。

21. 新津小宴之明日欲游修觉寺以雨不果呈范舍人二首 其一（宋·陆游）

风雨长亭话别离，忍看清泪湿燕脂。酒光摇荡歌云暖，不似西楼夜宴时。

22. 鹊桥仙 其三 夜闻杜鹃（宋·陆游）

茅檐人静，蓬窗灯暗，春晚连江风雨。

林莺巢燕总无声，但月夜、常啼杜宇。

催成清泪，惊残孤梦，又拣深枝飞去。

故山犹自不堪听，况半世、飘然羁旅。

23. 上西楼（宋·陆游）

江头绿暗红稀。燕交飞。忽到当年行处、恨依依。

洒清泪。叹人事。与心违。满酌玉壶花露、送春归。

24. 还京乐 大石（宋·周邦彦）

禁烟近，触处、浮香秀色相料理。正泥花时候，奈何客里，光阴虚费。

望箭波无际。迎风漾日黄云委。任去远，中有万点，相思清泪。

到长淮底。过当时楼下，殷勤为说，春来羁旅况味。

堪嗟误约乖期，向天涯、自看桃李。想而今、应恨墨盈笺，愁妆照水。

怎得青鸾翼，飞归教见憔悴。

25. 一落索 其一 双调（宋·周邦彦）
眉共春山争秀。可怜长皱。莫将清泪湿花枝，恐花也、如人瘦。
清润玉箫闲久。知音稀有。欲知日日倚阑愁，但问取、亭前柳。

26. 白发丧女师作（宋·欧阳修）
题注：曾本校：苏本无下四字　庆历五年
吾年未四十，三断哭子肠。一割痛莫忍，屡痛谁能当。
割肠痛连心，心碎骨亦伤。出我心骨血，洒为清泪行。
泪多血已竭，毛肤冷无光。自然须与鬓，未老先苍苍。

27. 集唐绝句十首 其一（宋·贾云华）
两行清泪语前流，千里佳期一夕休！
倚柱寻思倍懊恨，寂寥灯下不胜愁。

28. 书谢师厚至（宋·梅尧臣）
尔来器尔姑，清泪滴尘几。一闻在目言，不谓今则死。
而犹意远行，所念当至止。秋风忽助嚎，万木欲摧毁。

29. 和答元明黔南赠别（宋·黄庭坚）
万里相看忘逆旅，三声清泪落离觞。朝云往日攀天梦，夜雨何时对榻凉。
急雪脊令相并影，惊风鸿雁不成行。归舟天际常回首，从此频书慰断肠。

30. 又用杜韵（明·孙承恩）
危祠江上偶经寻，碧殿长松自郁森。落日烟云催暝色，空山猿鹤送哀音。
百年臣子匡扶义，千古英雄激烈心。梁甫歌残有余恨，不胜清泪湿衣襟。

31. 哭刘尧卿三首 其二（明·孙绪）
秋声渐渐送深悲，往事悠悠只自知。四海未家怜立壁，孤村何日再围棋。
精英仿佛还谈笑，道路喧传半信疑。西望停云肠欲断，短檠清泪夜阑时。

32. 送吴允兆太学归吴 其一（明·张萱）
啼莺声里客还家，几载风尘两鬓华。作客懒歌燕市筑，为渔不泛武陵花。
菰蒲野水他年绿，杨柳春桥几树斜。十日平原千里别，可堪清泪向天涯。

33. 和秋景韵二十首 其七 秋声（明·李昌祺）
只讶潮音海上来，那知风雨在高槐。号呼奋发悲兼怒，曲调低昂去复回。
岂待胡笳清泪落，宁须画角壮心摧。北窗况有猗猗竹，一夜听残白发催。

34. 和秋景韵二十首 其一十二 秋思（明·李昌祺）
双蛾长蹙怨离居，不见银笺寄到书。清泪清愁孤枕上，残钟残梦五更初。

已无佳句题红叶,谩有余香在绣裀。怕近黄昏听络纬,更堪双杵动村墟。

35. 新曲古意（明·杨慎）
凌波洛浦遇陈王,躧步邯郸缀舞行。鸾尾凤头争嬿婉,麝脐龙脑斗芬芳。
巫阳台上春先到,汉月楼中夜未央。结网嬉蛛垂藻井,营巢睇燕宿梅梁。
金仙素掌晞金露,玉女青腰袅玉霜。翠织屏风交屈戌,红罗斗帐挂香囊。
腻鬓斜坠乌云滑,脂体横陈白雪光。词赋楚王怜宋玉,画图天老教轩皇。
生憎露鹤催宵急,死恨星鸡促曙忙。肯信王嫱嫔绝国,红颜清泪泣玄羌。

36. 哭族祖壁翁 其一（明·罗钦顺）
故园乔木碧森森,新贯经营几岁阴。空有尺书频问候,何由尊酒一论心。
湖田绕屋秋仍熟,纱帽笼霜病稍侵。不道生涯今奄尽,计来清泪满衣襟。

37. 扬州道上思念沈九娘（明·唐寅）
相思两地望迢迢,清泪临门落布袍。杨柳晓烟情绪乱,梨花暮雨梦魂销。
云笼楚馆虚金屋,凤入巫山奏玉箫。明日河桥重回首,月明千里故人遥。

38. 江城子·病起春尽（明·夏完淳）
一帘病枕五更钟,晓云空,卷残红。无情春色,去矣几时逢?
添我几行清泪也,留不住,苦匆匆。
楚宫吴苑草茸茸,恋芳丛,绕游蜂。料得来年,相见画屏中。
人自伤心花自笑,凭燕子,驾东风。

39. 西河感旧,用周美成韵（明末清初·沈谦）
伤心地。重经往事休记。人非物换,两茫茫、不堪提起。
歌停舞歇断行踪,望中烟草无际。
阑干曲,空徙倚。旧因何故牵系。朝思暮想,更添修、愁城怨垒。
他生未卜此生休,忆君清泪如水。
雕屏绣榻今还在,但那人对面千里。业债想因前世。
故今番、会少离多,冤对生死,总由奴命里。

40. 鹊桥仙 其三 落花（清·尤侗）
乍晴乍雨,乍寒乍暖,做作几般天气。
个人犹自不禁持,何计教、花魂回避。
正青芳草,未衰杨柳,只短夭桃年纪。
落红万点总无情,赚多少、香闺清泪。

41. 感秋四十首 其三（清·陈子升）
素交长逝矣，心事与谁论。望去虹蜺气，招来胡蝶魂。
浮名孤并驾，清泪切啼猿。携手一相失，吁嗟甘闭门。

42. 题邓弥之白香亭诗稿 其一十四（清·许振祎）
雨丝风絮黯平台，此别分襟更可哀。目极天涯孤客返，梦悬江表尺书来。
苦怀未忍从深诉，慰语重游约后回。白发故交寥落尽，不禁清泪湿苍苔。

43. 金缕曲 亡妇忌日有感（清·纳兰性德）
此恨何时已。滴空阶、寒更雨歇，葬花天气。
三载悠悠魂梦杳，是梦久应醒矣。
料也觉、人间无味。不及夜台尘土隔，冷清清、一片埋愁地。
钗钿约，竟抛弃。

重泉若有双鱼寄。好知他、年来苦乐，与谁相倚。
我自中宵成转侧，忍听湘弦重理。
待结个、他生知己。还怕两人俱薄命，再缘悭、剩月零风里。
清泪尽，纸灰起。

44. 被花恼 珍丛馆蔷薇（清·苏穆）
小园竟日惜春归，芳意独留仙馆。万叶千条倚娇软。
窗前最是，双双蛱蝶，衬舞和愁乱。慵欲语，又斜晖，半庭纤影凌波卷。

长记艳深时，曾赋香痕压檐绽。新娥漫绿，早怯东风，取次相吹散。
问何人暗遣斗芳菲，欲作弄、柔红梦中幻。拌醉也、莫待飘零清泪盼。

45. 戍妇吟（清·周准）
凄凄贱妾闭兰堂，渺渺征人戍朔方。漫拟龙城罢行役，空怜燕阁阅年芳。
分弓营畔沙如雪，挂镜台前月似霜。绝域荷戈音信杳，几回清泪湿流黄。

46. 摸鱼儿 登庆元县杨公桥上补天阁（清·俞士彪）
酒初酣、双眸微白。登高谁伴孤立。披襟长啸云霞落，心旷那愁山逼。
天咫尺。记夜半、抬头曾把星辰摘。川途历历。
看越地无多，闽天在望，渺渺隔乡国。

愁无极。笑我年来踪迹。天涯何事长客。繁华胜地慵欢适，何况乱馀山邑。
春寂寂。算只有、溪桥滩水流今昔，客怀易感。
对落日荒城，暝烟断岸，清泪几沾臆。

47. 雨中花 雨中看桃花（清·陈维崧）

丝丝春雨催侬去，依依人柳留侬住。住也无聊，去还有恨，去住浑无据。

今岁桃花千百树，去年人面应非故。万点胭脂，一行清泪，总是消魂处。

48. 金缕曲 送纫兰妹往大梁（清·顾太清）

三载交情重。竟难留、买舟南去，北风初动。

行李萧萧天气冷，落叶黄花相送。

正河水、冰澌将冻。满载异书千万卷，有斯冰、小印随妆笼。

千里路，全家共。

年来送客愁相踵。要相逢、都门汴水，与君同梦。

此后平安书屡寄，慰我愁怀种种。

洒清泪、离觞互捧。聚散本来无定数，古阳关、不忍当筵弄。

金缕曲，为君诵。

49. 虞美人影（清·顾贞观）

消得几行清泪雨。一片冷云飞去。且共离魂语。留他伴过沉烟缕。

倚遍回廊都不是。不是梦儿行处。毕竟春难住。断肠花落相思树。

50. 西江月 乙卯七月二十五日梦中哭醒口占（清·况周颐）

梦里十年影事，醒来半日闲愁。罗衾寒侧作深秋。

清泪味酸于酒。

何处伤心不极，此生只恨难休。眼前红日在帘钩。

听雨听风时候。

第九节　苦吟

1. 赋得啼猿送客（唐·皎然）

万里巴江外，三声月峡深。何年有此路，几客共沾襟。

断壁分垂影，流泉入苦吟。凄凉离别后，闻此更伤心。

2. 旅馆秋思（唐·于濆）

旅馆坐孤寂，出门成苦吟。何事觉归晚，黄花秋意深。

寒蝶恋衰草，轸我离乡心。更见庭前树，南枝巢宿禽。

3. 春病（唐·元稹）
病来闲卧久，因见静时心。残月晓窗迥，落花幽院深。
望山移坐榻，行药步墙阴。车马门前度，遥闻哀苦吟。

4. 金州冬月陪太守游池（唐·无可）
残腊雪纷纷，林间起送君。苦吟行迥野，投迹向寒云。
绝顶晴多去，幽泉冻不闻。唯应草堂寺，高枕脱人群。

5. 暮秋宿友人居（唐·无可）
招我郊居宿，开门但苦吟。秋眠山烧尽，暮歇竹园深。
寒浦鸿相叫，风窗月欲沈。翻嫌坐禅石，不在此松阴。

6. 婺州水馆重阳日作（唐·韦庄）
异国逢佳节，凭高独若吟。一杯今日醉，万里故园心。
水馆红兰合，山城紫菊深。白衣虽不至，鸥鸟自相寻。

7. 钟陵夜阑作（唐·韦庄）
钟陵风雪夜将深，坐对寒江独苦吟。
流落天涯谁见问，少卿应识子卿心。

8. 信州溪岸夜吟作（唐·韦庄）
夜倚临溪店，怀乡独苦吟。月当山顶出，星倚水湄沈。
雾气渔灯冷，钟声谷寺深。一城人悄悄，琪树宿仙禽。

9. 和友人忆洞庭旧居（唐·刘沧）
客舍经时益苦吟，洞庭犹忆在前林。青山残月有归梦，碧落片云生远心。
谿路烟开江月出，草堂门掩海涛深。因君话旧起愁思，隔水数声何处砧。

10. 冬夜旅怀（唐·刘威）
寒窗危竹枕，月过半床阴。嫩叶不归梦，晴虫成苦吟。
酒无通夜力，事满五更心。寂寞谁相似，残灯与素琴。

11. 秋雨二首（唐·李中）
飘洒当穷巷，苔深落叶铺。送寒来客馆，滴梦在庭梧。
逼砌蛩声断，侵窗竹影孤。遥思渔叟兴，蓑笠在江湖。
竟日声萧飒，兼风不暂阑。竹窗秋睡美，荻浦夜渔寒。
地僻苔生易，林疏鸟宿难。谁知苦吟者，坐听一灯残。

12. 巴童答（唐·李贺）
巨鼻宜山褐，庞眉入苦吟。

非君唱乐府，谁识怨秋深？

13. 西溪（唐·李商隐）
近郭西溪好，谁堪共酒壶。苦吟防柳恽，多泪怯杨朱。
野鹤随君子，寒松揖大夫。天涯常病意，岑寂胜欢娱。

14. 并州道中（唐·杜牧）
行役我方倦，苦吟谁复闻。戍楼春带雪，边角暮吹云。
极目无人迹，回头送雁群。如何遣公子，高卧醉醺醺。

15. 秋夜苦吟（唐·杜荀鹤）
吟尽三更未著题，竹风松雨共凄凄。
此时若有人来听，始觉巴猿不解啼。

16. 和袭美木兰院次韵（唐·陆龟蒙）
苦吟清漏迢迢极，月过花西尚未眠。
犹忆故山欹警枕，夜来呜咽似流泉。

17. 南山家园林木交映，盛夏五月幽然清，独坐思（唐·陈子昂）
寂寥守寒巷，幽独卧空林。松竹生虚白，阶庭横古今。
郁蒸炎夏晚，栋宇閟清阴。轩窗交紫霭，檐户对苍岑。
凤蕴仙人箓，鸾歌素女琴。忘机委人代，闭牖察天心。
蛱蝶怜红药，蜻蜓爱碧浔。坐观万象化，方见百年侵。
扰扰将何息，青青长苦吟。愿随白云驾，龙鹤相招寻。

18. 夜感自遣（唐·孟郊）
夜学晓未休，苦吟神鬼愁。如何不自闲，心与身为雠。
死辱片时痛，生辱长年羞。清桂无直枝，碧江思旧游。

19. 秋暮（唐·贾岛）
北门杨柳叶，不觉已缤纷。值鹤因临水，迎僧忽背云。
白须相并出，清泪两行分。默默空朝夕，苦吟谁喜闻。

20. 冬日作（唐·裴说）
粝食拥败絮，苦吟吟过冬。稍寒人却健，太饱事多慵。
树老生烟薄，墙阴贮雪重。安能只如此，公道会相容。

21. 又赋其四（宋·文天祥）
骤雨知何处，一溪秋水生。苦吟肩鹤瘦，多病耳蝉鸣。
隐几惟便睡，挑包正倦行。山深明月夜，乞我半窗清。

22. 夜声（宋·文同）
秋风动衰草，摵摵响夜月。其下有鸣蛩，到晓啼不歇。
乃知摇落时，众籁自感发。安得苦吟人，不能为一日。

23. 山斋夜坐（宋·平天祐）
悄然人不寐，山馆意何深。落叶添寒色，幽虫助苦吟。
青灯怜夜永，白发带愁簪。天末怀良友，音书雁影沉。

24. 西风二首 其一（宋·刘克庄）
性爱芙蓉淡复秋，倚栏日日待西风。
池边数本无消息，愁绝东家半树红。

25. 舟次颍上寄贡甫（宋·刘敞）
我诗持寄君，宛在汝水浔。君诗欲寄我，苍茫烟浪深。
寒水争赴壑，驶流激清音。扁舟溯游往，寂寞嗟独寻。
颍烟稍塞望，淮月初清心。恨无知赏同，樽酒谁献斟。
相思意不极，宛抑诉鸣琴。晓灯半明灭，抱膝成苦吟。

26. 和经臣晚春（宋·许景衡）
蝶散花犹在，鸦藏柳已阴。敢辞连日醉，恐负惜春心。
金缕休频唱，瑶笺正苦吟。独惭诗学浅，三叹岂知音。

27. 江城梅花引 赠倪梅村（宋·吴文英）
江头何处带春归。玉川迷。路东西。一雁不飞、雪压冻云低。
十里黄昏成晓色，竹根篱。分流水、过翠微。
带书傍月自锄畦。苦吟诗。生鬓丝。半黄烟雨，翠禽语、似说相思。
惆怅孤山、花尽草离离。半幅寒香家住远，小帘垂。玉人误、听马嘶。

28. 题明远轩（宋·李新）
聊能半日止游缰，拂拂尘裾未涤黄。山掩溪光龙脊断，谷传天籁虎风凉。
乱云过眼不妨好，细径入村何限长。独酌苦吟清意在，可怜禽鸟亦相忘。

29. 和仲良春晚即事五首 其一（宋·杨万里）
几许春才好，谁令绿邃深。风光曾著眼，时序只惊心。
永日便甘寝，羁怀怯苦吟。春归犹作客，晴少更多阴。

30. 新城陈氏园，次晁补之韵（宋·苏轼）
荒凉废圃秋，寂历幽花晚。山城已穷僻，况与城相远。
我来亦何事，徙倚望云巘。不见苦吟人，清樽为谁满。

31. 独夜（宋·陆游）

灯花寒自结，雪片夜方深。瘦影参危坐，清愁入苦吟。

江湖身汗漫，药石病侵寻。朋旧凋零尽，何人识此心。

32. 秋思（宋·陆游）

烈日炎天欲不禁，喜逢秋色到园林。云阴映日初萧瑟，露气侵帘已峭深。

衰发凋零随槁叶，苦吟凄断杂疏砧。雁来不得中原信，抚剑何人识壮心。

33. 落叶满长安分题（宋·苏辙）

有客倦长安，秋风正飒然。九衢飞乱叶，八水凝寒烟。

摇落南山见，凄凉陋巷偏。名园失绿暗，清渭泛红鲜。

衣信催烦杼，狼烽报极边。长江苦吟处，日暮想横鞭。

34. 齐天乐 馀闲书院拟赋蝉（宋·唐珏）

蜡痕初染仙茎露，新声又移凉影。

佩玉流空，绡衣剪雾，几度槐昏柳暝。

幽窗睡醒。奈欲断还连，不堪重听。怨结齐姬，故宫烟树翠阴冷。

当时旧情在否，晚妆清镜里，犹记娇鬓。

乱咽频惊，馀悲渐杳，摇曳风枝未定。

秋期话尽。又抱叶凄凄，暮寒山静。付与孤蛩，苦吟清夜永。

35. 与诗友会宿（宋·寇准）

此夕南轩宿，论诗万虑忘。苦吟秋信近，寂坐漏声长。

室静灯光暗，桐疏露气凉。幽怀聊自遣，山色渐苍苍。

36. 闲题（宋·滕岑）

漏云残日凄欲阴，占巢归鹭纷投林。风吹旷野暮色白，山近小窗秋意深。

已将梦事了得丧，更凭杯酒寄浮沉。书生习气难料理，有底苦吟劳此心。

37. 代书寄韩履善右司赵庶可寺簿 其二（宋·戴复古）

涉世几三折，行年近八旬。江湖倦游客，天地苦吟身。

白发可怜老，青云多故人。东风虽有力，朽木不逢春。

38. 金钗剪烛（幼作）（元·蒲道源）

歌舞兰堂夜色深，烛花轻剪试钗金。分开小凤双飞翼，拨尽寒灰一寸心。

玉泪乱随红袖落，蜡香留得碧云簪。短檠二尺挑寒雨，头白书生正苦吟。

39. 山中漫题 其二（元末明初·蓝仁）

乾坤千古事，风雨百年心。野兴供高卧，穷愁费苦吟。

荷衣秋色老，茅屋夜寒深。蓬鬓看霜叶，萧萧不自禁。

40. 秋夜（明·于谦）

戍鼓声传夜未央，松阴满地露华凉。苦吟不觉银灯烬，无寐偏惊玉漏长。风静半空闻过雁，堂虚四壁听啼螀。壮怀不任秋凌逼，起向瑶阶步月光。

41. 早秋书怀（明·石宝）

木叶惊秋落上林，玉堂青锁气萧森。凌云愧乏相如赋，忧国空怀贾谊心。万里家书凭海雁，十年豪兴托瑶琴。学成长剑全无用，独立斜阳正苦吟。

42. 石首阻风寄怀徐荆州（明·宋登春）

别后相思梦屡真，秋来谁寄短书频。孤舟风雨偏愁客，万里江湘对逐臣。庄舄苦吟终适越，仲宣欲赋未归秦。十年零落黄金尽，一夜长歌独怆神。

43. 绝句（明·明秀）

人坐秋树下，月在秋树上。
苦吟落叶空，瘦影自相向。

44. 行台日暮偶成（明·赵宽）

何处萧萧暝色侵，海云将雨过寒林。间关旅雁天涯路，寂历啼螿岁暮心。槁木嗒然聊隐几，飞蓬摇尽不胜簪。松垣深掩黄昏静，惟有炉熏对苦吟。

45. 雪夜书声（明·黄渊）

肠折谁家子，中宵作苦吟。衰灯三尺雪，破屋一腔心。
漏冷更筹尽，钟残僧梦深。书灰剑断者，于此独萧森。

46. 秋夕有感（明·童轩）

身世相违似陆沈，鬓边频见二毛侵。
西风吹破还家梦，一夜寒螀伴苦吟。

47. 一剪梅 怀闺友（清·许嘉仪）

倚竹牵萝证素襟。言有同心。弦有知音。
月斜云散又而今。信断青禽。梦断青林。
香烬幽窗自苦吟。雨气愔愔。晚翠森森。
旧游庭院怕重寻。帘影阴阴。人影沉沉。

48. 久客浦城台使屡檄不放夜坐达旦（清·丁耀亢）

山城风雨夜寒侵，欹枕灯残耐苦吟。故国青山万里梦，老亲白发五更心。微官求劾身仍系，薄俗依人病转深。自拥孤衾愁达旦，卧听童仆有哀音。

49. 摸鱼儿 寒夜对月，恭和家大人韵（清·陆蓉佩）

夜窗虚、漏声听彻，冰轮高拥如洗。

人生难得当头照，漫道愁深似海，无限意。

料青女姮娥，斗影寒何悔。银波无际。

恰伴我徘徊，故国长望，渺渺隔江水。

萧条处、严城悲角初起。阑干怯冷慵倚。

年来惆怅多离别，那更清宵对此。

更阑矣。看楼阁参差，远树朦胧里。

苦吟欲止。恨极目关山，迢迢雁序，对影共千里。

50. 过咸水港（清·林占梅）

寒威能刺骨，愁绪欲焚心。海峤风刚劲，山陬雨浸淫。

草粘沙碛远，树冒瘴烟深。日日征鞍上，无聊只苦吟。

51. 调笑令四首 其三（清·俞樾）

秋蛩，秋蛩。一宵苦吟谁共。

月明万里长空，只有怀人梦同。

同梦，同梦。凉透罗衾独拥。

52. 秋波媚 夜坐（清·顾太清）

自笑当年费苦吟。陈迹梦难寻。几卷诗篇，几张画稿，几许光阴。

唾壶击碎频搔首，磨灭旧胸襟。而今赢得，千丝眼泪，一个愁心。

53. 琐窗寒（清·曹慎仪）

细雨萦愁，长更怯梦，暗伤秋意。

炉灰闲拨，消尽一痕心字。

记当日、娇小兰闺，憨生那解悲凉味。

怎韶华转瞬，凄凄变作，者般愁思。

难寐。挑灯起。便玉管拈残，苦吟非易。

纵写离情，怎写病容憔悴。

想天涯、梦远书沉，几番盼断栏杆倚。

看阶前、枫叶飘来，也化胭脂泪。

54. 雁字三十首次韵 其九（清·韩氏）

挥毫到处素心偕，不羡梧冈韵独喈。谁解索书汀有鹤，欲劳题壁石如蜗。

轩轩健格头初举，渺渺晴霄目试揩。秋水长天乡梦远，苦吟何地问津涯。

结　语

　　红尘万象，草木一秋。林花谢了春红，太匆匆，无奈朝来寒雨，晚来风。光阴轮转，昨夕红莲映翠，今日断桥残雪。人情冷暖，聚散无踪。笙箫吹断的冷月花魂，酒阑灯灺后寒塘鹤影，长亭更短亭寒蝉凄切，踏碎黄叶随意散愁，寂落泪空垂。生生灭灭的世相中，无论外枯中膏的怊怅述情，还是似淡实美的沉吟铺辞，这一切无不翩跹着悠长的意味。

枯荷残雪

　　"直须放开此心。令之至虚，若天空，若海阔；又令之极乐，若曾点游春，若茂叔观蓬，洒洒落落。一切过去相、现在相、未来相，绝不挂念，到大有入处，便是担当宇宙的人，何论雕虫末技？"

（董其昌《画禅室随笔》）

　　残缺绵延出至虚至广的天空海阔，在无所挂碍处弥漫了清俊澹泊的无穷诗意。天下物无全美，世界轮转着无常与幻灭，在未得圆满之时，在走投无路之际，与其一味地悲叹苦吟，不若清简相尚、虚旷为怀，对残缺慈悲地接纳，随缘地对待，超然地欣赏其美的波澜和情的涟漪。诗家三昧即以残缺为缘起，悟得人生的况味、探寻智慧的趣味、追问诗意的韵味，并由诗心创化深沉的生命境界和通脱的美学境界。

"生活严肃的人，怀抱着理想，不愿自欺欺人，在人生里面便会遇到不可解救的矛盾，理想与事实的永久冲突，然而愈矛盾则体会愈深，生命的境界愈丰满浓郁，在生活悲壮的冲突里显露人生与世界的'深度'。"❶

残阳落照，缺月余晖。在亘古的苍凉、神秘的虚灵、美丽的孤独中，追问，再追问……

---

❶ 宗白华. 美学与意境 [M]. 北京：人民出版社，1987：121.

参考文献

一、著作

[1] （汉）许慎．说文解字注［M］．（清）段玉裁，注．上海：上海古籍出版社，1981．

[2] （清）刘熙载．艺概［M］．上海：上海古籍出版社，1978．

[3] 王国维著．刘刚强编．王国维美论文选［M］．长沙：湖南人民出版社，1987．

[4] 陈鼓应．老子注译及评介［M］．北京：中华书局，1984．

[5] 陈鼓应．庄子今注今译［M］．北京：中华书局，1983．

[6] 宗白华．美学与意境［M］．北京：人民出版社，1987．

[7] 方天立．佛教哲学［M］．北京：中国人民大学出版社，1986．

[8] 高尔泰．美是自由的象征［M］．北京：人民文学出版社，1986．

[9] 朱光潜．悲剧心理学［M］．北京：人民文学出版社，1983．

[10] 朱光潜．变态心理学派别［M］．上海：上海文化出版社，1989．

[11] 伍蠡甫．西方现代文论选［M］．上海：上海译文出版社，1983．

[12] 冯友兰．中国哲学［M］．北京：北京大学出版社，1985．

[13] 刘东．西方的丑学［M］．成都：四川人民出版社，1986．

[14] 李泽厚．美的历程［M］．北京：中国社会科学出版社，1984．

[15] 李泽厚．美学三书［M］．合肥：安徽文艺出版社，1999．

[16] 周来祥．中国古典美学［M］．济南：山东齐鲁书社，1987．

[17] 周来祥．再论美是和谐［M］．南宁：广西师范大学出版社，1996．

[18] 余英时．士与中国文化［M］．上海：上海人民出版社，1987．

[19] 吴厚德．残疾人心理分析［M］．北京：华夏出版社，1987．

[20] 杨重建，徐友群．自卑心理浅析［M］．福州：福建科学技术出版社，1988．

[21] 滕守尧．审美心理描述［M］．北京：中国社会科学出版社，1987．

[22] 文显堂．缺欠论［M］．北京：书海出版社，1990．

[23] 裴文学．中外残疾名人传略［M］．北京：华夏出版社，1992．

［24］朱辉军．恶之花——变态美考察［M］．杭州：杭州大学出版社，1993．

［25］程孟辉．西方悲剧史［M］．北京：中国人民出版社，1994．

［26］刘小枫．人类困境中的审美精神［M］．北京：知识出版社，1994．

［27］朱良志．中国艺术的生命精神［M］．合肥：安徽教育出版社，1995．

［28］王宏维．命定与抗争［M］．北京：生活·读书·新知三联书店，1996．

［29］潘知常．美学的边缘——在阐释中理解当代审美观念［M］．上海：上海人民出版社，1998．

［30］伍生名．西方现代悲剧论稿［M］．上海：上海外语教育出版社，1998．

［31］栾栋．感性学发微——美学与丑学的合题［M］．北京：商务印书馆，1999．

［32］李泽厚，刘纲纪．中国美学史［M］．合肥：安徽文艺出版社，1999．

［33］李孺义．"无"的意义：朴心玄览中的道体论而上学［M］．北京：人民文学出版社，1999．

［34］程恭让．知命与乐天——中国人的命运观［M］．昆明：云南人民出版社，1999．

［35］余秋雨．文化苦旅［M］．北京：知识出版社，1992．

［36］吴炫．否定主义美学［M］．北京：北京大学出版社，2004．

［37］史铁生．病隙碎笔［M］．西安：陕西师范大学出版社，2002．

［38］刘士林．苦难美学［M］．武汉：湖北人民出版社，2004．

［39］俞香顺．中国荷花审美文化研究［M］．成都：巴蜀书社，2005．

［40］郭玉生．悲剧美学：历史考察与当代阐释［M］．北京：社会科学文献出版社，2006．

［41］王庆卫．丑的轨迹——理性视阈中的非理性变奏［M］．北京：中国社会科学出版社，2006．

［42］高小康．丑的魅力［M］．济南：山东画报出版社，2006．

［43］王庆卫．丑的轨迹［M］．北京：中国社会科学出版社，2006．

［44］何亦村．中国艺术审丑的当代转向［M］．合肥：合肥工业大学出版社，2016．

［45］洪岳．美学审丑读本［M］．北京：北京大学出版社，2011．

［46］胡旭．悼亡诗史［M］．上海：东方出版中心，2010．

［47］袁珂．中国神话史［M］．重庆：重庆出版社，2007．

［48］［古希腊］亚里士多德．诗学［M］．陈中梅，译注．北京：商务印书馆，1996．

［49］［德］黑格尔．精神现象学［M］．贺麟，王玖兴，译．北京：商务印书馆，1972．

［50］［德］黑格尔．美学［M］．朱光潜，译．北京：商务印书馆，1979．

［51］［德］康德．判断力批判［M］．邓晓芒，译．北京：人民出版社，2002．

［52］［德］叔本华．作为表象与意志［M］．石冲白，译．北京：商务印书馆，1982．

［53］［法］雨果．论文学［M］．柳鸣九，译．上海：上海译文出版社，1980．

［54］［德］尼采．尼采美学文选［M］．北京：生活·读书·新知三联书店，1986．

[55] [德] 尼采. 悲剧的诞生 [M]. 周国平, 译. 南宁: 广西师范大学出版社, 2001.

[56] [奥地利] 阿德勒. 自卑与超越 [M]. 黄光国, 译. 北京: 作家出版社, 1986.

[57] [德] 雅斯贝尔斯. 悲剧的超越 [M]. 亦春, 译. 北京: 工人出版社, 1988.

[58] [丹麦] 克尔凯郭尔. 悲剧: 秋天的神话 [M]. 程朝翔, 傅正明, 译. 北京: 中国戏剧出版社, 1992.

[59] [美] 苏珊·朗格. 情感与形式 [M]. 刘大基等, 译. 北京: 中国社会科学出版社, 1986.

[60] [美] 鲁道夫·阿恩海姆. 艺术与视知觉 [M]. 滕守尧, 朱疆源, 译. 北京: 中国社会科学出版社, 1984.

[61] [法] 加缪. 置身于苦难与阳光之间 [M]. 杜小真, 译. 上海: 上海三联书店, 1997.

[62] [美] 爱莲心. 向往心灵转化的庄子: 内篇分析 [M]. 周炽成, 译. 南京: 江苏人民出版社, 2004.

[63] [英] 詹姆士·里德. 基督的人生观 [M]. 蒋庆, 译. 北京: 生活·读书·新知三联书店, 1998.

二、期刊论文

[1] 余安安. 残缺美的美学分析与文化探源 [J]. 中华文化论坛, 2015 (1).

[2] 余安安. 妙在笔墨有无间——论残缺的美学意蕴 [J]. 衡水学院学报, 2014 (6).

[3] 余安安. 残荷禅韵的文化解读与美学观照 [J]. 中华文化论坛, 2017 (6).

[4] 李建群, 周合军. 论文学作品中的残缺美 [J]. 甘肃社会科学, 2007 (11).

[5] 严运桂. 论残缺美审美活动的动因——从审美心理角度 [J]. 广西师范大学学报 (哲学社会科学版), 2014 (4).

[6] 李广. 如何建构完整美——对残缺美的反思 [J]. 艺术教育, 2010 (4).

[7] 郭戌娜. 残缺美在景观设计中的应用 [J]. 艺术百家, 2015 (12).

[8] 路海洋, 罗时进. 论晚唐诗之残缺美 [J]. 求是学刊, 2006 (11).

[9] 陈宇佳, 霍艳虹. 浅析圆明园遗址的"残缺美" [J]. 现代园艺, 2016 (8).

[10] 袁益梅. 论李商隐诗歌残缺美之价值 [J]. 钦州学院学报, 2015 (3).

[11] 杜晓平. 庄子笔下人物形象的残缺美及其成因 [J]. 南都学坛, 2014 (9).

[12] 于涛. 无言独上西楼月如钩——论设计中的残缺美 [J]. 大众文艺 (理论), 2008 (12).

[13] 邓云川. 建筑的"残缺美"——人文背景下的建筑美学思考 [J]. 中外建筑, 2010 (9).

[14] 刘晓林. 唐宋诗词的残缺美 [J]. 衡阳师范专科学院学报 (社会科学版), 1998 (2).

[15] 胡师亚．残缺美试探［J］．湖南师范大学社会科学学报，1991（6）．

[16] 丁锋，吴卫．格式塔心理学理论研究之小议残缺之美［J］．艺术与设计（理论），2010（4）．

[17] 叶菁，张娟．浅析中国现代市民小说的残缺美［J］．文学界（理论版），2012（2）．

[18] 黄志刚．试论贾平凹小说悲剧人物的残缺美［J］．宜春师范专科学院学报，1998（6）．

[19] 郭有献．论文学艺术中的变形美与残缺美［J］．河北地质学院学报，1996（10）．

[20] 许东方．"残缺美"之我见［J］．美与时代，2007（4）．

[21] 漆平波．析残缺美的审美效应［J］．玉溪师范专科学院学报，1989（5）．

[22] 张效利．浅论"残缺美"［J］．美与时代（上），2010（4）．

[23] 郑跃丽．论残缺美——由断臂维纳斯想到中国画［J］．新闻爱好者，2008（9）．

[24] 将晓溪．岁月剥蚀观五色——浅议敦煌壁画的"残缺美"及其在当下文化释读中的意义［J］．天津美术学院学报，2012（9）．

[25] 郑桢．漆艺中的残缺美［J］．美术大观，2009（11）．

[26] 武凤珍．"残缺美"之我见［J］．西北美术，1995（5）．

[27] 赵经寰．残缺美与肌理美［J］．美术大观，1996（8）．

[28] 张小华．残缺之完美——日本现代设计的特质探析［J］．设计，2014（7）．

[29] 叶明辉．视觉艺术中的残缺美［J］．理论月刊，2006（6）．

[30] 石村．试论雕塑的"残缺美"［J］．西北美术，1991（10）．

[31] 屈云东，曾钊新．残缺域间的光灿［J］．求索，2009（8）．

[32] 刘林，王远舟．张爱玲创作之艺术魅力探讨——残缺也是一种美［J］．鸡西大学学报，2012（6）．

[33] 芜崧．广告语言的"残缺美"［J］．修辞学习，2001（12）．

[34] 张金凤．红色经典的残缺美［J］．出版史料，2008（3）．

[35] 宫爱玲．疾病的阻隔与爱情化石的生成——论张爱玲小说疾病书写的美学意蕴［J］．中国石油大学学报（社会科学版），2008（6）．

[36] 董琛．现代陶艺造型的残缺美［J］．美术大观，2012（10）．

[37] 阎焰．艺术品的残缺美［J］．东方艺术，2000（5）．

[38] 范广晨．试论水彩画的残缺所带来的美感［J］．美术教育研究，2015（6）．

[39] 顾乐真．戏曲中的残疾人与《哑背疯》之残缺美［J］．戏曲研究，1994（3）．

[40] 时俊．艺术的残缺美［J］．北方美术，1998（9）．

[41] 张雅安．《痴迷》的残缺美［J］．文艺评论，2000（7）．

[42] 汪婷，余雅洁．宋代裂纹釉的审美风格探析［J］．美与时代（上），2017（3）．

[43] 颜友山．漫谈根艺的残缺美［J］．中国花卉盆景，1996（1）．

[44] 邓亚梅．"八破画"所表现的美学思想初探［J］．内江师范学院学报，2010（7）．

[45] 程惠哲.《山楂树之恋》的爱情观解读［J］.艺术评论，2010（11）.
[46] 李大华.论庄子的"美"与"乐"［J］.黑龙江社会科学，2015（5）.
[47] 王秀丽.有无之境——"空"的艺术设计审美意境［J］.艺术探索，2008（2）.
[48] 荆立民，荆虎.论李商隐诗歌中的"殉道"精神及审美特征［J］.东岳论丛，1999（7）.
[49] 郭江惠.美丽与残缺——谈沈从文笔下的湘西少女形象［J］.名作欣赏，2006（9）.
[50] 陈铭.晚唐诗风略论［J］.浙江学刊，1986（6）.
[51] 罗易扉.苍凉美之思［J］.河南教育学院学报（哲学社会科学版），2012（1）.
[52] 薛天纬.义山诗的清境［J］.安徽师范大学学报（人文社会科学版），2003（9）.
[53] 张文静.论梦窗词意象的美学意蕴［J］.鸡西大学学报，2012（5）.
[54] 王文革.残缺之为"美"［J］.博览群书，2014（2）.
[55] 姜彬，范传南.爱与美的女神——米罗的维纳斯艺术赏析［J］.理论观察，2014（1）.
[56] 陈析西.源于禅生于简——浅谈日本"侘寂"之美［J］.艺术科技，2017（1）.
[57] 顾梦如.论"未完成"的艺术作品［J］.数位时尚（新视觉艺术），2011（4）.
[58] 唐霖.刍议广安冲相寺摩崖石窟造像的美学风貌［J］.戏剧之家，2015（12）.
[59] 顾炳枢.石头城与揭盘陀王国消失之谜［J］.文史杂志，2005（6）.
[60] 蒋孔阳.说丑——《美学新论》之一［J］.文学评论，1990（12）.
[61] 严世善.色彩残缺的美感［J］.福建艺术，1999（10）.

三、学位论文

[1] 王光文.中国古典文学的悲剧精神［D］.南京师范大学博士论文，2004.
[2] 李红岩.魏晋南北朝困厄文人创作研究［D］.陕西师范大学博士论文，2011.
[3] 宝怀隽.贾岛诗歌研究［D］.吉林大学，2015博士论文.
[4] 王嘉悦.中国灾难文学及其流变［D］.吉林大学博士论文，2016.
[5] 李东军.本诗学之"幽玄"理论与中国文论［D］.苏州大学博士论文，2006.
[6] 李定广.国家不幸诗家幸——唐末五代乱世文学研究［D］.复旦大学博士论文，2003.
[7] 金晶.独孤及研究［D］.黑龙江大学博士论文，2014.
[8] 龚泽军.敦煌写本祭悼文研究［D］.四川大学博士论文，2005.
[9] 梁鹏.亚里士多德悲剧概念研究——以《诗学》古希腊文文本为中心［D］.北京外国语大学博士论文，2016.
[10] 周建萍."趣"与"寂"——中日古典审美范畴之比较［D］.南京大学博士论文，2012.

[11] 王珺鹏.川端康成作品中的"色彩"研究[D].山东大学博士论文,2014.
[12] 王丽丽.走出创伤的阴霾——托妮·莫里森小说的黑人女性创伤研究[D].上海外国语大学博士论文,2014.
[13] 沐永华.走出失落:艾丽丝·门罗挽歌式小说研究[D].华东师范大学博士论文,2017.
[14] 余安安.论残缺美[D].南京师范大学硕士论文,2009.
[15] 周暾.中国古典文学中的"以悲为美"及其生成[D].湖南师范大学硕士论文,2014.
[16] 张海丹.汉魏之际"以悲为美"的社会风尚[D].北京语言大学硕士论文,2008.
[17] 刘冬妍.论魏晋时代的悲美意识[D].山东师范大学硕士论文,2004.
[18] 谭爱娟.论文学作品中的残疾书写及其隐喻[D].湖南师范大学硕士论文,2007.
[19] 马碧心.何以悼亡方费词?——中国古代文人创作心理解读兼论"伤逝"主题[D].东北师范大学硕士论文,2011.
[20] 李聪聪.唐朝悼亡诗研究[D].山东大学硕士论文,2015.
[21] 苗莹.宋代悼亡诗词研究[D].北京师范大学硕士论文,2007.
[22] 刘包发.文化视域:中西悼亡诗的"爱"与"死"[D].中南大学硕士论文,2009.
[23] 史贝贝.宋前悼亡诗研究[D].湖南大学硕士论文,2012.
[24] 夏文建.清"忆语体"散文艺术论——兼论清"忆语体"散文对悼亡文学的开拓[D].浙江师范大学硕士论文,2007.
[25] 李莹.论中西悼亡诗中的美学研究[D].四川师范大学硕士论文,2012.
[26] 胡皓月.建安诗歌中的悲风意象[D].东北师范大学硕士论文,2006.
[27] 朱海燕.宋词"泪"意象研究[D].山东师范大学硕士论文,2013.
[28] 金佳敏.晚唐五代诗僧普遍苦吟现象研究[D].江西师范大学硕士论文,2016.
[29] 张红琴.陈师道的"拙"[D].重庆师范大学硕士论文,2014.
[30] 程奋只.中国古代戏剧"哭戏"研究[D].上海师范大学硕士论文,2008.
[31] 丁辉.价值错置与精神残缺——反思鲁迅的一个角度[D].湖南师范大学硕士论文,2004.
[32] 郭江惠.美丽与残缺——谈沈从文笔下的湘西少女形象[D].河北师范大学硕士论文,2002.
[33] 节列士琴科·阿丽娜(Tereshchenko Alla).苍凉世事 凄美情感——论张爱玲小说之悲剧美[D].黑龙江大学硕士论文,2013.
[34] 刘树升.边缘人的极端存在——论莫言小说中的残缺人物形象[D].山东大学硕士论文,2013.
[35] 谢和安.论路遥的苦难情结与拯救意识[D].西北师范大学硕士论文,2010.
[36] 赵军才.直面残缺的人生——试论史铁生创作的生命审美哲学[D].南京师范大学

硕士论文，2008.

[37] 刘东明．残缺世界里的思想行者——大江健三郎与史铁生超越困境的比较研究［D］．湖南师范大学硕士论文，2007.

[38] 问宪莉．救赎之途的文学体验与终极思考——史铁生论［D］．陕西师范大学硕士论文，2007.

[39] 张少程．论史铁生小说中的苦难叙述［D］．华中师范大学硕士论文，2015.

[40] 肖婵丹．绝境中的突围——论史铁生的死亡观念和小说中的死亡主题［D］．西南大学硕士论文，2010.

[41] 黄仕晖．解读张洁小说中的残缺爱情［D］．山东师范大学硕士论文，2010.

[42] 徐莹．生命残缺的温情化抒写——迟子建小说论［D］．安徽大学硕士论文，2005.

[43] 孙学美．悲凉与温情——迟子建小说创作的审美形态［D］．山东大学硕士论文，2012.

[44] 吉素芬．残缺意识与喜剧性超越——杨绛创作的总体风格［D］．河南大学硕士论文，2004.

[45] 肖成红．论曹文轩儿童文学作品中"残缺之美"人物类型的塑造［D］．吉林大学硕士论文，2010.

[46] 王诗梦．论韩少功小说中的残缺人物［D］．江西师范大学硕士论文，2016.

[47] 王彬．爱与痛的边缘——论鬼子和东西笔下的"小人物"形象［D］．湖南师范大学硕士论文，2013.

[48] 张婧罂．含笑的悲歌——论铁凝小说的悲悯意识［D］．沈阳师范大学硕士论文，2014.

[49] 席军刚．师陀小说的诗意研究［D］．河南大学硕士论文，2010.

[50] 俞春娟．鲁迅文学奖获奖小说的苦难叙事［D］．苏州大学硕士论文，2010.

[51] 樊秀芝．痛苦与诗歌——穆旦研究［D］．山东大学硕士论文，2010.

[52] 司婷婷．新时期文学中的盲人书写［D］．东南大学硕士论文，2012.

[53] 徐晶．孤独的行吟与精神的守望——流亡体验与流亡文学创作［D］．东北师范大学硕士论文，2003.

[54] 蒋茂柏．论川端康成的"悲美"［D］．华中师范大学硕士论文，2003.

[55] 徐雯．失去与残留——石黑一雄笔下的现代困境与美学意蕴［D］．浙江大学硕士论文，2012.

[56] 陈雷．书写残疾——卡森·麦卡勒斯小说中的残疾人物形象研究［D］．山东大学硕士论文，2012.

[57] 孙加．论王尔德童话中唯美的苦难［D］．华东师范大学硕士论文，2008.

[58] 张圆．苦难因素在审美经验中的功用：试论约翰·杜威经验美学的特点［D］．复旦大学硕士论文，2013.

后　记

人可生如蚁，而美如神。

岁月不居、人生一世，世事几经波澜，人生几度秋凉。追忆幽幽暗暗的前尘往事，会不由自主地沉入难言的孤独。昔日那些刻骨铭心的戏梦早已落幕，有些难以释怀的遗憾仍无处安放，还有许多未卜的前程尚未展开。缘起缘灭，潜离暗别，一切尽是冥冥中的天意，纵然此身虽陨，但愿此心无怨尤！在阑珊与怅然间，幸有灵性的诗萦绕心间，唯有真素的美荡气回肠。无论顺流逆流，我从未刻意追求崇高与无暇，即使在困顿中仍安守本色自我，在缺憾中惜存一寸心地空明，唯此，美会自然流出，美可如约而至。

夫物芸芸，不得不承认平凡的自己只是茫茫苍宇中的一粒微尘，浮生潦草，残梦凌乱，我只是卑微、渺小的生命所在，也从未走出过宿命。世界微尘里，吾宁爱与憎。对于婆娑世界中残缺的、悖谬的林林总总，我仍愿意真心诚意地观照它们，同悲共感地触及那些恍惚、寂寞、飘零的性灵，为苍凉、清冷的幽情单绪，增一丝温暖、和一缕光亮、一曲清欢。言为心声，我不愿沦陷于言不由衷中自欺欺人，无论缄默不语，还是袒露心扉，只求不会错过摇荡性情之美的邂逅之美。这部书稿的写作缘起，是为了纪念我一去不复返的青春，以及永远失落的那场日落烟霞。曾经患难与共的故友与明媚忧伤的故事，在此去经年后，成为了擦肩而过的过客与云淡风轻的回忆。"烟水茫茫，千里斜阳暮。山无数，乱红如雨。不记来时路。"（秦观《点绛唇》）聆听来自远山幽渺的清音，或许思绪又会飘回多情又薄情的时光。告别了不谙世事的青涩年华，却仍不愿违从世故造作，坦然面对人生的不尽如人意之处，闲对一张琴，一盏茶，一溪云。尝试以更成熟、更纯粹、更悲悯的方式，沉湎于自己的内心，与残缺的前世今生进行一场促膝长谈。

人生几何？对于残缺的存在，我们无能为力；对于美的追问，我们义无反顾。纵然滋味百端，在不可言说、尚未言尽的诗性之情里，愿有"至诚"与"深致"落地生根。

风住尘香花已尽，清寒酒醒断雁声。目送似水流年，遥望沧海桑田，感恩弹指间的相守相负。但在山穷水尽处，在逶迤更迭的轮回里，幸有柳暗花明的境遇随我身，有云水禅心的超然随我心。沉舟侧畔千帆过，病树前头万木春，清冷处有春在孕育，有暖在闪烁，千劫百难何处不是菩提道场？星星点点的诗意慰藉伏于杳冥之间，残缺之境亦可绵延无限，涵容无穷。

卢梭启示着人类："人是生而自由的，但却无往不在枷锁之中。"即使镣铐加身，我们仍背负着残缺孤独地、无畏地、跌跌撞撞地前行，不为获得救赎，只为桑榆处那一抹迷人的残阳。但愿不会有"车迹所穷，辄恸哭而反"的绝望，只求"也无风雨也无晴"的轻安。

更漏将阑，如梦还觉，且吟且歌。

二零一八年一月九日